商事法の要件事実
法科大学院要件事実教育研究所報第13号

伊藤滋夫 [編]
日本評論社

はしがき

　法科大学院要件事実教育研究所は、2014年11月29日に創価大学において、商事法要件事実研究会（その中心的検討対象は会社法における要件事実である）を開催した。本書は、同研究会において発表された問題提起論文・報告論文、同研究会の議事録、「商事法要件事実研究会を終えて」・「商事法要件事実研究会を傍聴して」と題する論稿などを収録したものである。

　商事法（会社法を中心とする）において様々に問題となる立証責任の問題を商事法の立場から論じた文献は、今までにも有益なものが既に刊行されている。しかし、民事訴訟における要件事実論を商事訴訟（会社法を中心とする）においても活用するという視点から、その根本的理論を掘り下げて考え、具体的問題について徹底した理論上、実務上の検討を加えた書物は、今までにほとんどなかったのではないかと考えている（本書の有用性は「目次」を一瞥しただけでもご理解を賜れるものと思う）。

　本研究会では、商事法の分野における卓越した研究者・実務家（裁判官・弁護士）が参集し、研究会に先立つ数次にわたる周到な打ち合わせ会などの準備に基づいて、有意義な報告・討議が行われている。

　本書は、この分野における先駆的意義を有する研究結果として、大きな意義を有するものと信じて疑わない。多くの読者各位に本書の意義が理解されて、活用されることを願っている。

　なお、巻末に山﨑敏彦教授によって作成された「要件事実論・事実認定論関連文献　2014年版」も収録されている。重要な資料としてご参照いただければ幸いである。

　本書が、このような形で世に出るに至るまでには、本研究会のパネリスト・参加者の各先生に、きわめてご多忙の中を、様々に非常なご尽力をいただいた。また、従来と同じく引き続き、日本評論社の中野芳明氏及び毛利千香志氏の一方ならぬお世話になった。ここに記して、そうした皆様方に深い謝意を表する次第である。

　　　　　　　　　2015年3月
　　　　　　　　　　法科大学院要件事実教育研究所顧問　　伊藤滋夫

商事法の要件事実――目次

はしがき i

商事法要件事実研究会　議事録 ―――――――――――――― 1
　研究会次第　2
　参加者・傍聴者名簿　3
　〈開会の挨拶〉　4
　〈意見交換〉　6
　〈閉会の挨拶〉　79

問題提起論文・同メモ　報告論文 ――――――――――――― 81
問題提起論文
「単純合意」というものの捉え方
――要件事実論の視点からする「法的拘束力をもつ合意」への模索 …　伊藤滋夫　82
　I　本稿の趣旨――問題の所在と本研究会における同問題検討の意義　82
　II　単純合意肯定説に対する批判　85
　　1　「単純合意」と類似している合意の効力の検討
　　2　無因契約とはどのようなものか――総論的考察
　　3　「単純合意」と類似している具体例の検討――その1
　　4　「単純合意」と類似している具体例の検討――その2
　III　一応のまとめ　95
　IV　上記考え方を前提とした要件事実論による攻撃防御方法の体系　97
　V　おわりに　98

問題提起メモ
取締役の会社に対する責任に関係する民法の問題についての検討メモ――要件事実論の視点から考える ……………………………… 伊藤滋夫　99
　I　本メモの趣旨　99
　II　利益相反行為について　99

Ⅲ　手段債務の不完全履行に関する抗弁について　100
　変則的評価的要件に関する参考説明　103

報告論文1
商法上の非顕名代理をめぐる解釈と要件事実 ……………… 松井秀征　106
　Ⅰ　問題意識　106
　　1　代理に関する民法と商法の規定
　　2　法律要件の観点からする比較
　　3　商法504条の趣旨
　　4　商法504条の問題点
　　5　検討の方向性
　Ⅱ　非顕名代理制度の趣旨と機能について　113
　　1　従前の裁判例の概観
　　2　undisclosed principal について
　　3　小括
　Ⅲ　非顕名代理制度をめぐる解釈論と立法論　120
　　1　解釈論の方向性
　　2　立法論の方向性

報告論文2
取締役の責任
──債権法改正と任務懈怠・帰責事由の概念 ……………… 大杉謙一　128
　Ⅰ　本報告の目的　128
　Ⅱ　商法下の判例・学説　128
　　1　平成5年改正前
　　2　限定説の登場
　　3　非限定説からの応答
　　4　最判平成12・7・7
　　5　小括
　Ⅲ　会社法下の議論　133
　　1　序
　　2　「債権法改正の基本方針」
　　3　一元説の問題提起
　　4　学説の展開

5　ここまでのまとめ
　　6　債権法改正論のその後
　　7　小括
　Ⅳ　取締役の対会社責任の要件事実　142
　　1　要件事実論の概観
　　2　会社法423条1項と民法415条との関係
　　3　任務懈怠責任の要件事実
　　4　経営判断の原則
　Ⅴ　結びに代えて　150

報告論文3
利益相反取引による取締役の会社に対する損害賠償責任の要件事実論的考察──会社法423条3項の推定規定の規範構造を中心に …氏本厚司　152
　Ⅰ　はじめに　152
　Ⅱ　利益相反取引による取締役の損害賠償責任に関する会社法の規定　153
　Ⅲ　要件事実論からみた会社法423条3項の構造　154
　Ⅳ　取締役の抗弁その1──任務懈怠の推定を破る抗弁　160
　Ⅴ　取締役の抗弁その2──帰責事由不存在の抗弁　172
　Ⅵ　取締役会の承認を受けなかった利益相反取引による損害について　176
　Ⅶ　損害賠償請求訴訟の訴訟物と攻撃防御方法について　179
　Ⅷ　(補遺)平成26年会社法改正について　184

報告論文4
裁判例からみた「他人の行為の放置・看過」に関する取締役の任務懈怠責任の要件事実 ……………………………角田大憲　188
　Ⅰ　本稿の目的　188
　Ⅱ　監視・監督義務及び内部統制システム構築義務の内容　190
　　1　監視・監督義務の内容
　　2　監視義務及び監督義務の関係
　　3　内部統制システム構築義務の内容
　　4　監視義務、監督義務及び内部統制システム構築義務の関係
　Ⅲ　他人の行為の放置・看過に関する取締役の任務懈怠責任を否定する根拠となる信頼の原則及び経営判断の原則の内容　203

    1 信頼の原則
    2 経営判断の原則
  Ⅳ 監視・監督義務、内部統制システム構築義務、信頼の原則及び
    経営判断の原則の要件事実的関係　207
    1 裁判例から認められる関係
    2 監視・監督義務、内部統制システム構築義務、信頼の原則及び経営判断の
      原則の要件事実的関係

商事法要件事実研究会を終えて
商事法要件事実研究会を傍聴して ——————————— 213
商事法要件事実研究会を終えて1
会社法356条1項2号と同法423条3項の規範構造
——利益相反行為と任務懈怠の推定の関係について …………… 伊藤滋夫　214
  Ⅰ はじめに　214
  Ⅱ 要件事実論の視点から見た会社法356条1項2号と423条3項の
    規範構造　214
    1 私見による基本的考え方
    2 上記私見に対する批判（及びありうる批判）について

商事法要件事実研究会を終えて2 ……………………………………… 松井秀征　223

商事法要件事実研究会を終えて3 ……………………………………… 大杉謙一　227
    1 報告論文の補足
    2 研究会を終えた感想
    3 伊藤滋夫教授の問題提起論文についての感想

商事法要件事実研究会を終えて4 ……………………………………… 氏本厚司　231

商事法要件事実研究会を終えて5 ……………………………………… 角田大憲　237
    1 はじめに
    2 取締役の「不作為」責任を報告テーマに選んだ理由
    3 研究会を終えて
    4 補足

商事法要件事実研究会を傍聴して
法律上の評価推定 ……………………………………………今出川幸寛 242
  1 はじめに
  2 法律上の推定の枠組み
  3 主張立証の対象
  4 法律上の評価推定
  5 事実と評価
  6 推定の対象——評価推定の要件事実論的な機能
  7 まとめ

要件事実論・事実認定論関連文献 ────────────────── 247
要件事実論・事実認定論関連文献　2014年版 …………………………… 山﨑敏彦 248
 Ⅰ 要件事実論　248
 Ⅱ 事実認定論　252

商事法要件事実研究会

議事録

研究会次第

［日　時］　平成 26 年 11 月 29 日（土）　午後 1 時～6 時 30 分
［場　所］　創価大学本部棟 10 階第 4 会議室
［主　催］　法科大学院要件事実教育研究所

［次　第］
　1　開会の挨拶
　　　尹　龍澤（創価大学法科大学院研究科長）
　2　パネリスト紹介及び問題提起
　　　伊藤滋夫「『単純合意』というものの捉え方——要件事実論の視点か
　　　　　　　らする『法的拘束力をもつ合意』への模索」
　　　　　　「取締役の会社に対する責任に関係する民法の問題について
　　　　　　　の検討メモ——要件事実論の視点から考える」
　3　パネリスト報告
　　　松井秀征「商法上の非顕名代理をめぐる解釈と要件事実」
　　　大杉謙一「取締役の責任——債権法改正と任務懈怠・帰責事由の概
　　　　　　　念」
　　　氏本厚司「利益相反取引による取締役の会社に対する損害賠償責任の
　　　　　　　要件事実論的考察——会社法 423 条 3 項の推定規定の規範
　　　　　　　構造を中心に」
　　　角田大憲「裁判例からみた『他人の行為の放置・看過』に関する取締
　　　　　　　役の任務懈怠責任の要件事実」
　4　意見交換
　5　閉会の挨拶
　　　若柳善朗（法科大学院要件事実教育研究所長）

（総合司会：伊藤滋夫）

参加者・傍聴者名簿

〈パネリスト〉

氏本　厚司		最高裁判所事務総局秘書課長兼広報課長（前東京地方裁判所判事）
大杉　謙一		中央大学大学院法務研究科教授
角田　大憲		弁護士（東京弁護士会）
松井　秀征		立教大学法学部教授

〈参加者〉（パネリスト以外）

阿多　博文		弁護士（大阪弁護士会）
小塚　荘一郎		学習院大学法学部教授
近藤　昌昭		東京地方裁判所判事
田中　亘		東京大学社会科学研究所准教授
永石　一郎		弁護士（東京弁護士会）
松田　亨		大阪地方・家庭裁判所堺支部判事（支部長）
黒木　松男		創価大学法科大学院教授
鈴木　美華		創価大学法科大学院教授
田村　伸子		法科大学院要件事実教育研究所研究員・創価大学法科大学院准教授
若柳　善朗		法科大学院要件事実教育研究所長・創価大学法科大学院教授

〈司会進行〉

伊藤　滋夫		法科大学院要件事実教育研究所顧問

〈傍聴者〉

今出川　幸寛		創価大学法科大学院教授

＊傍聴者については、「研究会を傍聴して」を書かれた方のみ、その了解を得て氏名を掲載する。

商事法要件事実研究会　議事録

　伊藤滋夫　今日は本研究会のためにお集まりいただきありがとうございます。パネリストの先生も参加者の先生も本当にいろいろとお世話になります。それではこれから開催いたします。最初に本学の尹研究科長からご挨拶をしたいと思います。

〈開会の挨拶〉

　尹龍澤　創価大学法科大学院で研究科長をしております尹龍澤でございます。
　今日は、遠いところ、また、お足元の悪い中を、創価大学までお越しくださり誠にありがとうございます。東京の郊外までお寒い中、足をお運びいただくことになりますので、何とか、美しい紅葉をお見せできればと願っておりました。しかし、先日の雨で、残念ながらだいぶ落ちてしまいましたが、まだ、その名残はご覧いただけるのではないかと思っております。キャンパスを散策するだけのお時間はないかもしれませんが、どうか、窓越しにでも、ご覧いただければ幸いです。
　ところで、創価大学は、司法試験の合格率で、昨年は私立大学6位、今年は5位と、それなりの実績を残しておりますが、実は、今年は、スーパーグローバル大学グローバル化牽引大学に採択され、また、箱根駅伝の予選会でも入賞し、来年の正月には箱根路を駆けることになりました。
　このように、本学は、教育の面では、勉学にスポーツにと大きな成果を上げてきておりますが、はたして、大学のもう1つの使命である研究の領域においてはどうか、特に法科大学院における研究はどうかと自問いたしますと、正直、教育の成果に比べて必ずしも満足のいく成果を上げているとはいえないのが現状でございます。
　そのような中、文部科学省の支援を受けて設立された法科大学院要件事実教

育研究所は、平成16年に設立してから今日まで、理論と実務の架橋という法科大学院の掲げた理念に一貫して忠実に、最高の学問的成果を世に問うとともに、その成果を内外の法科大学院の法曹教育にも反映させるべく、研究会の内容を収録した本を毎年出版して、他の法科大学院の関係者にも広くお知らせいたしております。法科大学院という属性上、どうしても教育に偏りがちな毎日を送っているわれわれ法科大学院の教員にとって、まさに、この法科大学院要件事実教育研究所の活発な研究活動こそは、大学の使命である研究と教育を見事に両立させている組織であると内心自負しております。

　本日の研究会は商事法がテーマと伺っております。行政法を専門としております私には、今日の内容を理解するのは困難ではございますが、本学の商法の黒木教授とは実は学部の学生時代からの親しい友人ですので、黒木教授から、本日ご報告される先生方はもちろん、この席にご参加いただいている先生方が、どれほど著名であり、深い学識を備えておられるか、たびたび伺っておりました。それだけに、この研究会が始まる前に先生方にご挨拶させていただいた時には、大変に緊張いたしまして、あるいはぎこちない挨拶で、失礼があったのではないかと心配しております。もし、そうでありましたら、どうぞご容赦いただければと思います。

　この要件事実研究会の大きな特色は、要件事実教育研究所の若柳所長、顧問であります伊藤名誉教授の用意周到な計画の下、ご報告される先生方との数度にわたる真剣な打ち合わせを経て開催されるものであり、それだけに非常に論点が整理された研究会であるということにあるかと思います。したがって、本日議論される内容は、深く本質的なものになり、今後の商事法学に大きな一石を投じることは間違いないと信ずるものです。

　この研究会を契機に、要件事実についての研究と教育がさらに一段と深まっていくことを念願して、私の挨拶とさせていただきます。

伊藤　それでは、お配りしております進行予定に概ね従って進めてまいりたいと思います。「概ね」と申し上げましたのは、先ほどパネリストの先生方とご相談申し上げまして、これから申し上げる進行予定についての変更がございます。松井先生、大杉先生、氏本先生、角田先生の順序になっておりますが、

打ち合わせ会からのご議論を見ておりまして、氏本先生のご報告の部分についてかなり議論が多いのではないかと思います。それで氏本先生のところに相当時間を取るということにしまして、まず松井先生、大杉先生、角田先生、最後に氏本先生という順序にしたいと思います。つまり角田先生と氏本先生の順序を入れ替えるということです。それによって、氏本先生の部分の時間を取るということと同時に、角田先生の部分にも時間を取るということもございます。従来からの経験によりますと、後の方のご議論は、「もう時間がなくなってしまいますので」と申し上げて打ち切りになりますことが非常に多いので（笑）、以上のようにしていきたいと思います。

　それから、事前に永石先生、田中先生からはご質問をいただいておりますが、冒頭にまとめてお答えするということではなくて、その質問のことが議論になる段階でお答えするということにしたいと思います。その時にご質問も改めて口頭でおっしゃっていただくというようにお願いしたいと思います。そういうことでよろしいでしょうか。

　　　＊伊藤滋夫による問題提起、氏本厚司、大杉謙一、角田大憲、松井秀征の各パネリストの報告は、ペーパーにまとめられ、本研究会で事前に配付されている。当日の問題提起及び報告はこれに基づいて進められている（ただし、各ペーパーについての、当日の時点における若干の補正が、すぐ次の「意見交換」の冒頭〔本書7頁以下〕でされているので、ご留意を賜りたい）。本書82頁以下を参照されたい。
　　＊＊意見交換中にある「A2の5頁」、「B15頁」、「D5頁1行目」といった記載は、上記ペーパーの頁数、行数を指す。その後の（　）内は、本書における該当頁である。

〈意見交換〉

伊藤　これから意見交換を始めます。この意見交換が多方向で、全員がいわばパネリストになったような感じで議論がいろいろなされるというのがこの研究会の特色でございます。時間の関係があって、司会は、「どうもこの辺で」といつも言わざるを得ないので申し訳ないのですけれども、活発なご議論をお

願いしたいと思います。

　それから、先ほどパネリストの先生方が、報告をされた時に、補足したいところは後ほどというふうにおっしゃいました。これから意見交換に入る前に、記録に残すという意味で、報告論文のこの部分を、例えばこういうふうに訂正するというようなご趣旨の発言があると思いますので、お聞きいただきたいと思います。

　まず、私も、ほんのちょっとですけれども訂正させていただきます。誤記というのとはちょっと違いまして、趣旨の説明を少し補充するというところがございます。私の問題提起メモのA2の5頁（本書103頁）を見ていただきたいと思います。そこでは、「本人の利益を害する危険がない」ということを評価障害事実といっておりますが、評価根拠事実のほうは「本人の利益を害する危険が類型的に高い」といっているわけですから、「本人の利益を害する危険がない」というところの次に次の文章を入れていただきたいと思います。「（厳密に理論的にいえば、本人の利益を害する危険が類型的に高い、とはいえない）」という文章です。つまり、評価根拠事実が「類型的に高い」といっておりますので、「とはいえない」というときに、前の文章と同じ文章を持ってくるべきですので、「危険がない」というところの次に括弧をしていただいて、「厳密に理論的にいえば、本人の利益を害する危険が類型的に高い、とはいえない」という言葉を入れていただきたいと思います。別に細かい文章はよいのですけれども、そういう趣旨の言葉を入れていただきたいと思います。

　あと、パネリストの先生方で何か補正されるところ等ございましたら、お願いいたします。

松井秀征　1点だけ、B2頁（本書107頁）で、代理の要件を掲げてございますが、ここには代理意思の話を書いてございません。これは代理意思が要件にならないということではございません。後で代理意思のことをB15頁（本書123頁）の辺りで論ずる予定がございましたので、この点については当該箇所で後ほど詳しく述べる、という関係になっております。

　私からは以上でございます。

大杉謙一　大杉から、C18頁（本書148頁）について簡単に補足をさせていただきます。経営判断の原則としまして、①当該行為が経営上の専門的な判断に委ねられた事項についてのものであること、②意思決定の過程に著しい不合理性がないこと、③意思決定の内容に著しい不合理性がないことの3点を満たせば、善管注意義務違反が認められない、ということをアパマンショップ最高裁判決が述べているわけですが、判決文にこの①、②、③の番号を付けているのは、注49に書きましたように、神田秀樹教授の教科書においてであります。これは、あらゆる善管注意義務類型の事案に当てはまるものではなくて、アパマンショップのように積極的な経営行為、何かをやろうとする場合には、フィットするのだろうと思います。他方、今日のご報告で角田先生が取り上げられたような、するべきことをしなかった、監視義務・監督義務違反、あるいはダスキンの事件のようにやったことが不十分であったという、いわば消極的な行為についての善管注意義務違反の有無を判断するときには、C18頁（本書148頁）に書いたフォーミュラはこのまま使えるわけではないのではないかと、このペーパーを書いた後に思うようになりました。そう考えてみると、ここに書いたうちの①番というのがいわば入り口になっていまして、①番のようにいえる場合には、②番、③番で経営判断の原則を運用していくのだけれども、さっきの私の言葉でいうと、消極的な行為、やるべきことをやらない、不十分であった、という場合には、この①には当たらないので、その場合には②番、③番とは少し違う判断基準になるような気がしております。その場合には、意思決定の過程と内容をあまりきれいには分けられず、両者を同時に判断するのかなと思いますし、また「著しい不合理性」という基準で判断するのは必ずしも適当でない場合があるのだろうと、現在は考えております。このC18頁（本書148頁）のフォーミュラはそういう意味で限られた場面のものとして私は捉えているということを付言しておきます。

　伊藤　ありがとうございました。それでは、角田先生お願いします。

　角田大憲　今せっかく大杉先生からおありでしたので、若干申し上げておきます。補足ということですが、E17頁（本書207頁）の脚注56番にある通り、

経営判断原則と内部統制システム構築義務との関係で、今まさに大杉先生からご指摘があった通り、合併等の積極的な経営判断とはまた違うのではないかということについて野村修也先生・森本滋先生からご指摘があるということは、そこにお書きしてある通りです。

それから、もう1点、今回の会社法の改正との関係で、私が報告を担当する監視義務・監督義務の問題がどう影響するかについて、会社法改正に直接影響するものではないにせよ、「子会社管理責任の強化」との関係について注目しているということを申し上げましたが、もう1つ今出川先生からご指摘がありましたので、補足いたします。内部統制システムについても、それ自体がどうということではないですが、少なくとも、今回パブコメが出ました会社法施行規則で、決定・決議の内容の概要のみならず、運用状況の概要についても事業報告で開示されて、監査報告の対象になりますので、その辺りももしかしたら影響してくるかもしれないというご指摘をいただきました。

伊藤 ありがとうございます。氏本先生いかがでしょうか。よろしいですか。
　それでは、報告についての補足説明は終わりましたので、これからご自由に、パネリストの方相互でも、それからパネリスト以外の、このロの字型机の席に座っていらっしゃる参加者の先生方、どなたからもご自由にご発言をいただきたいと思います。
　それで、先ほど申し上げましたように報告順序を事前の予定と変えました。それで、その報告された事柄は、それぞれ密接に関連はしているのですが、一応は区別しないと議事の進行は上手くいきませんので、私の関係で申し上げたこと、松井先生、大杉先生、角田先生、氏本先生のご報告に関することといった、だいたいそんな順序でご質問をいただきたいと思います。それで事前にご質問を永石先生、田中先生からも、特に田中先生からは詳細な書面をいただいております。記録の整理上ということで大変恐縮でございますけれども、ここで口頭でおっしゃっていただいて、口頭でお答えするということで、よろしくご了承いただきたいと存じます。
　まず、私の関係のことが最初になりますが、事実上私は田中先生のご書面を拝見して承知しておりますけれども、おっしゃっていただきたいと思います。

田中亘　私の質問は、ご報告でお答えいただいた部分もあるかと思いますけれども、補足で述べたいところもありますので、改めて口頭で述べます。

　私の質問は、手段債務の完全履行について、その評価根拠事実と評価根拠事実ということがどういうふうに振り分けられるのかということです。ご論文のA2-4頁（本書103頁）のところで、「そのように考えるべきではない」とされた考え方、つまり、手段債務の不完全履行を債権者側が主張証明すると、債務者はもう無過失の主張をする余地は残っていないという見解があるようですが、この見解は、手段債務というのは注意とか努力を尽くして事務を執行することであるから、その不完全履行というのは注意を尽くさないで事務をしたということである、と理解していると思われます。そのような理解に立ちますと、例えばこのご論文の中で提示いただいている、司法書士の設例でいうと、この司法書士は、権利者の真の意思に基づかないで移転登記申請をしてしまっているわけですが、それはそれ自体が不完全履行とされるのではなくて、注意深く移転登記申請をするという義務に違反したということが債務不履行の内容になるはずである、この例でいえば、委任状を精査しなかったとか、あるいは権利者のところに電話をかけて意図を確認しなかった、というのが不完全履行を根拠づける事実になるのだと。そのことを債権者側で主張立証してしまうと、債務者側で主張立証すべきことは残っていないのではないか、こういうふうに理解されるのではないかと思われます。これに対して、ご論文では、客観的に見て不当な移転登記申請をしたということで債務不履行の評価根拠事実の主張としては十分であって、司法書士のほうで、十分に注意深く職務執行したという事実を評価障害事実として主張証明すべきであると捉えられているようです。そのことが、司法書士の債務は手段債務だという理解——手段債務というこの定義も問題なのかもしれませんけれども——、つまり、注意深くあるいは誠実に職務を執行するのが債務の内容なのだという理解と、どういう関係に立つのか、これが第1の質問です。

　それからこれは追加でご質問させていただきたいのですけれども、この問題について、私、助教になりたてか学生の頃に読んだ論文では、主張証明責任の問題は、債務不履行と帰責事由の要件の振り分けというところで考慮されている論文が結構あったと思うのです。つまり、手段債務のように見える債務であ

っても、債務者が不注意で職務を遂行したという事実を何でもかんでも債権者が主張証明しなければならないというのでは、債権者の負担が大きすぎるので、むしろ外形上、期待された結果が実現していないということを債権者側で主張証明すれば、それで債務不履行の要件は立証できたことにして、後はその期待された結果が実現していないということが債務者側の不注意によるものではなくて、債務者は注意深く職務執行したのだけれども、何らかの外的な事情とかで結果が実現しなかったのだ、ということは、帰責事由の要件、つまり責めに帰すべき事由によるものでなかったという要件として、債務者側が主張証明すべきものであるという考え方があったかと思います。それが、今回のご論文を読みまして、私は、振り分けのレベルが2つになったような気がしていまして、従来からあった債務不履行と帰責事由という振り分けと、さらにこの債務不履行の中に、評価根拠事実と評価障害事実があって、これも振り分けが問題になっているように思います。そうすると、2つのレベルの振り分けをどういう考え方に基づいて行うかということが問題になるように思われます。この点に関し、説明いただければと思います。

　伊藤　どうもありがとうございます。私が十分にお答えできるかどうかわかりませんが、田中先生のおっしゃったことは、実に様々な要件事実の基本的なところまで含んでいるわけです。それを全部お話しすることはとても難しいのですけれども、通常の民法の教科書というのはあまりどちらが主張立証すべきだということを書いていないのが多いですね。そういうようなことではなくて、私自身の要件事実の基本的な考え方は、裁判の場で実際に立証ということを考えて、先生のおっしゃる振り分けというのをやるかということが要件事実論としては問題となる。刑事裁判の場合、比較的そうではないと思うのですけれども、民事の場合そうしませんと、結果として一方当事者が皆敗訴してしまう。全部立証しないといけなくなってしまう。そういうことになって、そこにどうしても立証の公平ということを考えなければいけない。立証の公平というのは一種のマジックワードなものですから、立証の公平というものをどういうふうに考えるか。結局は民法の制度趣旨というものを立証ということが問題となる訴訟の場でどうやって実現したらよいかということになると考えます。

例えば、今の登記の問題でいいますと、田中先生がそうおっしゃっているわけではないと思うのですけれども、何もかも依頼者のほうで、司法書士が不十分だった、例えば電話をかけなかったとかいうことを全部立証しなければならないということになりますと、司法書士の職務の適正を期するという、そういう役割をも持っている損害賠償請求訴訟がほとんど成り立たなくなってしまう。極端にいえばですね。そこで、どこで振り分けるかという基準ということになります。抽象的には、基準は立証の公平ということです。そしてその債務不履行制度、あるいは司法書士制度、そういうものの趣旨をどういうふうに訴訟で適切に実現するかということを考えるということになります。そして本件のような場合はというと、私は、司法書士の方々も存じ上げていますが、そうした方々のお話を聞きますと、偽造の証明書に基づいて登記がされてしまうということは、非常に重大な問題なんですね。別に客観的だからということではないのです。ですから、偽造の証明書で登記してしまって、結果として偽造であることを見過ごしてしまったということは、それ自体、損害賠償請求を肯定するに足りる評価根拠事実として十分であると考えています。それに対して十分でないという考え方も成り立ち得て、そこは価値判断の問題ですから、意見が分かれ得るでしょう。私はそういうふうに思っておりますし、だいたい司法書士の方に聞いてみると実務的な感覚はそうでなかろうかと思います。倫理規範の本もいろいろ出ていますけれども、非常に厳格に考えられていますね。

　それでこの事例でも、無過失の抗弁に当たるようなこともいろいろ書いたのですけれども、それでも無過失といえるだろうかということが問題となります。この例だとさすがにここまで無過失ということを立証すればよいでしょうということにはなるのですが、途中で私が、ある案を示したときには、ある司法書士の方は、それで無過失といえるだろうかということをやはり心配していらっしゃるのですね。それは価値判断としてどこに重点を置くかということですから、見解は分かれ得ることでしょうが、私としては、登記申請を依頼した方のほうには、この程度の立証の要求をして、後は、司法書士の方のほうで自分に過失がないのだということを立証していただくのが、制度全体としていいだろうというふうに考えております。

　それから、田中先生のおっしゃる客観的ということでは必ずしもなくて、こ

れはたまたま偽造という例だったのですが、例えば、医療過誤のときに、そのときの臓器の状況によっては、存在のわかっている他の腫瘍を切除すると非常に致命的な他の障害が起きるというようなときには、わかっているのですけれども、その切除はやらないほうがいいという医者の判断でしないということがあると思います。他に腫瘍がまだあるんだということを患者側としていえば、それで一応医者のほうの不完全履行をいったことになる。後は、医者が上記のような事情を主張立証するというわけです。

　そこはもう価値判断の問題ですから、もっと医者側にゆるくしなさい、患者側に厳しくしなさいなど、それは、いろいろとあり得ると思います。

　それから、私がここでいいたいのは、書き方として確かに強いというふうにお感じになったかもしれませんが、もし「無過失という主張はあり得ない」という論文があるとすれば、あり得ないということはないのだと、不完全履行であっても、やっぱり誠実に履行しなかったというその基本的なところをいえば、今度はこういう無過失のことがあったんだ、ということをいうことができるので、論理的にあり得ないということはないということです。ただ、結果債務に比べると無過失の主張は少し狭まるだろうということがいえます。

　それから、私が見たのは、商事法務の1740号38頁では、潮見先生は無過失の抗弁を観念するのは適切でないという言葉を使ってはおられるのですけれども、無過失の抗弁という言葉が悪いのであって、過失の評価障害事実というのは、実際どの程度あるかは別として、過失の評価障害事実というのはあるのだといっておられます。私にいわせると、過失の評価障害事実があるというのは、それが立証できたら、それは無過失ということなんですね。ですから無過失の抗弁があるといっても少しも差し支えないのではないかと思います。不完全履行の場合は、無過失の抗弁と、そこは予見はできたけれどもやってはいけない、やらないほうがよいという合理的判断でしないという場合と両方あって、それらはいずれも完全履行の抗弁だと思っております。それが一応私のお答えです。

永石一郎　今の問題に関連しまして、伊藤先生は、無過失の抗弁ありという立場とお聞きしました。それでは例えば、任務懈怠というのは規範的要件ですから、請求原因として……。

伊藤 永石先生には申し訳ないのですけれども、任務懈怠と利益相反については後で行いますので、そこのところでやったほうがよいと思います。そこのところは非常にいろいろ議論があるところですので。今は一般の民法の不完全履行のことだけについてお願いします。そうしないと上手くいかないと思います。

それでは、今、田中先生にご質問いただきましたのは、問題提起メモのほうのことですけれども、私の自身のプロパーの問題としましては、単純合意の問題を書いておりますので、その点について何かあればお願いします。

近藤昌昭 単純合意について2点質問があります。伊藤先生のこの論文を拝読しますと、単純合意について「社会的機能」という言葉がかなり出てくる。その「社会的機能」ないし「制度」という点からすると、単純合意というものを取り出すのが制約されるという発想で書かれているのですが、「社会的機能」、「制度」でなくても「意思としての不可分性」、「合意の中の不可分性」の問題と考えることもできるのではないかと思いました。例えば、振込みの事件ですと、B銀行とYとの預金契約をして、自分の口座に振り込まれたものはすべて預金になりますよ、という定型的な意思というものがあると考えれば足りるのではないか、意思と別の要素である「社会的機能」、「制度」というものを持ち出す必要があるのかどうか、というのが1点目です。

それから、もう1つですが、同じ単純合意みたいなものの例で、例えば、Xという国内業者がAという海外の人と、売買契約を結んで、先にお金を払ったんだけれど、履行してくれないのでその売買契約を解除した。代金を返してくれといったのだけれども、お金はAの指示に基づいて、国内の他の業者のYに振り込んでいるということを前提として、XがYに対し売買代金相当額の不当利得返還請求をしたときに、給付関係と契約関係のどちらを重視して不当利得返還請求権の当事者を設定すべきか、少しわからないところがあるのですが、私自身は、給付不当利得の場合について、原則として契約関係を基本として、設例のようにYを当事者とするのは例外的な場合ではないかと思うのですが、「法律上の原因がないこと」の主張立証としては、原告側でその売買契約を解除したことをいえばよく、Yの側でAとの関係で対価関係について

「法律上の原因があること」を抗弁として主張するという構造と考えるべきであると。これも「売買」と代金額をどこに支払うのかというAの「指図」だけを主張すれば足りるという考え方もあり得るとは思うのですが、AY間の他の売買契約の代金額に充てるとの合意など「指図」を包摂している現実の不可分の合意を主張すべきではないかというAY間の対価関係の事実の捉え方の問題です。不当利得という場面ですが、給付利得という場合に単純合意のような捉え方ができるのかという似た問題があるのではないかと思っているので、ご示唆をいただければ幸いです。

　伊藤　2番目のどういうときに不当利得が成立して、給付利得はどうである、侵害利得がどうであるということについて、いま私が細かい主張立証責任の構造を申し上げるだけの準備はないのですけれども、近藤先生がおっしゃったことは、すべて私のいう、制度あるいは最高裁の判決のいう仕組みというものの中に組み込まれている。だから、私のいう「単純合意」と扱われる問題ではないと考えております。

　それから、最初におっしゃった、預金者と銀行の間にそういう意思があるのではないかという点についてもその通りだと思います。

　そういうことを全部踏まえて、誤って振込みがあったときに、その前の原因関係と関係なくその人の預金に一応なるということが成立するのであって、それも、最高裁の判例のいっている「仕組み」、私のいう「制度」というものの中に位置づけられる。銀行とか振込みという言葉が出ることだけで、本当は1つそこに「制度」の存在が出てしまいますので、銀行という言葉を出さないで、いわば真空の中で、AがBに送ります、それはあなたのものと合意したとします、そういう合意というのは、いろいろな背景もなしに、単純にあるということは普通考えられなくて、それしか主張がなければ、法的拘束力があるということはいえないのではないかと思っております。ですから、今の先生のおっしゃった例は全部「仕組み」の中に入るものとして、私のいう「単純合意」ではないということになります。これは小塚先生に教えていただいたことをしゃべっているようなものですので、私が話すより、そこの点を小塚先生に教えていただければと思います。

小塚荘一郎 伊藤先生のお考えは、制度といいますか、仕組みといいますか、何らかの意味があるものでなければ、単に給付をするとか、単に債務を負担するという約束というのは、法的に執行されるべきものではないのではないか、ということです。この結論は私にはすごくよくわかるものですし、おそらく多くの方はそこは納得されるのではないかと思うのです。これを要件事実的に考えていきますと、制度化された仕組みがあるというのは何なのだろう、それは要件なのか、それとも何かの評価根拠事実なのかという辺りを、伊藤先生がどういうふうに発展されるのかという点が興味深いところです。それは実は、その先につながっていまして、角田先生がおっしゃったことと同じような話なのですが、それはどういう事実を出せば証明されたことになるのであろうかという問題です。確かに、振込みであれ、ディマンドギャランティーであれ、現在は確立された取引ですけれども、例えば、ディマンドギャランティーという取引は、おそらく100年前にはなかったものですね。そうすると、それを最初に行う時にはそれは制度なのか、制度でないのか、これは最初に行う時に制度ではないとなると、次に行う時も制度ではないということになりますから、実はいつまで経っても制度にならないということになります。いま伊藤先生は、銀行という言葉が出れば、制度という趣旨が出ているとおっしゃったので、そうすると、商取引の中で行われていれば制度であるという事実上の推認が働いていることなのか、という辺りが、非常に興味深く思っております。

　もう1つだけ申し上げて、質問をまとめます。それはメタ的な議論をすれば、結局、それは法的に拘束力を与えられるかどうかというのは、誰が決めるのか、裁判官が決めるのか。あるいは立法者が決めるという考え方もあると思いますし、もう1つの考え方として、市場が決めるという考え方もあって、その中でどういう立ち位置をとるのか、大げさにいえば、日本の民事法というのがどういう立ち位置をとるのか。またそれは英米法などと同じか違うかが問題となると思います。

　先ほど来の議論で、手段債務の話ですとか、民事法の債務不履行の三類型論の話とかが出ていますけれども、ああいう議論の中で、潮見先生などがおっしゃる背景にはドイツの議論が変わってきて、三類型論を捨てたということがあるわけです。ドイツがなぜ捨てたかといいますと、それはEU統合に基づいて、

民事法がヨーロッパ化されたことによるわけです。それによってドイツ法が持ってきた三類型の枠組み自体が崩れてしまった。そうするとこの先、日本が直面していく問題はTPP、その次は要するに中国との取引の問題がある。TPPの枠組みの中で、オーストラリアとかマレーシアとかシンガポールとかすでに英米法系の国はたくさんあります。もちろんアメリカだってそうです。そういう中で日本の民事法はどうなっていくのかという問題があります。そのときに、これが日本の法律家の考え方ですと、俗っぽい言い方をすれば「見える化」しておく必要がある。そういう意味で伊藤先生がおっしゃったのはその「見える化」の第一歩かと思いますし、もう少しその先を伺ってみたいということで、ご質問させていただければと思います。

伊藤 時間の関係もありますので、ごく簡単にご返事を申し上げます。お答えするなどとたいそうなことはできないのですが。いろいろおっしゃったことの中には、いわば法哲学的な問題、あるいは憲法規範的な問題、いろいろなことが入っていて、誰が決めるのか、ということは私がとても要件事実論の立場からいえるわけではありません。ただ、「制度化」という言葉を使った以上、あるいは「仕組み」という言葉を使った以上は、それが完成されたものを使っているわけです。

完成する前の初めのほうはどうかというと、常に法形成過程においていつもあることで、例えば直接には合意の問題ではないのですけれども、非常に顕著に法社会学的に基礎づけられるのは、嫌煙権の問題です。嫌煙権の問題については、私は、かつて「権利の生成過程と内容」という題名の論文を書いたことがありますが、嫌煙権について昭和60年頃の判決と、最近の判決と比べてご覧になったら、著しく違うことがおわかりになると思います。民法の条文は何も変わっていない。たばこに関する、列車に乗るときにどうすべきだなどというような特別の法律が急にできたわけでもない。例えば、当時のある裁判所の判決は、古来喫煙に対して日本国民は寛容であって、今のJRは当時国鉄なのですけれども、国鉄がそうした社会の実態をも考慮して輸送体制をとることは何ら不都合なことではない。新幹線の「こだま」に禁煙車は1両しかなかったこともあったくらいなのですね。簡単にいえばそのようなことをいって、禁煙

車の設置などを求めた原告の請求を排斥しているのです。今そんなことをいったら大変なことになります。現在は受動喫煙の関係というのは非常に厳しいわけですが、それは全部、社会的ないろいろな人の考え方、いわば国民の法意識が、あるいはWHOの勧告なども影響して、皆そういうことに変わってきたのですね。ですから、そうした国民の法意識も、だんだん、だんだんと形成されてきまして、例えば、最初は受動喫煙の弊害が少しわかるかなという程度で、1万円の慰謝料だったのが、後では10万円になるとか、徐々に形成されてくる。これは比喩的にいっただけですけれども、小塚先生のおっしゃったような問題も、あるところまではこれはちょっと仕組みとはいえないのではないか、そして、ある程度仕組みらしくなってくるとそれでは一部量的に認めよう、完全に仕組みになると完全に認めるとか、何か少しずつそういう変化が出てくるのではないかと思っております。だから、ここでいう単純合意の問題に限らず、いつも初めは難しいと思っております。おっしゃる通りでございます。

　後のことは非常に大きな問題につながりますので、とても私が要件事実論の面から何か申し上げられるということではありません。

　他にありますでしょうか。私はこの問題はそれほどご質問はないかと思って時間の配分を考えておりましたが。次に移ってもよろしいでしょうか。

　永石　1点だけよろしいでしょうか。今の小塚先生の話を興味深く聞いていました。ドイツ的な意思主義をある程度捨てて契約理論を構築しようという時代の趨勢から考えれば、この伊藤先生の問題提起、意思表示、その意思表示にアクセントを置くということはどうなのか、というご趣旨なのでしょうか。

　小塚　ヨーロッパとの関係でいいますと、やはり英米法的な考え方とどう接点を作るかということだと思うのですね。英米法は一方では非常に堅いところがあると思いますが、契約という世界に入りますと、基本的に、書いてあれば拘束力があるという考え方だと思うのです。そこに、法律的な意味での参照枠組みを持たない。ところがフランス法は、そこは例えば、コーズというようなものを持ちますし、ドイツ法は、伊藤先生もちょっと触れておられますけれども、コーズを持たないものですから、わざわざ無因の債務負担という概念を構

成して、その概念に取り込むという形で問題を処理するという形をとっている。ところが、イギリスとか、特にアメリカのロイヤーなどは、書いてあるのだから有効だろう、有効でないとすれば何なのだ。それは契約内容の規制か、公序違反か、強行法規違反か、こういう議論になるわけですね。その発想に日本の法律家も向き合わなければいけない、あるいはいろいろなところで、もうそういう時代が来ているかもしれない。こういう気が少ししているということです。

　今の伊藤先生のお答えで嫌煙権の話は非常によくわかるのですが、例えば、単純合意で債務負担するような場合、これは履行するかしないかですので、形成過程で部分的に認めるというのは、解決としては何か難しいような気がするのですが。初期には、裁判所に行ったら履行できないが、自主的取引としては可能だというような状態を伊藤先生は想定されるわけでしょうか。

伊藤　つまり、単純合意ということができてしまう、私のいう単純合意ということで決まってしまえば、私の意見だとそれはだめなのです。一応まだ研究中ではありますけれども。それで仕組みという中に入ってきますと、社会的機能があるので、認めようということです。私のいう形成過程というのは、そういう仕組みというのが形成されていく途中のことを申し上げていて、単純合意というのが形成されていく途中ということではありません。

小塚　それはもちろんわかります。

伊藤　ですから、そういう仕組みが形成されていけばだんだんと認められていくでしょうと。

小塚　その、だんだんの間は、どうなるのでしょうか。

伊藤　どこかで、こう質的に変化するか、量的に変化するかだと思います。抽象的にしかいえないのですけれどもね。例えば、非常に単純な例ですけれども、水が沸点に達したら気化しますね、そういうふうにどこかで質的に有効というふうにぽんと変わるのか、あるいはその前の例えば99度辺りのところで

自然債務として、さらに進んで、履行・執行はできないけれども、約束を守っていない場合に、いわば制裁的なものを課することができるものとしてとか、何か少しずつバリエーションがあるのではないかと思います。本当はそれはきちっと歴史的に勉強しないといえないことですけれども、私のいいたいことは何かある日突如変わるということではなくて、嫌煙権のようにだんだんと権利が形成されてきたように、新しい合意というものに、法的意味を与えるというときというのは、やはり形成過程というのがあって、ぽんと変わるかもしれないし、途中で量的に金銭的な賠償請求だけは認める、しかし、特定履行の請求は認めないという、あるいは両方認める、といういろいろなことが出てくるのではないか、そういうことを申し上げたかったのでございます。

　それから、また議論になるかもしれないのですが、私は、ここに書いてありますように、内在的な意思だけを基準にして区別するというのはあまり賛成ではなくて、永石先生のおっしゃったところでいいますと、やはりこれが社会的にどういう機能を果たしているというところに注目したいと思っています。

　田中　小塚さんのお話を聞いていて思ったことですが、英米法でも、例えば約因がないと契約の効力が認められないとか、あるいはイギリス法の場合、第三者のためにする契約がコモンローでは効力を認められないで、ずっと悪戦苦闘して、制定法でやっと認めたとか、妙に契約の自由を制限することもありますよね。こういう法の態度がどこから出てくるのか、私は今でもよくわからないでいるのです。ただそれはともかく、小塚先生の問題意識については私も全く同感で、新たにできた制度が裁判所で効力を認められないと、やはり、経済的に効率的な新しい制度というか商慣習の発展が遅れるといった問題が生じ得るのではないかという懸念を抱きます。

　例えば、ディマンドギャランティーなどは、正直申しまして諸外国の真似です。ディマンドギャランティーに関する契約の規定など、もうほとんど真似だと思います。しかし、日本がこの先国際競争に勝ち抜いていくためには、何か諸外国にない新しい商慣習を一から当事者間の契約で作っていかなければならないこともあるかと思います。ところが、そういう契約が裁判に持ち込まれたときに、その拘束力を認めるためには、合意があるだけでは足りなくて、制度

が必要だといわれる。あるいは、伊藤先生がおっしゃっていることは、裁判所に、無因の合意をなぜしたかという合理的な理由を説明しろということであっても、必ずしも、確立した制度がすでに存在しているということまで証明を要求する趣旨ではないかもしれませんが、仮にそうであるとしても、そういう合理的な理由を裁判所に示す（納得してもらう）ことを求められるというのが、新たな商慣行の発展にブレーキを掛けることにならないのかなと若干疑問を持ったということでございます。

　伊藤　私は、新たな慣行の形成を裁判所がなるべく尊重するように、もし先生のそれが正しい方法であるとすれば、そう考えていけばいいのだろうと思っています。私は全然社会的に何の関連もない、ただ約束するだけということとは違うというふうに思います。それぞれご意見のあるところだと思います。
　それでは、松井先生の問題に移りたいと思います。ご質問があればお願いいたします。
　田中先生からはメモをいただいていますが、口頭でおっしゃるのであればどうぞ。

　田中　それではすみません。質問というか、問題提起なんですけれども。1つは、undisclosed principal という制度が本人の利益を保護する制度として位置づけられているという、例えば B11 頁（本書 119 頁）にある理解に対してですが、私は、この制度についてそれほど詳しく勉強しているわけではないですが、ちょっとエージェンシー理論の基本書などを読んでみましても、必ずしもそういう説明をしているわけではなくて、特に相手方から本人だけでなく代理人に対しても請求できることについては、明確に相手方保護のためであるといわれているように思います。若干、樋口先生による制度理解は、従来この制度について研究した日本の英米法研究者の理解と違うというだけではなくて、英米でごく普通に考えられていることともずれているのではないかな、ということを懸念しています。
　それとこれは情報の提供ですが、近年のアメリカ法の動きを見ると、ますます相手方保護を重視するようになっているように思いまして、伝統的にアメリ

カ法の下では、相手方は本人と代理人の両方に請求できるのだけれども、一方に対して確定判決を得ると、もう他方に対して請求できなくなるという、日本と似たような制度になっています。しかし、それでは相手方が一方に対して確定判決を得てから強制執行したが、資力の不足で満足を得られなかったときに、それ以上何も保護がないというのは適当でないということで、第3次代理法リステイトメント（6.09条）では、たとえ一方当事者に対して確定判決を得ても、他方の当事者にも引き続き請求できるという制度（連帯責任）にしたようです。このような制度にすることによって、相手方は、例えば代理人に対して請求しても、本人との法律関係を否定できなくなるんですけれども、その点については、相手方は、代理人に対して有する抗弁を本人に対しても対抗できるとしておけばよいので、結局連帯責任でよいのだという結論になったようです（Eisenberg & Cox, Corporations and Other Business Organizations, 9th ed.,p.19）。以上のように、undisclosed principal の法理が本人保護に徹しているという理解はたぶん間違いで、当然、相手方の保護も考えているし、近頃はますます相手方保護に傾斜している、こういう理解を持っております。

松井 ここで本人保護といっていることの趣旨は、代理関係が示されていなくても、1次的に本人と相手方との間で法律関係を生じさせてしまう点で、本人の利益を図っているということです。

つまり、これはアメリカであろうと日本であろうと変わらないと思うのですけれども、代理関係がわからないまま本人との間で法律関係を生じさせ、そこから、相手方保護の話が始まるわけです。田中先生がご指摘くださった問題は、以上の意味において本人保護を図ることによってこそ生じたもので、それはアメリカでも日本でも同じである、ということになるのだと思います。ですので、アメリカで相手方保護のための仕組みをいろいろ苦労しながら作っているにしても、まず、本人との間で法律関係を生じさせてしまう点で、第1に本人の利益を図っている、といえるのではないかというのが、ここでの趣旨です。

伊藤 他の先生方いかがですか。松井先生の関係で。永石先生。

永石 今の田中先生の質問に関連するのですけれども、本人が相手方に裁判を起こすというのは、どんな裁判なのでしょう。代理人が勝手にやった行為について、本人が相手方に対して何か債務不存在確認とか求めることなのでしょうか。

松井 単純な履行請求です。

伊藤 ちょっと永石先生すみません。いま代理人が勝手にやったとおっしゃったのですか。そういう前提でしょうか、松井先生。

松井 本人は代理人に代理権を与えているという場合です。

伊藤 顕名の問題ですよね。

松井 はい。顕名だけをしていない。

永石 本人は代理人に代理権を与えていて、そして、代理人が相手方と契約を締結し、その履行を求める訴訟ですね。

松井 実際の裁判例を見ていて多いパターンの1つは、本人が代理権を与えているにもかかわらず、代理人が怠慢なのか、あるいは意図的なのか、代理権を明らかにしないまま取引をした、という場合です。しかし、本人は代理人が自分のためにやってくれていると思っていて、相手方に請求する、ということになります。

伊藤 よろしいでしょうか。では、松田先生。

松田亨 あまり実務的には504条がもろに出てくるということは少ないのですけれども、もしあるとすれば、このB14頁から15頁（本書123～124頁）にかけての事例ですね。これは、PがTに対して、本人が相手方に対してです

けれども、むしろPが会社ですね、本人が会社で、T、代理人が代表者、そして、原告はTなんです。それで、履行請求するわけです。その案件というのは相手が同族会社なので、会社と本人との区別がほとんどついていないような、そういうシチュエーションなんですね。ですから、これを先生のB14頁（本書123～124頁）の要件事実は、これはPのほうが原告だと思うんですよね。これをTのほうがいま見たようなシチュエーションでいった場合、はたしてどういうふうになるのか。そういう訴訟で一番何が問題になるかといいますと、この要件事実のうち、TA間の法律行為、あるいは商行為、そして代理権授与、ここら辺は問題にならないんですね。こんなところは争いない。一番の問題はここで請求原因にするか抗弁にするかといわれている代理意思なんです。Aは顕名していませんけれども、Aというのは一体みたいなものですけれども、会社のためにするのか、自分のためにするのか。そんなものは否認しますから、当然そこの間接事実ということで、そういう売買の動機、経緯、それから会社の計算はどうなっているのか、その辺のことが間接事実になってくる。こういうような事案の場合、このB15頁最終行からB16頁（本書125頁）にかけてのこの要件事実では、請求原因で上がっているようなのですけれども、ここは松井先生のお考えではどういうふうになるのでしょうか。

松井 松田先生のおっしゃる通りで、従来の裁判例でよくあるもう1つのパターンは、会社の代表者が、きちんと会社の代表者として取引をしているかどうかを明らかにしなかったために、相手方が誰を訴えるかが問題となるというものです。この場合、相手方が代表者を直接訴えるという場合は、代理・代表の問題として出てきませんで、取引をしたという事実だけが問題となります。もし相手方が会社を訴えるのであれば、これは代表者が会社を代表して取引をしたということをいわなければなりません。そうすると、まず訴える側からすると、自分は代理ないし代表関係を認識していたという前提になりますので、商法504条でも端的に民法100条ただし書でもいけてしまうわけです。この場合、先生がおっしゃる通り、代表意思があるかどうかということは別途争点になりますけれども、相手方のほうが、会社代表者の代表権あり、代表意思あり、取引あり、そして自分はそれを知っていたといって、訴えていくということに

なるのではないかと思います。

　松田　その場合、代理意思の問題はどこに現れるのですか。

　松井　会社の場合、客観的に見て、代表者の行為を会社の行為として見得る事情があったかどうかということを、間接事実として出してくる、ということです。

　松田　要するに、要件事実としてはその場合は請求原因なのか抗弁なのかとか。

　松井　これは、請求原因になります。

　松田　そうすると、取引の相手方は、代表者と会社――要するに一体になっている人――が意思を有していたかなんて第三者にはわからないですよね。むしろ抗弁として、Aの代表者が自分はそんなもんは会社のためにやったんだというほうが、主張立証責任の分配ということからいうとわかりよいと思うのです。そうすると、先生のB15頁（本書125頁）では請求原因となる。つまり私がいいたいのは、もしそうだとすると、請求の方向によって要件事実が違うのはおかしいのではないかということです。そこをお聞きしたかった。
　ですから、私の考えとしては、これを抗弁にして、たぶんこれは予備的な請求原因、選択的かな、どっちにしても契約しているので勝たないとおかしいので、Aに対して請求して、法律行為、請求、そしてAが不存在をいうんでしょうね。自分は違うんだ、会社のためにやったんだと。そしてそれを否認すると。それを争点にして、真偽不明ならAだし、会社のためにやったならP。どっちもだめですよ、といって和解を勧める。
　これは、実務ではよく争点として出てきて、この法律行為は会社との関係か、本人との関係かという問題が出てくるけれど、ちょっと要件事実的に分析すると、結局は代理意思という要件事実レベルの争点になるのかなと思っているんです。

松井 確かに、請求の立て方によって要件事実が変わるというのは非常におかしいですね。いま松田先生がおっしゃった例でいうと、相手方が会社を訴える場合、相手方において自分は代理意思を知っているということをいうわけですから、原告の側が主張したほうがよいと思います。先生のご指摘をきちんと理解できているかわからないですが、本人が相手方を訴える場合であれば、逆に相手方において代理意思がなかったことを抗弁として出させたほうがよいと、こういう理解でよろしいでしょうか。つまり、本人が相手方を訴える場合には、本人から代理意思をいう必要がなくて。

松田 だから、それは、どちらが主張立証しやすいか、ということから考えたらそうなりますね。要は、この例でいきますと、本人が原告の場合しかあがっていないようですけれども、実務ではよく出てくるのは、逆に取引の相手方のほうから、会社か本人か、どっちでもいいから金払え、こういうパターンが多いので、その辺も検討されたほうが、100条の関係でそのほうがよろしいのでしょうか、というそれだけの話です。

伊藤 小塚先生どうぞ。

小塚 非常に興味深いやり取りだったのですけれども、おそらくこれは504条というこの条文の典型的な場合として何を想定するかというところの違いなのではないかと思うのです。松井先生がご指摘の事案は、松田先生のおっしゃる会社と代表者のような事案ではなく、債権者が譲渡担保を設定した債務者に対して、担保物の処分を——まあ本来担保物の処分ですから債権者が実行すればよいのですが——金融業者は処分できないからということで、債務者に行わせていると。したがって、相手方とは代金債権者同士であるというシチュエーションになっているわけですが、松田判事がいわれた事例はそうではなくて、代理人と本人との間でもっと密接な関係がある。これはまさに504条の趣旨のところで、従来の学説は、そういう場合が多いので顕名をいちいちさせないというのが504条の趣旨であるといっていた。例えば使用人に近いような場合です。使用人の場合、例の権限の問題がありますけれども、使用人に近いような

場合という説明がよくなされます。それに対して、43年の最高裁判決などを踏まえて、江頭先生の商取引法とか、樋口先生のご本などでは、そういう場合だけを想定していいのかという問題提起をされているので、どちらの場合を念頭に置いた条文なのか、もっといえば、504条を使わないと解決できない問題は結局どちらなのかという、その辺りの考え方によって結論が変わってくるような気がしました。

　松井　今、少し考える時間ができたんですけれども、先ほど松田先生から出していただいた例は、商法504条ではなく、民法100条ただし書でいく場合ですね。民法100条ただし書でいく場合に、相手方から請求を立てるという場合は、相手方が代理意思を立証するということでよいのだろうと思います。つまり、相手方が商法504条で本人にいく場合というのは基本的にないはずなのですね。それで、B14〜15頁（本書123〜124頁）で出している例は、本人が商法504条を使う場合なので、この場合には、本人の側が代理意思を主張立証することでよいのだろうと思います。つまり、同じ条文について請求する主体が違うことによって、立証責任の分配が変わるのはおかしいですけれども、そもそも民法100条か商法504条かという条文の違いを前提とすれば、代理意思の主張・立証責任の所在が変わるということはあり得るのかなと、そんなことを考えました。

　松田　だったら、代表者に対する責任は、契約一本でよいのではないですか。契約者だから払えというだけで。

　松井　おっしゃる通りです。代表者に対して請求する場合は、代理の問題になりません。

　松田　だから代表者は、抗弁として、自分は会社本人のためにやったんです、ということを抗弁でいうと、こういう流れになるのかなと思います。Aの側としては、100条を出すまでもないのではないかなと。

松井　代表者に請求する場合はおっしゃる通りだと思うのです。

松田　だから、請求原因としては「契約した」、それだけでよいと。

松井　代表者に請求するときはそうだと思います。

松田　それに対して抗弁が出るのではないのかなと。代表者は「これは会社のためですよ、自分はその意思でやったのだ」と、それでそれが争点になるのかなと。

松井　その場合には、代表者の側が商法504条を主張してくるということですね。そうすると、まさに相手方ではない、代理人ないし本人側のほうが主張・立証責任を負うことになります。これは、先ほどと同じ話でして、本人が商法504条に基づいて請求してくる場合には、本人が代理意思を主張・立証する。代理人が商法504条に基づいて抗弁を出す場合には、代理人が主張・立証責任を負う。いずれにしても、相手方ではない側が、主張・立証責任を負うということになります。

伊藤　一応よろしいですか。この問題についていろいろなご意見がありましたけれども。他に松井先生のご報告について何かありますでしょうか。
　それでは、大杉先生のご報告の関係でのご質問をお願いいたします。前もって質問をお出しになった方も、ここでおっしゃっていただきたいと思います。

永石　先ほど伊藤先生の報告に関連して質問したことは、大杉先生のテリトリーになりますので、大杉先生に質問させていただきます。
　伊藤先生のご報告では、任務懈怠というのは規範的要件だとありました。規範的要件ということは、評価根拠事実と評価障害事実があります。そうしますと、任務懈怠の評価障害事実が抗弁にきて、しかも、抗弁レベルにおいてさらに、無過失の評価根拠事実が出てくると思うのですが、両者はどういうふうに違うのでしょうか。これは難しい問題だと思いますけれども。

大杉　具体的法令違反行為をした場合に、一般的な考え方をとると、割ときれいに説明ができると思います。具体的法令違反の主張立証で、任務懈怠という評価が確定し、それに対して反論の余地がなくなりますので、被告取締役がなし得ることは、帰責事由の不存在を主張立証するだけになる。そのときには、法令違反の認識を欠いたことについて過失がなかったということもいえますし、期待可能性がなかったとか、不可抗力であったとか、そういうことを主張立証することもできて、そこについては、被告が不存在についての評価根拠事実を述べ、再抗弁として、原告のほうが、期待可能性があったでしょうなどの事実を述べていく、という構造になるわけです。

　先ほどのご質問はそうではなくて、善管注意義務類型のほうだと思うのですけれども。

　永石　そうです。

　大杉　これは、民法でいうと不完全履行に相当するような場合で、その場合には、その立場にある者として通常なすべき行為とか、してはいけない行為とか、任務を怠ることをやっているということを、原告が一生懸命主張立証するのが、任務懈怠の評価根拠事実の主張立証ということになります。それがあるレベルに達すると、被告側が何ら反論をしなければ、裁判官から見て、これは任務を怠っているという評価に到達してしまうので、被告はそれを打ち消すために、原告のいっていることと両立するけれども任務懈怠評価を妨げるような事実を主張立証していくというのが評価障害事実であり、抗弁である。これが任務懈怠レベルです。

　そして、先ほど述べた期待可能性がないとか、不可抗力によるというふうなことは、任務懈怠要件で考えるのではなくて帰責事由の不存在のほうで考えるので、被告のほうでは客観的には任務懈怠といわれてもしょうがない、そこの部分については諦めるけれども、期待可能性がなかったということを抗弁として、主張立証していくという争い方もあって、これをどちらも出すことができるというふうに考えています。

永石　ありがとうございました。請求原因レベルの問題として、善管注意義務違反の評価根拠事実またはその評価障害事実と、無過失の抗弁の評価障害事実とその評価根拠事実は、潮見先生の説によりますとほとんど事実は重なるということになるのでしょうかね。後は裁判所が判決を書くときにどちらの攻撃防御方法で判決を書くか、それだけの違いにすぎないのでしょうか。

　大杉　生の事実で見たときに、それが任務懈怠に関わるものと整理するのか、帰責事由の不存在に関する事実として整理するのか、両方にまたがるとか、あるいはどっちに分類するのかを迷うことがあると思います。別の例でいいますと、名目的取締役が、監視義務に違反したかどうかが中小企業で問題になるときに、名目的なのでその人が言っても社長が耳を傾けてくれなかっただろう、その人に影響力・発言力がなかったということを示す事実があれば、その人が何もしなかったことが義務違反には該当しないとして、任務懈怠の枠で拾うという考え方もあれば、義務違反は否定できないけれども、相当因果関係が欠けたので結局賠償責任は生じないとして、因果関係の枠で拾うこともあり得ます。このように、1つの事実が複数の評価的要件の中で勘案される場合があります。戻りまして、任務懈怠のところである事実を評価するのか、帰責事由の不存在との関係で評価するのかというのは、限界的にはどちらに転んでもおかしくない場合があると思うのですけれども、一応、抽象的には任務懈怠概念と帰責事由概念を分けることができると考えています。私も両者が重なっていると学生にはいうんですけれども、それは同じ事実がどちらの要件でも評価される場合があるという意味ではあっても、任務懈怠の判断と帰責事由の判断の大部分が重なっているという意味ではない、というのが、今回書いてみて得た感想です。これはひょっとすると今までいわれてきたこととかなり違うのかもしれないのですけれども、ご教示いただければと思います。

　松田　ここはずっと悩んでいるところなんですけれども、要は、総合評価ということだと思うんです。総合評価って何なんかというと、つまりは、根拠事実と障害事実の総合評価とよくいいますね。あれって何をしてるんかということなんです。例えば、結果債務であったり、あるいは法令定款違反＝任務懈

怠・二元説をとるとすると、請求原因で勝負がつくんですね。要は結果債務の場合、履行不完全をいえばそれで終わりとか、それから、法令定款違反があれば、二元説前提でそこで終わりで、後は後ろに回して、無過失の問題になる。それで、無過失の根拠事実と障害事実を総合評価するということです。これはわかりやすいんですけれども、請求原因レベルで、任務懈怠、善管注意義務違反の根拠、障害を総合評価するレベルと、抗弁レベルと再抗弁レベルで無過失の根拠事実と障害事実を総合評価する、この判断作用なんですけど、本当に別の系列として判断しているかということなんです。そうするとおそらく、客観的注意義務違反ということを考えたら、たぶんそんなことはしてないと思います。つまりどういうことかというと、単純に善管注意義務違反があったかという結論を出しているだけだと思いますね。それが何となく、私の感覚なんですけどね。ここはあまりよく説明できないのですけれども。

角田 私は、一応、実務上二元説が主流だと思っているので、二元説で考えています。実際、善管注意義務違反の類型で、任務懈怠の評価障害事実と無過失の評価根拠事実がどれだけ違って、どれだけ重なるのだという話だと思うのですね。一応、私も大杉先生のように、任務懈怠のところは、客観的抽象的レベルの話であって、過失の話は主観的個別具体的な当該その事案でのことという区別ができるのだろうと何となく思っているのですが、ただ実際には、これまでも蛇の目の事件とか、野村證券の事件で、各審級レベルで、義務違反なのか過失なのかが変わっていると思いますので、それはいろいろあるんだと思います。

私が伺いたいのは、そういう意味でいうと、実はその任務懈怠の評価障害事実と過失の評価根拠事実を区別する実益がどこにあるのかということです。たぶん428条の自己のための利益相反取引の場合だけなのではないかと思います。だとすれば、その類型だけで考えれば済む話かもしれなくて、善管注意義務違反だけを抽象的にやると、何だろうという感じがしてしまうのではないかと思いまして、その辺りを裁判官の方がどう思っていらっしゃるのかをぜひ伺いたいと思います。

近藤 要件事実がなぜ必要なのかというと、審理を組み立てていったり、立証を促していく上で、それを目標にしながら、頭を整理していくという機能があると思うのです。評価要件の場合だと、具体的な事実が前提として出てきて、今おっしゃるように具体的事実の場合というのは非常に重なって、不法行為の違法性だとか故意過失なんかでも同じなのですけれども、請求原因と抗弁と両方に重なったり、他の要件事実に重なったり、非常に関連していて、どういうふうに仕分けるのかというのは非常に悩ましいところではあります。ただ、争点整理をしていく上では、これはこういうふうに考えていて、過失としてはこれこれでいいんですか、それから任務懈怠についてはこれこれでいいんですか、という形で当事者と裁判所で確認しながら争点整理をしているんじゃないかと思います。ただ、最終的に判断したときに、事実と評価が一体となって、いろいろな方向で作用して、総合的な判断ということもあり得るのだと思います。その意味で、抗弁と再抗弁の場合に、まず抗弁はこれで認められているのかどうか、認められていれば再抗弁の判断に移るというのが原則ではあるが、評価の作用の仕方によって一体的な判断という発想もあると思うのですね。特に、争点整理段階の心証と証人調べが終わっての心証が変わってくるような場合にどのように整理するかは難しいですね。理屈で割り切るのがなかなか難しいのではないかと思っております。

松田 いま角田先生の話を聞いて、ああなるほどと思ったのは、抽象的には別の概念だと思うのですよ。でもそれがもろに文言上出てくるのはやはり428条かな、そう考えるしかないんじゃないかなと思います。要するに何がいいたいかというと、任務懈怠の中身というのはものすごく幅広いですね。取締役は注意義務違反についても会社の業態のありとあらゆる事情が入ってきますから、そんな抗弁1、抗弁2に切り分けるなんてことはとても無理だし、そんなことをする必要もないと思います。

　もう審理の中では何が争点か、もっと簡単にいうと、間接事実説をとって、善管注意義務があったかないか、判断構造は同じやと思いますよ。当然、主張立証責任の対象とするかどうかとか問題がありますけれども、結局最終的に裁判所でやっているのはそこなんですよね。ですから、いま角田先生の話を聞い

て、428条がそれを明確に区別して書いてあるから、機能するのはここだけやなと思いました。

阿多博文 実務では、428条に限らず、423条においても一般に、役員側から無過失の抗弁が主張されますので、株主ないし会社は、任務懈怠の評価根拠事実と無過失の評価障害事実の双方について、かなりの割合で共通の事実を主張し、また、役員側は任務懈怠の評価障害事実と無過失の評価根拠事実としてかなりの割合で同じ事実を主張しているのではないでしょうか。ただ、過失と違って任務懈怠を議論する場合に、裁判所は、当該会社での役員の職務については具体的なイメージをもたないため、裁判所から、任務懈怠について抽象的な形ではなく、具体的に、どういう任務を負っているのか、どういう事実をもって、任務を懈怠したのかについてまず求められる。過失は、その次にしか議論としては出てこないわけです。ですから、裁判所が最終的に双方評価をされるとしても、当事者は、代理人は、かなりの部分で重なるとしても、双方の場面で同じ事実を主張せざるを得ないのではありませんか。

田中 経営判断の責任が問われる場合には、注意深く経営判断を行わなかった、つまり善管注意義務の違反が任務懈怠の評価根拠事実になり、それを会社・株主の側が主張、証明すべきことになります。そして、その事実が主張、証明されれば、今度は取締役の側が、帰責事由つまり過失がないことを主張、証明すべきことになりますが、過失がないということは、善管注意義務がないということと同じことです。そうだとすると、経営判断の場合は、任務懈怠と帰責事由の間の振り分けをする実益はほとんどないように思います。これに対し、任務懈怠と帰責事由の振り分けが問題になる場合があるとすれば、先ほどから話題に出ている428条はその1つなのですけれども、具体的法令違反行為もそうではないかと考えられてきたわけです。つまり、いわゆる一元説の立場を徹底させると、法令違反行為をしたというだけでは十分ではなくて、会社に法令違反をさせないように善良な管理者の注意を尽くさなかったということまで、原告側が主張証明しなければならないということになる。これに対して、二元説の場合、具体的法令違反をしたという事実が任務懈怠を構成するので、

会社・株主の側はその事実を主張、証明すれば十分であって、後は取締役の側が、法令違反行為をしたことについて故意過失がないという事実を取締役側が主張証明しなければならなくなる。そういうことで、任務懈怠と帰責事由（故意過失）の振り分けが、主張証明責任の所在において違いをもたらすというのが、従来の商法学説の考え方だと思います。ただ、私は、松田裁判官の書かれたものなどを読んで、取締役の任務懈怠の有無を総合判断によって判断する場合に、本当に主張証明責任は重要なのかどうかということも問題だと考えるようになっております。

　松田　私も、そこは詰めて考えていないんですけれども、つまり主要事実説を採ると、要するに証明度ということを考えると、根拠事実の証明度は確信でないとその事実は認定されません。障害事実の事実認定も同じ。ところが、総合判断して、ある評価をするときに、そこからの心証形成の程度はどのくらいなのかっていう話もあります。要は、そういう意味で、いわゆる心証形成のプロセスではなくて、評価しているだけなのです。ですから総合判断と最初に僕がいったのは、いったい何をしているのかということなのです。根拠事実と障害事実の総合判断というのは、どこまで、例えば過失ありの心証の場合には、高度の蓋然性をもって確信を得られればそれでオッケーというのが正しい姿勢だと思うんですけれども、実際そうなっているのかどうかですよね。こういう問題があるのではないでしょうか。そこが特殊なところだと思うのです。

　田中　評価的要件に関して、それ自体は主張証明責任が観念できず、個々のブレイクダウンされた事実、つまり、任務懈怠を基礎づける具体的事実についてだけ証明責任が観念できるというのですけれども、取締役の任務懈怠のような総合判断類型の場合、いろいろな事実を考慮することになるので、それぞれの個々の事実について、主張証明責任を働かせて、ないことまたはあることを擬制した上で、他の事実と合わせて総合判断をするというと、非常に擬制的になると思います。そこで、個々の事実については、例えば7分3分くらいで存否の判断がつかないときは、7分でディスカウントした上で、総合判断に放り込む、もしそういう処理をするとすれば、具体的事実についても証明責任は観

念できないことになる。そうすると、結局どこにも証明責任を観念できなくなるのではないかと思うのですね。どうなのでしょうか。

　松田　今いったことは、まさに主要事実説に対するアンチテーゼだと思いますね。要は、結局総合判断ということは、間接事実レベルの自由心証じゃないか、ということなのです。だから、その事実を不意打ちだの何だので主要事実に上げていますけれども、実務的には感覚的には、要は積極、消極の間接事実の評価。証拠も含めて、それの総合判断をしていると思うんですよ。そこで、自白の拘束力を認めたりするのは、何か非常に観念的な感じがしています。
　あと１点だけですが、そういうふうに分けてしまうと、評価根拠事実なのか評価障害事実なのかという振り分けが難しい場合があります。例えば、印鑑が冒用されたときに同居の親族間という事実がどちらに有利に働くかという場合ですね。これはよくいわれます。表見代理（正当理由）の問題です。

　阿多　代理人サイドの発想を整理したいのですが、代理人は、争点整理段階では規範的要件について意味がありそうな根拠事実、障害事実で立証の見込みがあるものを複数主張し、そのうち裁判所がどの事実を重要な間接事実だと整理してくれるのかを確認し、それに対象を絞って立証段階に進んでいくのだと思います。代理人は争点整理段階で10個の事実を主張し、このうち裁判所が１から７については重要な間接事実だと整理されれば、立証段階で、それら１から７について立証を進めていく、争点整理ではそういう発想で手続を進めているわけです。ですから、総合評価だということで、どれが重要な事実かを整理してくれないと、立証すべき対象が決まらないということになりかねません。代理人にすれば、すべての事実について確信まで立証するということが実際できるわけでもないし、事実ごとに力の入れ方は違います。代理人としては、確信まで立証できた上で、その１から７のうちの、７個の事実を証明しないと認めてくれないのか、６個で認めてくれるのかという思考をとっているのです。総合評価されるにしても、それぞれの個々の事実は証明されていることを前提の議論だと思うのですが、そうではないのでしょうか。

松田 まあ、そうかもしれませんね。あまり厳密に考えたことがないのですけれども。確かに、総合評価の場合の心証の程度というのはなかなか説明が難しいし、あまり詰めて考えないですね。

角田 さっき阿多先生が私の前半の報告であったというのはたぶん記録に残っていない部分だと思うので、2点申し上げます。まず、1点は阿多先生がおっしゃったことそのままで、どういう事実を主張して立証すれば裁判所が任務懈怠の有無などを認めてくれるかということです。

 もう1点は、まさにその評価自体は、どういう経験則というか、どういう基準でやるのかという話は、なかなかどこにもない話でありますし、まさに、松田さんがおっしゃった通り、本当は自由心証の世界かもしれなくて、そうすると、間接事実、主要事実の話も出てくるのだと思うのです。また、阿多先生がおっしゃったように、どの事実が立証できるかという話と、この事実が立証されたら総合評価でどっちにいくのだ、という2つのレベルがあって、2つ目のレベルの話はなかなか世に出てきていないのだと思います。その意味で、松田さんが難しいとおっしゃったのもその通りだと思いますし、それをまさに知りたいというのが、弁護士の考えだと思います。

伊藤 非常にいろいろと重要なご議論が出ていましたが、私は司会ですから、お聞きしている立場ではあるのですけれども、一応要件事実論に関する一般的な話がかなり出ましたので、若干の私なりの感想でしかないのですが、申し上げたいと思います。

 評価というものについて主要事実説が正しいとされているのは、いろいろな歴史があってこういうふうになっているのであって、これを単純に——単純にというと言葉が何か非難めいて申し訳ないのですけれども——、単純に昔の間接事実説に戻せばよいというふうにはいえないと思います。それなりにいろいろな検討がされて、今のようになっているのですね。例えば、過失という言葉ですけれども、昔の大先生である兼子一先生の過失というところの説明を見ると、過失を内心の意思というふうに考えているように思うのです。ところが現在ではそういうふうに考えていないので、結果回避義務とかあるわけですね。

内心の意思というふうに過失を考えると、それは認定ということになるのです。内心そう考えていたかどうかを事実認定するということになります。そうではなくて、過失というのは評価だと考えると――このこと自体は別に争いはないと思うのですが――、主要事実説というのが、弁論主義、不意打ちの回避ということで出てきたということです。そこで、問題は、先生方が今おっしゃったように実際はなかなか難しいのではないかということで、その通りなんですね。しかし、私は、実際上、主要事実と間接事実との区別は難しいから、その区別は全く要らないというふうな選択肢があるかというと、そういくべきではないと考えます。難しいけれども、やはり法的判断として、どれが一番基本になる枠組みかということは、先ほど近藤先生もちょっとおっしゃっていましたが、やはり当事者との議論をし、釈明を十分にし、当事者からも裁判所に釈明を求め、そしてさらに議論の中で、主要事実としてこれがあったらこういう法的効果が生じるのだということについて、お互いのだいたいの合意形成みたいなものを審理の中でやっていく。そのようにして決まってきた主要事実というもの、これがやはり証明されなければいけないんだというふうに考えていく。そういう判断の枠組みを作っていくことは難しいけれども、やっぱり必要なことだと思っています。必要なことだから簡単だと申し上げているわけでは決してありません。

　そして、その次に、要件事実――何を要件事実（主要事実）と考えるべきかは、先ほど述べたように、まさに難しいのですが――の問題と考えるか、事実認定の問題と考えるかは大きな違いがあって、要件事実というのは評価根拠事実も立証されなければなりませんし、評価障害事実も立証されなければなりません。そういう一種の約束事なのですね。評価ではなくて弁済だって同じに考えてよいと思うのです。本当は弁済がないということを立証しないと返してくれといえないと考えたって、常識的におかしくないわけです。しかし、弁済があったといえなければ、弁済があったとは扱わない、そういうことで返してくれといえる、それが法的に妥当だという考え方があるわけです。それが法的判断ですね。そういう法的判断を正しくする必要があると思います。法的解釈が難しいということはあるかもしれません。しかし、難しいから、本来区別すべきことでも、何でも全部一緒にしてしまうというのではなくて、難しいけれど

もやっぱり、本来区別すべきものについては、できるだけそれをやる。そして、できないところはどういうふうに考えるか、また例外を考えるかとかいろいろと考えるべきところがあると思うのです。基本は、法的判断の問題か事実認定の問題かは難しいけれども、一応区別する必要があるということです。

　もし過失を事実認定するというのであれば、間接事実の総合判断でよいわけです。私は、間接反証理論には賛成できず、反対間接事実という言葉を使用した考え方をしますけれども、反対間接事実とは要件事実を推認することを妨害する力を有するものですが、そうした反対間接事実なんて立証されなくてもよいわけです。反対間接事実の存在がこれは6割方、あるいは9割方確からしいという程度であっても、間接事実と反対間接事実の全部を考慮に入れた総合事実認定としてはだめだといってもいいわけです。しかしそれが請求原因、抗弁となると法的判断の約束としてそうなっているわけですね。弁済が、例えば80パーセントが証明度だとしますと、極端なことをいえば、79パーセント弁済があったらしいということが確からしいということでは、弁済があったと考えてはいけないという、そういう法的ルールなんですね。

　もう一度話を戻しますと、難しいことはよくわかります。私もうんと昔は裁判官でしたから、よくわかるのですけれども。やはり一応判断の枠組みとしてそういうものを目指さないといけない。それこそ弁護士の先生方がおっしゃったことに関係するのですけれども、何を立証したらよいかということは、裁判官に任せるわけにはいかないのですね。ある意味で、裁判官に任せないというのが要件事実のルールなわけで、そうしたルールをなるべくきちんと立てていく必要があると思います。

　事実認定の問題についてですが、少し激しい言葉でいえば、間接反証というのは間違った議論だというふうに思っています。間接反証というものは事実認定の問題として考えると、少し乱暴な言い方かもしれませんが、アリバイを立証しないとだめだといっているのと同じような議論ともいえると思います。事実認定の問題こそ、まさに、あるがままの様々な事実の立証状態を踏まえて、すなわち、70パーセントあったらしい、60パーセント疑わしいという状態を前提として、そのまま、経験則によって、全体について総合判断すればいい。

　要件事実は法的判断のルールとして要件事実（主要事実）は証明を要すると

したのですから、要件事実（主要事実）についてはそういうふうに証明を要すると考えるべきだと思います。それは、法的にそういうルールを決めているわけですから、そこは非常に難しいけれども、そうすべきだということです。すべての法的解釈でやっていることだということです。

　法的判断と事実認定に関する判断とは、具体的にそれを実際に考えていくと重なってくる部分がたくさんあるのですね。そのときにそれをどちらに振り分けるかというのもやはり法的判断。裁判所の審理の実際として、元裁判官として思いますのは、やはり当事者との対話というのが非常に必要だと思います。一番悪い裁判のタイプというのは、何も釈明しないでおいて、当事者が争点と思っていないところで、ぽんと判断することだと思います。そうしておいて、その余は判断する余地もなく、などというのは悪いタイプの裁判です。そうではなくて、当事者と十分コミュニケーションをとって、何が要件事実か、何が最終的に判断の対象になるかというのは、詰める必要がある。それは家事事件の要件事実研究会でもやったのですが、家事事件でも最終的には何が子の利益かというところを具体的に判断する事実を詰める作業が必要だということだと思います。私のこの提案は、決して現実的にいま実務をやっている皆さんの苦労を解消するものではないですけれども、判断の枠組みとしてこうでなければいけないのではないかと思っております。

氏本厚司　いま伊藤先生がおっしゃった通りで、裁判所から見ていますと、そもそもただ任務懈怠といっているだけで、ファクトの主張が出ていない事案があります。阿多先生もおっしゃいましたけれども、審理の最初の段階ではどんなファクトを出してもらえばよいかは裁判所はわからないのですね。こういう事案で、こういう事実関係だということを当事者からある程度出していただければ、ここは評価根拠事実となるべき争点だね、などと詰めて会話をしていくということになるのでして、個々の評価根拠事実あるいは評価障害事実の心証度が一般的にどのようなものかという抽象的な話よりは、その中のある事実について、本当に本格的に双方が争っている、例えば、ある日の取締役会に出てた出てないというのが本当に争われていれば、そこでその事実をきちんと審理しなければいけない、というようになっていくと思います。

あと、総合評価だから非常に見えにくいというところは、総合評価の解釈論に関わるところを双方当事者が主張攻撃を尽くしていただいた上で、裁判所が判断をするということをやはりやっていかないといけないと思います。裁判所がこういう評価をしましたというのは、総合評価であっても判決に書かなければいけないですから、そこで書いてある思考過程が、当事者から見ておよそんなふうに考えていたのかわからなかったということになるとやはりまずいので、裁判所としては、そこはそういうふうに考えているのであれば、考えている方向性をある程度示して、当事者双方に議論の機会を与えて、裁判をするというのがやはり大事かなと思っております。

伊藤 いろいろなご意見もあるところで、氏本先生がおっしゃったのも、私の言ったのも1つの意見、先生方一人一人の意見ということですので、何かここで集約するということではありませんから、何か非常な勘違いがどこかにあればお互いに言っていくということになります。みな難しさはわかっているわけですから。

松田 ちょっと別のことでよろしいですか。C13頁（本書142頁）のところで、大杉先生は、423条に関して二元説、かつての非限定説、これを前提として検討するとお書きなのですが、C19頁（本書149頁）のところの経営判断の原則と具体的法令違反の類型のところなんですけれども、先ほどのご説明では後から法令違反が判明したような場合は、分析をちゃんとやったかどうかという部分で、法令違反イコール任務懈怠にならないということなのでしょうか。そこをここのC19頁の真ん中辺り（本書149頁下3行目）、「この意味で、具体的法令違反行為についても、経営判断原則と同様の司法審査の手法が妥当すべき」であって云々とあるんですけれども、そこが私は、ちょっと理解しづらかったです。

大杉 ご質問ありがとうございます。C19頁（本書149頁以下）に関していいますと、私の見解は、具体的法令違反があれば即、任務懈怠であるけれども、行為前に当該行為の適法性についての十分な調査等をしていたという、いわば

注意を尽くした場合には、それは帰責事由の不存在という枠組みの中で考慮されて、賠償責任を否定する理由になる。この際、適切な調査とか努力を尽くしたといえるかどうかの判断は、決定の過程ですとか内容に著しい不合理性があるかという点に着目することになるので、それは経営判断原則で行っている作業と類似していると思います。

松田 私の理解では、二元説でいくと、法令違反イコール任務懈怠で、後は後ろに回して、帰責事由なしという抗弁の問題だけのように理解していたのですけれども、この考え方でいくと、法令違反も分析をきちんと尽くしたかどうかというレベルでは請求原因のレベルなんですか。

大杉 いえ、抗弁です。

松田 抗弁。

大杉 しっかり調査した上でやったというのは、被告側が帰責事由の不存在の評価根拠事実として主張立証するという意味で書いておりました。ただ、いただいた質問に、付け加えますと、おそらく一元説の論者はここが違っていて、ここは若干私の憶測が入るんですけれども、法令違反だけれども、被告に賠償責任がないという場合に２つあって、事前にきちんと法令調査をやった上でリスクを取ったという場合は任務懈怠がないのだけれども、最高裁平成12年の野村證券事件の場合のように、よもや当時あれが独禁法違反になるとは誰も思いつかなかった、なので調査すらしなかったというような、気づくことが期待できないような類型は帰責事由の不存在のほうで解釈されるのではないかと思っています。そこが一元説と二元説の違いなのかなと思っています。私は、そういう意味では二元説をとっています。

あと、先ほどの松田先生からいただいたご質問ではなくて、ここまでいろいろな方にいろいろな意見をいただきまして、それにすべて答えることはできませんし、むしろ私の報告を機にいろいろなご意見を伺えたことに私は感謝しておりますけれども、この間に出たご意見ご質問というのは、大別すると任務懈

怠と帰責事由をどう分けるのか、そもそも分けられるのかという筋の議論と、弁護士や裁判官が何をすべきか、そもそもできているのか、要件事実的にはどういう位置づけになるのかというような筋の議論とがありました。後者については私は語る能力もありませんし、先ほど伊藤先生や氏本先生がおっしゃってくださったことで、まとめになっていたと思います。

　前者の任務懈怠と帰責事由の区別可能性について少しだけ補足しますと、C16 頁（本書 146 頁）では違法性阻却事由、具体的には緊急避難は、任務懈怠なのか帰責事由なのか、どちらでもない書かれざる免責事由なのかという議論をしています。428 条で自己取引については帰責事由の不存在を被告取締役は主張立証できないという制限がありますので、それとの関係でどこに分類するのが一番結論が妥当かということをここでは論じています。428 条の立法趣旨がどこにあるかというと、自己取引によって会社が損害を被っているということはそれに対応する利益を当該被告取締役が得ているはずなので、たとえ帰責事由がないとしても、不当な利得を許すべきではなくて、それを吐き出させるべきである、そういう原状回復的な趣旨で 428 条 1 項が置かれているのだと思います。けれども、そこに遡っても、違法性阻却事由がある場合というのをどちらに分類するのがよいかということについて今ひとつ答えが出ませんでした。ここでは思考実験をしているんですけれども、結局 428 条 1 項の存在ゆえに、問題が 1 つ増えているとはいえるのですが、解決の糸口がないというのが一応の結論になっています。

　これはなぜかといいますと、これは氏本先生の報告原稿の中で紹介されていますが、会社法の改正時の要綱では自己取引について無過失の抗弁を許さないということが書いてあったのですが、会社法の立法担当官が実際に立法するときに、無過失という言葉ではなく、任務懈怠を推定し、かつ、帰責事由の不存在の主張を許さないというように、いわば因数分解して法文を組み立てたことに原因があります。ですので、これは私の管轄ではなくて、氏本先生にお話しいただくほうがよいと思うのですけれども、利益相反取引のうち自己取引ではないものについては、現在の法文上は任務懈怠がないということを被告は主張することもできますし、帰責事由がないということを主張立証して責任を免れることもできるという筋になっていまして、そのような立て方が政策的に見て

正しかったのかどうかということが、ここでの問いなのだろうと思います。

　今日いらっしゃる田中先生とか私は、任務懈怠がないということを被告が主張立証して責任を免れることができるというルールは十分に合理的であると考えています。その意味で、立法担当官の選択した文言は肯定できると思っていますが、他方、428条1項はいまいちよくわからない規定で、尾てい骨のようなものができてしまったというふうにも感じております。以上、いただいたご質問にはあまり関係しないかもしれませんけれども、思っていることを少し補足させていただきました。

　伊藤　大杉先生に先ほどお昼の席でお尋ねしたことを、このオープンな席でもお聞きして、趣旨をお確かめしておきたいと思います。

　それは、いま大杉先生のおっしゃったC16頁（本書146頁）(2)「違法性阻却事由の位置づけ」というところで、そのすぐ後の行には、「正当防衛・緊急避難等の違法性阻却事由については、これらが任務懈怠責任の発生障害要件となることにはほとんど争いはな」いと、書いてあります。そして、同じ頁の下のほう（本書146頁下8行目）で、「緊急避難等」ということで、ここでは、どういうわけか「正当防衛」という言葉がなくて、「緊急避難等は任務懈怠の評価障害事実として被告が主張立証責任を負」うと書いてあって、形式的にはちょっと表現が齟齬している。私の理解としては、その理解が正しいかどうか、まさに大杉先生からお話しいただけると思いますけれども、この言葉も刑法と民法とではちょっと違うので、少しわかりにくい。そして、民法の場合は、自分の利益を守って、その人に反撃することも、第三者に損害を及ぼすような行為をすることもこれら全部正当防衛といっているのですね。だから、民法の考え方でいうと、これは正当防衛という言葉1つでたぶんよくて、正当防衛という違法性阻却事由、それは、無過失の抗弁とは別に、任務懈怠があってもそれは正当防衛であった——直接反撃するという場合は少し考えにくいのですけれども——、第三者である他の会社を使った、それで損害を及ぼしたということがあり得そうなのですね。それは感じとしては、どっちかというと緊急避難という感じにはなるのですが。民法ではそれを違法性阻却と考えるとすれば、そういう場合の720条1項の違法性阻却事由は無過失とは別の任務懈怠の抗弁にな

り得ると、理解しておりますが、それでよろしいのかどうかをちょっとご確認させていただけますか。

大杉 ご指摘ありがとうございます。C16頁（本書146頁）に「緊急避難等」と書いたのは、少し不適切であり、「正当防衛・緊急避難等」というふうにきちんと書くべきであったと思います。私の意図するところは、正当防衛を含むということでございます。

永石 1点質問よろしいですか。大杉先生のC19頁の真ん中辺り（本書149～150頁）の、「『経営判断原則が適用される』と呼ぶか否かは言葉の問題に過ぎない」というこの表現からいいますと、私はこれは前から疑問に思っているのですが、経営判断の原則というのは、任務懈怠の評価根拠事実の中で議論されるべき問題なのか、抗弁として、経営判断の原則が議論されるのか。これを読みますと、経営判断の原則が抗弁としてくる可能性があると読めますけれども、そのような読み方でもいいのでしょうか。

大杉 経営判断の原則が何かは、実は全員のコンセンサスが得られる形ではまだ存在していないし、私の予想では今後も全員が納得できるような1つのルールには収斂しないのではないかと思っているのですけれども、C19頁に書いた部分についていいますと、これは法令調査を一生懸命やったことが帰責事由の不存在に当たり得るという前提の下に、そのときの判断の仕方はいわゆる経営判断原則と似ているのではないでしょうかということを述べています。ただ、段落の最後の「『経営判断原則が適用される』と呼ぶか否かは言葉の問題に過ぎない」という書きぶりには、不適切だというお叱り・ご批判があるのかなと思っています。では、どのように書けば、実務家と学者の間で、言葉遣いといいますか、ものの見方を近づけることができるのかなという点について、教えていただければと思っております。

永石 松田先生の大阪弁護士会で講演された時のレジュメのブロックを見ますと、経営判断の原則は請求原因と見ていらっしゃるのでしょうか、それとも

抗弁と見ていらっしゃるのでしょうか。

　松田　すいません。いきなりふられて焦っています。私の理解は、経営判断の原則というのは、要はアメリカ法のオリジナルなやつとは違いまして、まあアメリカのほうが、内容面を一切問題にしないということで、もっぱら手続面で峻別するということなのです。けれども、日本の場合は、要は裁判所の裁量を広く認めるという、そういう理解をしているので、どこのブロックにくるかというそういう理解ではない。

　要するに、アパマン事件でいえば、資料収集の過程と、一応形式としては内容面に分けて、どっちも著しく不合理でなければオッケーという、それまでは東京地裁はダブルスタンダードだったんですね。前者は不合理、そして後者は著しく不合理。だけど私は——少し話が広がりますけれども——あの枠組みはおかしいと思っていたのです。なぜかというと、たくさん裁判例を見てきたけれども、それを枕詞みたいにいっているだけで、では事実認定の中でそれは本当にダブルスタンダードにしているのかというと、要件事実的に無理だと思うんですよ。つまり、先ほどの評価根拠事実と評価障害事実に分けて、判断過程の部分と、それと内容面に分けて、それぞれ評価根拠事実と障害事実を、第1段、第2段で評価しているかというと、必ずしもそういうのではない。中身がひどすぎるので第2段目だけでアウトにしているとかですね。そういう意味で経営判断というのは、裁判所の司法審査のあり方の1つのやり方をいっただけであって、要件事実のどこに出てくるかという問題ではないという理解なのです。

　永石　先ほどの、伊藤先生のお言葉ではないですけれども、こういった概念自体も徐々に形成して、訴訟の審理を明確化するという意味で、私は経営判断の原則というのは、あっちに行ったりこっちに行ったりしないで、やはりきちんと位置づけを決めなければいけないと考えております。

　経営判断の原則について、行政法の裁量権の逸脱とかと同じように考える論文がありましたけれども、私はそれは妥当ではないと思っています。やはり、任務懈怠の評価根拠事実、評価障害事実があって、またそれと同じレベルで、

全然別の免責要件としての経営判断の原則というふうに考えております。これはいろいろな反論もあろうかと思いますが、今のところ私はそのように考えております。

大杉 ありがとうございます。

伊藤 はい、田中先生。

田中 私がこれまで考えてきたことについてこれでよいかということを伺いたいのですが、私の理解では、経営判断原則は、通常は善管注意義務違反の要件を敷衍したものと考えております。善管注意義務違反のような評価的要件であっても、全く抽象的なもので済むというわけではなくて、やはり、どのようなことをすれば善管注意義務違反になるかということについて具体化する必要がある。それは事実の認定の問題ではなくて、法令の解釈の問題で、取締役の善管注意義務違反の有無を評価する場合は、仮にアパマンホールディングス事件が経営判断原則の一般的な基準を定めたと解するならば、判断の過程、内容に著しく不合理な点があるか、これが善管注意義務違反の評価基準になります。そういう、善管注意義務違反とは何かを敷衍し、明確化したのが、経営判断原則であると思っております。

そのようにして敷衍された評価的要件について、その評価を根拠づける事実を原告側が主張立証し、被告側はその評価の障害になるような事実を主張証明するということになります。したがいまして、経営判断原則それ自体は、評価根拠事実だけに関わるとも評価障害事実だけに関わるともいえないことになります。この理解で、裁判官の方々の実感に合っているかどうかをお伺いしたいと思います。

永石 裁判官ではないですけれども、こういった事案ですと、先ほど阿多先生がおっしゃいましたように、まず任務は何か、そして任務を尽くしていないということが請求原因になりますよね。そこで尽くしていないといったときに、いや、結果的には尽くしていないように見えるけれども、自分としてはこうい

った専門家の意見も聞いたし、こういうふうな手続の過程もきちんと踏んでいるのだということが請求原因、評価根拠事実をつぶすものだと理解しておりました。ですので、いま田中先生がおっしゃいましたように、経営判断原則が評価根拠事実にならずに、ばらけていくというのは法の道具としてはあまり有用性を持たないのではないかと思います。

松田 いや、私は、田中先生がおっしゃったように、まあ学説的には日本においては立証責任の転換という極端なものがあるのですけれども、一般的にはおっしゃっているように善管注意義務の違反とする立場です。これが一般的ですし、実務の感覚にも合っているものですね。そうしますと、先ほどから何回も出ています、その中で判断内容の合理性審査を行うんですけれども——これはアメリカと違うところです——、しかしながら、取締役に経営判断上の裁量を広く認めてそれを尊重するという1つのテーゼみたいな形で、先ほどおっしゃった根拠事実と障害事実を総合判断するときに、司法審査のあり方として、取締役の裁量を広く認める。その結果としてアパマン事件みたいに著しく不合理でない限りは、オッケーよという形で出てきているのかなとそういうふうに理解しています。

近藤 私自身は東京地裁の商事部に在籍していたのはずっと昔で、あまり参考となるかどうかはわかりませんが、私は、永石先生がおっしゃったような感覚でおりました。抽象的に任務懈怠があるということが請求原因としてあって、経営判断は障害事実として抗弁となる。確かに、過程とか内容に著しい不合理があるというときに、それをどういうふうに評価するのかという問題があるのでしょうけれども、その著しい不合理かどうかというのは抗弁の枠組みの中で抗弁が成立するかどうかを判断すれば足りるのではないかと思います。

角田 違うパートで申し訳ないのですけれども、私の担当のところに経営判断原則に触れているところがあって、これは監視・監督義務との関係、あるいは内部統制システムとの関係なのですけれども、E20頁（本書211頁4行目）の「また」で始まる段落で、経営判断原則の、内部統制システム構築義務との

関係での位置づけがどうかということについて、私のここでの言い方は、そもそも請求原因で当該業務執行権限を有する取締役が一定水準の内部統制システムを構築していなかったということに関する評価根拠事実が請求原因にきて、それに対する評価障害事実として一定水準の内部統制システムを構築していたことを主張できる。この評価障害事実を主張するにあたって、経営判断の問題として取締役に広い裁量があることを前提とした事実を主張することができるということを書いたのですが、これは、田中先生が経営判断原則は善管注意義務の要件を敷衍したものとおっしゃったこととの関係でいえば、私としても決して経営判断原則が評価根拠事実にこないというつもりではありません。通常はこうであるのに、原告がその請求原因としてあまりにも取締役の裁量がないことを前提とする主張をするのはおかしい、という意味で経営判断原則が請求原因にくることはあり得るのだと思うのです。ただ実務的にはたぶん、近藤さんがおっしゃった通り、抗弁のほうにくるのが通常ではないかという感じが私もいたしました。その意味で、先ほどのように書いたということです。

小塚 私は学説的には少数派だと思うのですが、経営判断原則という言葉を使わなくてもよいのではないかということを考えていたのです。今のご議論を伺っていて感じたのは、結局どういう任務懈怠を想定しているかという話で、それは先ほどの法令違反のときの話ともつながっているような気がするのですね。つまり内部統制システムのような場合には、具体的に目に見えるシステムがあったとか、なかったとか、欠陥があったとかいう話が出てきていて、それでも任務懈怠がなかったということは非常にいいづらい。しかし、システムには欠陥があったかもしれないけれども、それは実は合理的な根拠に基づいてそういうシステムを作ったのだという形で反論が出てくるので、評価障害事実だという話は何となくわかるような気がするのです。

おそらく田中先生が考えておられるのは、融資先に対して融資をしたところがそれが回収不能になった。結果論として回収不能になっただけで、いきなり任務懈怠だといわれて、後は評価障害事実なのかといわれると、そこは感覚的には非常に抵抗がある。それはちょうど先ほど大杉先生が独禁法違反のときにいわれた、そもそもこれが独禁法違反になると思わなかったとか、あるいは独

禁法違反の解釈についていくつかの説があって、まあ例えば公正取引委員会の公定解釈がわかっていないという中で、1つの解釈を採った。ところが、後に、そうではない解釈が公正取引委員会によって採られた、という場合にどうなのか、という話と似ています。そうすると、結局任務の内容がどういう類型であるかによって、そこで、経営判断上の裁量が大きいという事情が、評価根拠事実のほうに出てきたり、評価障害事実のほうに出てきたりする、というようなことがあるとなると、私は、それを全部まとめて包括的に経営判断原則と呼ぶことにはどれほど生産性があるのかなという印象を持っているということです。

伊藤 結論は出ないのですけれども、だいたい、考えられる議論は概ね出たように思います。それでは、10分休憩をしたいと思います。

（休憩）

伊藤 時間になりましたので、再開したいと思います。
　それで、大杉先生の部分については概ね終わったということにさせていただいて、予定ではここから後は氏本先生の部分というつもりでおりましたけれども、角田先生のところに入っていきたいと思います。それでは角田先生の部分についてのご質問ご議論をお願いいたします。
　永石先生、お願いします。

永石 たびたび発言の機会をいただき恐縮です。
　角田先生のご議論は、業務執行権を持つ取締役は監督義務を負うとし、監視義務に関しては、業務執行権を有していなくても、業務執行権を持っている他の取締役に対して監視義務が生ずるとされています。これは通説的な理解で、私も同じ理解ですが、監視義務の根拠は、取締役会のメンバーであるから生じるのか。それとも、会社との間の委任契約に基づく善管注意義務の一環として監視義務が生じるのか、この区別を教えていただければと思います。

角田 事前にご質問をいただいていましたので、検討ができまして、大変あ

りがたかったです。結論からいうと、私は、善管注意義務が根拠だと思っていまして、何が違うかというご指摘が永石先生からもありましたが、取締役会設置会社以外の取締役はどうなのかということになると思います。商事法務さんから出ています、会社法コンメンタール7巻の427頁で、善管注意義務を定める330条に関するご解説として、近藤光男先生がお書きになっています。「取締役会設置会社以外の取締役であっても、監視義務を負う」という記述がありまして、その後に、「なぜならば、会社の業務を執行・決定する機関である取締役は、他の取締役の業務執行に全面的に任せきりにすることは許されず、善管注意義務の一環として他の取締役の業務執行について監視義務を負うことになる」とおっしゃっています。昭和48年最判が、「取締役会は会社の業務執行につき監査する地位にあるから」と判示しているので、どうしても取締役会のメンバーであるからというイメージが出てくるのだと思いますが、基本的には善管注意義務の中身が何かを具体的に考えるときに、取締役会設置会社であれば、取締役会による監督があるから、取締役の善管注意義務の内容はこうなるということになるのだと思いますが、ではかといって、取締役会非設置会社では、いわゆる監視義務というか、他の取締役が何か悪いことをやっているというときに知らんふりしていていいのか、というとそれは善管注意義務としておかしい、という話だと思うのです。

　私もちょっとだけ書いていまして、従業員の監視・監督義務があるかということを書いたE6頁（本書195頁）の脚注30です。この脚注に関する「当該従業員に関する業務執行権限を有しない取締役が」で始まる記述が本文（本書194頁14行目）にありますが、全然関係のない部署の従業員が何かしたということを放置した場合に、一切任務懈怠責任がないというのもおかしいということを書いています。その脚注30番で、もっともこういうものは監視義務と呼ばないで、知っていて止めないのが善管注意義務違反だという整理もあるかと思い、言葉使いの問題かもしれないということを書きました。そういう意味でいっても、そもそもともかく善管注意義務違反ということではないかと、私は理解しています。

　　永石　そうしますと、他の特例有限会社、合同会社を含め、すべての会社類

型におきましては、業務執行権限を持っている人は、すべて善管注意義務の一環として、他の取締役に対する監視義務とか、他の業務執行権者に対する監視義務が発生すると考えてよろしいのでしょうか。

角田　業務執行権限の有無とは関係ないと思うのです。つまり、取締役であるからです。委任契約の受任者だからです。

永石　では、合同会社を2人で設立しますと、2人とも社員ですから、業務執行社員になりますが、お互いは監視義務がないのでしょうか。

角田　あるのではないでしょうか。

永石　その監視義務があるという根拠はどこにあるのでしょうか。業務執行権限を持っているからではないのでしょうか。

角田　業務執行社員として、当該会社に対して、どういう義務を負っているかということだと思います。だから、そこに善管注意義務がなければ監視義務はないのかもしれませんが、そこは社員としてもそのくらいの義務はあることになるのではないですか。

永石　もちろん善管注意義務はあるんです。例えば、合同会社の例をとりますと、業務執行社員が2人いた場合に、2人とも会社に対しての善管注意義務を負っていることは、条文に明記してあります。その場合にお互いの業務に関して、お互いを監視する義務があるかどうかということが私の疑問です。それはどこに根拠があるのか、という問題です。

角田　善管注意義務という答えになると思います。

永石　そうすると、監視義務という言葉なんて特別使わなくてもいいようにも思うのですが。

角田　それは、ご指摘の通りかもしれませんが、そうすると、先ほどの経営判断の原則は要らないとか、先ほどのご指摘も確かにそうかもしれませんが、ある意味では、何かを議論するときの便宜だと思っています。

　松井　今の話に関連して、私は、永石先生と近い考えをもっております。監視義務は、これを善良なる管理者の注意をもって尽くすべきではないか、つまり論理的には順序が逆ではないか、ということです。
　では、取締役会を置いていない会社の場合、どう監視義務の根拠を説明すればよいか。それは、非取締役会設置会社では取締役全員が業務執行権限を原則として持っており、他の取締役の業務執行権限と重なっていますから、その権限を分担したときに、その分担をした部分、つまり他人に業務執行を委ねた部分が監視義務に転換するということになる、ということではないでしょうか。むろん最終的には説明の問題になって、実質的に何かが違うということはないのかもしれませんが、監視義務の根拠は、取締役会設置会社でいえば取締役会、非取締役会設置会社であれば、各取締役が本来持っている固有の業務執行権限からきており、その義務を注意を尽くして果たしていくというほうが、論理的にはすっきりするかな、と思っております。

　大杉　先ほどの松井先生のご説明だと、非設置会社で、取締役のうちの１名が業務執行権限がないと定められた場合には、その人には監視義務、他の取締役を監視する義務は生じないということになるのでしょうか。

　松井　それは生じます。その取締役はもともと法律上は業務執行権限を持っていて、定款上、その権限がないと定めるわけですよね。それは、もともと持っている業務執行権限が他の人に委任されているということですから、その委任がなされたことで監視義務に転換する、という形になるのではないかと思います。

　大杉　結論は同じなので、この話を引っ張る必要はないのですけれども、私はやはり、善管注意義務から監視義務が生じると考えるほうが、論理的だと思

っています。つまり、非設置会社の場合に、原始的にはすべての取締役に業務執行権限があるけれども、会社の取り決めで一部の人を外すことができるというのは、単にどちらをデフォルトルール（任意規定）にするかというだけの話であって、そのデフォルトルールから非設置会社の取締役の義務の内容が導かれると考えることにはあまり説得力がないと個人的には思います。ただ、結論が違わないということが確認できましたので、そのほうが重要だと思います。

　阿多　取締役の地位から監視義務が導かれてしまうと、社外取締役も含めて取締役一般に監視義務を負うという結論になってしまうと思うのです。しかし、本来、取締役の職務の内容としてどういうものが盛り込まれるかが検討されるべきで、代表取締役や業務担当取締役と社外取締役とではそもそも職務の内容が違うのではないでしょうか。社外取締役も担当職務以外のことを知っていれば、何らかの対応をすると思いますが、社外取締役にまで他の取締役に対して常に注意を払うべき義務を負うのだということになるのでしょうか。代表取締役とか業務執行取締役は別として、取締役一般に監視義務を負わせることが本当によいのか。取締役の調査権については、通説は個々の取締役自体に調査権は有しないとされていますが、知っていて何かしないのと、日常的に注意を払って監視しろというのは、かなり差があるのではないでしょうか。

　言葉遣いの問題として、結局善管注意義務という言葉が、注意義務のレベルの話か内容も含めての話かという問題で、民法の研究者と議論するのですが、善管注意義務がレベルの問題であれば、専門家として要求される高度な水準であるという話であって、内容の問題にはならないとは思うのです。内容は、契約で決まる問題ではないでしょうか。いろいろ申し上げましたが、結論として、取締役は、任された職務を高度なレベルで執行するのが本来の義務で、他の取締役に対して、目配せをしろという結論は実務家として相当つらいところです。

　黒木松男　これも言葉の問題にすぎないかもしれませんけれども、内部統制システム構築義務という中で、大和銀行事件では、システムを構築した後に、その履行状況のチェックも含めていっていたわけですけれども、その後の判例においては、そういう言葉があまり出てこないような気がしているのです。

そういう意味では角田先生がおっしゃるように、内部統制システムを作っていないような上場企業、大企業はないわけで、そういう意味では全部監視義務の問題になってくるというふうに考えていくのがよいのか、それとも内部統制システムというのは、作るだけでなくて、やはりその維持管理も含めて、履行状況、稼働状況をチェックすることまでも含んで考えるべきなのかということなのですが、その辺はいかがでしょうか。これが第1点です。

　2点目が、先ほど阿多先生もおっしゃいましたけれども、信頼の原則の大前提として、内部統制システムがちゃんとできあがっているということだと思うのですが、そういう場合に、信頼の原則の範囲です。責任を認めるときの範囲の問題が、学生からもよく質問があって、どこまでであれば、責任があるか、ケースバイケースだといつもいうのですが、そういう意味では、何か基準みたいなものがどこかで引ければ、信頼の原則の存在意義が明確になってくるかなという気がするのですが、いかがでしょうか。

　角田　ありがとうございます。まず、阿多先生のところから私の考えを述べたいのですが、社外取締役であれば監視義務がないかのようなご発言があったように伺ったのですが、私も社外取締役をやっているのでそう思いたいところですが、やはりそうはいかなくて、社外取締役であろうが、取締役である以上は、まず監視義務はあるのだろうと思います。その上でそのレベルはいろいろある、という話になるのだと思うのです。先ほど善管注意義務とは何なのかという話がありましたけれども、法的な義務としてはいわゆる委任契約があって、そこで法的に善管注意義務が発生している。その義務から、具体化ということで、監視義務であったり、いろいろな義務が出てくるということだと思います。取締役会設置会社であれば、取締役会に取締役の職務執行の監督という権限があり、善管注意義務があるからこそ善管注意義務の内容はこうなるのだと。ただ通常の委任契約上のそれと違うのは、依頼した本人である会社が免除できるような義務なのかというと、民法415条の他に、会社法423条があるのは、そこに意味があるのだといわれるわけです。取締役という公的な立場にある以上は、あなたは善管注意義務を負わなくてよいということはできないということですね。その意味で、善管注意義務の内容としての監視義務というのは、この

取締役はやらなくてよいですとまではならない。限りなくゼロに近くなるかもしれないけれども、ゼロにはできないということになるのではないかと思いました。

　もう1つ、黒木先生からのお話ですけれども、履行のチェックは、何もしなくてよいですということにはたぶんならないのだと思います。大和銀行事件の判決の後も、例えばヤクルト事件控訴審判決で、履行のチェック（監視）云々は言っていると思います。その中で、最初の補足で申し上げましたが、今出川先生からもご指摘があった通り、今度の会社法施行規則では運用状況の概要の開示もする、ということになるので、その意味でも運用状況というのはまさに大事で、私どもも、役員さん向けにレクチャーをするときには、作っておしまいではない、システムというのはメンテナンスが大事で、だからこそその運用状況のチェックをしてくださいということを申し上げています。

　内部統制システム云々が初めて世に出てきた時期は皆さん一生懸命やりましたけれども、いったんできあがった内部統制システムをちゃんとメンテナンスしている会社とそうでない会社の格差がだんだん出てきて、そうすると今後5年、10年経った時に、世の中のレベルが実はこんな高いところにいっているのに、うちはまだ昔の低いレベルのままでした、という会社が出てきて、そこが責任を追及されるとか、そういうことがあるかもしれないと思っています。

　それから、2点目ですけれども、内部統制システムの構築が信頼の原則の前提かどうかという話ですが、多くの場合には、内部統制システムがちゃんとできていないのに信頼なんてあるか、ということだと思います。ただ、私がE15頁からE16頁（本書205〜206頁）に書いたのは、要件事実的にいうと、内部統制がないとなると、信頼の原則が一切ないとまでいうのは、ちょっと厳しすぎるという趣旨です。多くの場合にはやはり内部統制システムにおけるきちんとした権限分配、あるいはルールの構築ができていないにもかかわらず信頼したというのは、善管注意義務の履行としてそれはおかしいでしょう、となるだろうと思います。ただ、要件事実の整理からすると、前提とまでいうのは言い過ぎだという整理です。

近藤　先ほど阿多先生のほうから、善管注意義務の内容はどうなのだという

話がありまして、森本先生の前の議論で、会社との関係で取締役の責任というのは、会社財産とか株主権とかいうことに取締役の責任が限定されるのかという議論があったかと思うのですけれども、ブルドックソースの最高裁判決では、会社の企業価値ないし株主の共同の利益が問題とされ、その中にステークホルダーが入るか否かが議論されていますが、会社の社会的責任も強調されているところであり、取締役の責任としては、必ずしも株主利益の最大化だけではなくて、少なくとも二次的には、取引先や従業員などのステークホルダーの利益の確保も含むものとして把握されるべきではないかと思います。そういうところを前提に取締役の責任を考えなければいけないところがあるのではないかと、先ほどの議論の中で思いました。

社外取締役については、いま角田先生がおっしゃった通り、なかなか免れないかな、と思います。

阿多 裁判所にそういわれるとつらいです。

小塚 近藤判事のご発言との関連で申し上げますと、私は、阿多先生がいわれた社外取締役はそれでいいのですか、という点は、問題提起としてはわかったのです。

というのは、やはり社外取締役について、特に昨今の議論で強調されていたのは結局モニタリングモデルというものを日本の株式会社に入れていこうということです。これは大規模公開会社の話です。モニタリングモデルですから、モニターは基本的に個々の細かい業務執行のことにはあまり関わらない、その代わりもっと大事な仕事があります、という話なのですね。そうしたモニタリングモデルの推進は、現政権の政策でもあるわけです。そうなってくると、特に従業員に対する監視義務というところまで負わされるというのはどうなのだろうという問題意識だと伺っており、それはそれでわかったのです。

ただ、私がよくわからなかったのは、実は、その前の議論は、もともと永石先生が、取締役会非設置会社とか合同会社でどうですか、という問題提起をされたことから始まったので、それとは逆のシチュエーションだったのですね。そういう意味では、方向として、少し違う問題を出されたので、少し混乱した

かなと思いました。

　実はそれとの関連で、株式会社の取締役といっても、いろいろなものがあります。大規模公開会社もあれば、閉鎖的会社もあります。もっといえば、株式会社ではない、合同会社という話もあります。それで、近藤判事もいわれたような、株主以外のステークホルダーに対して配慮すべきかどうかということについても、これは会社の規模とか置かれた立場によって違ってくるだろうと思うのですね。こういうことを考えたときに、そういう話は、要件事実論のいったいどこのレベルに位置づけられる話なのかというのが、今の私には見えないのです。そこを掘り下げていただけると非常に興味深いと思いました。

　伊藤　だんだんと時間が押してきて、氏本先生の部分について非常にいろいろ議論がおありだろうということで、時間をたくさんとったつもりが、もう1時間しかないし、6時半というのは動かせない期限なので、この辺で次の問題に移りたいのですが、よろしいでしょうか。それでは、氏本先生のご報告に対して、いろいろなお考えの方もおありだと思いますし、どうぞぜひおっしゃってください。どなたからでも結構です。

　これも、事前のメモは田中先生からいただいています。

　田中　だいぶ性質の違うコメントを2つほどさせていただきます。2つに分けて、まず前半についてちょっとお伺いしたいのですけれども。このご論稿の結論として、423条でいっている任務懈怠がないということを証明するというのは、善管注意義務違反がないということを証明するということではないと。結論は私も賛成なのですけれども、理由づけが私に理解できないところがありまして、D5頁1行目（本書158頁9行目）辺りに書かれていることです。つまり、「注意義務を特定し、その発生原因事実を主張立証しなければならないが、特定されるべき注意義務の内容は、個別の事案ごとに異な」っていると、したがって、「個別の事案での具体的な注意義務を離れて推定の対象として把握することは難しい」、だから、善管注意義務違反を法律上の推定事実とすることは難しいと書かれているのですけれども、これは、何か一般的に、評価的要件については推定ができない、といっているような理由づけになっているのでは

ないかと思います。実際には、善管注意義務違反のような評価的要件について法律上の推定をする、ということももちろん可能であって、その場合、被告の側は、善管注意義務を個々の場面状況に適用したときに、果たすべき具体的な行動をすべて尽くしたということを主張、証明すべきであり、その主張、証明がされた場合に初めて、善管注意義務違反がないということの証明に成功したことになるのではないかと思っています。

　法律には規範的要件を推定している規定がいろいろあるように思います。例えば、金融商品取引法にある不法行為責任の特則は、被告側の過失を推定し、被告側が無過失を証明したときだけ責任を免れるというのがあります（同法21条2項2号、21条の2第2項）。この場合にも、当該具体的な状況の下で、するべき行為を被告の側で特定した上で、それを行ったこと――するべき行為が複数あるときには、それを全部行ったこと――を主張、立証することにより、無過失の証明に成功したことになると思います。こういう、評価的要件の推定は、法律上の事実推定とは違い、ある意味では、権利推定にちょっと近いような気がします。権利推定は、権利そのものが推定されますから、権利の取得事由がすべてないことを証明しなければならないわけですけれども、評価的要件の推定についても、これと同じようなことがいえて、評価的要件そのものが推定されると、その評価に結びつく事実が全部ないということを主張証明したときだけ、その評価的要件の推定を覆すことができる、ということになります。ですので、少なくとも理論のレベルでは善管注意義務違反を推定し、それがないことを取締役の側で主張、立証がないことを証明するということはできるし、それを前提にして、善管注意義務違反を推定しましたという規定を作っても別におかしくはないと思います。この点についてお伺いしたいと思います。

　氏本　ありがとうございます。たぶんワーディングの問題に近いと思うのですが、ここで申し上げているのは、法律上の事実推定ではないということだけをいいたいということなのです。善管注意義務違反の類型で、いわゆる423条1項の善管注意義務違反という場合の要件事実は、善管注意義務違反の発生原因事実である具体的事実だと、こういう理解に立っているという前提をとりますと、法律上の事実推定という説明をするためには、推定される事実が今申し

上げた発生原因事実である個々の具体的事実、こう理解しなければいけないが、それができない、だから評価的要件の評価の法定だ、という話なのです。先生のおっしゃっているのは、たぶん任務懈怠という評価的要件を善管注意義務という評価的要件と解する余地が否定されないということで、それはまさにおっしゃる通りです。私もその点は、特に異論があるわけではなく、注13（本書161頁）のところで若干書かせていただきましたが、この推定される責任を、善管注意義務違反と呼ぶか、そう呼ばないで、善管注意義務違反や個別的法令違反とは別の類型というかは、説明の仕方の問題であって、ご指摘の点については、法律上の事実推定はないということをいいたい文脈で申し上げているだけです。先生がおっしゃっていることは必ずしも、私が書いたことと矛盾していないというか、同じことではないかという理解です。

　田中　そうだとしますと、ご論文の中で善管注意義務違反を推定して、それがないことの主張証明をさせるというようにこの条文を解することも可能だということですか。

　氏本　可能だと思います。

　田中　可能であるにもかかわらず、なぜそれを採らないのかという説明が、ご論文の中にあるとよいのではないかと思うのです。私がなぜその解釈をとらないかというと、もしも428条1項を善管注意義務違反の推定規定と解してしまいますと、実質的には、自己のために会社と取引をした取締役についても過失責任化してしまうことになります。善管注意義務違反の判断要素と、過失の判断要素とかはこれまでも議論してきたように、重なっていますので。そうすると、この会社法の条文を作った時の立法趣旨と違ってくるのではないかということです。確かに、自己のために取引をした取締役も、無過失の証明をすれば責任を免れるというのも立法政策的にはあり得るところで、会社法制定前は、委員会等設置会社は確かそうだったので、そうなっていてもおかしくはないのですけれども、会社法現代化要綱に現れている立法の趣旨からすると、自己のために会社と取引した取締役については厳しくして、通常いわれているところ

の無過失を証明しても責任を免れないことにしようというように思えるので、それを考慮すれば、ここでいう任務懈怠は、善管注意義務と同じと考えるのではなくて、何かそれよりも違うものを作り出そうという話になっていくのかなと思ったということです。

氏本 全くおっしゃる通りだと思っていまして、法律上の事実推定ではないというレベルの説明と、善管注意義務違反＝過失＝帰責事由というふうに考えると428条の文言との関係で具合が悪いので、そうではないという田中先生の説をとるというのは別の話ですが、論文の表現振りとして、善管注意義務違反の推定になるかという立て方がちょっと具合悪かった。そういう表題の立て方をすると、善管注意義務違反と過失、帰責事由との関係はどうなるのかという議論が流れてきてしまうとまずいので、そういう意味では、善管注意義務違反の発生原因事実を推定する法律上の事実推定と解してよいか、といった表題の立て方をしておかないといけないので、ミスリードな表現になっているというのは、おっしゃる通りです。

ただ、おっしゃっていることには全く異論はありません。

伊藤 要件事実という点からだけ申しますと、法律上の事実推定とはいえないということをいうためには、推定されているものが任務を怠ったという評価であって、事実ではないということをいえば、それで十分であると思います。それで、そのときに、任務懈怠ということ自体を事実だという人はないと思います。いま先生方で議論されている中身に深く立ち入ったわけではないのですけれども、法律上の事実推定でないということをいうだけでしたら、それでも足りるのだと私は思います。

他にいかがでしょうか。もう田中先生のほうのご質問はそれで終わりですか。

田中 結論的に私の考えと同じということが確認できました。第2点目は少し違う話になります。

D8頁（本書162頁）に書かれていることです。ここで議論されていることは、取引の公正さと損害というのは、完全にオーバーラップするのではないかとい

う問題です。これについては、取引の公正さと損害の発生というのは一応別であると思います。取引の公正さは、当該取引締結時点において会社に利益を生み出すと合理的に期待することができるかという事前の期待を元に判定されると思っています。これに対して、損害というのは取引から不利益が生じたかどうかということなので、結果論になってきます。例えば、この論文でもD17頁（本書176頁）に書かれているような、取引の相手方が倒産し、債権が回収されない場合がそれに当たります。この場合、信用リスクについては取引の時点で合理的に見積もって、そのリスクに見合う金利内容、取引条件を設定していれば、取引を公正だといい得るのですね。しかし、結果的に相手方が倒産すれば、やはり損害があったといえるのではないかということです。

　氏本判事がD8頁（本書162頁）に書かれていることは、今いったような場合は損害と取引の公正さが一致しない可能性があるけれども、この設例みたいな単純に不動産を売るというケースだと損害と取引の公正さが同じになるのではないかというご趣旨かもしれませんが、2つの要件を定立するときに、2つの要件が完全にオーバーラップする、Aの要件があれば、Bの要件が必ずあるとか、逆にAの要件がなければ、Bの要件が必ずないといえる場合は、その2つの事実を要件にすることができないかもしれないですけれども、2つの要件がある事案においては、オーバーラップするけれども、別の事案においてはオーバーラップしないのであれば、それは2つの要件にして構わないのではないかと思っています。

　それから、もう1つは、これは本当に皆様のご意見を伺いたいのですが、ある取引が1回で完結した、という場合に、その損害というのはその取引時点における時価と現実の取引価格の差だけで完結して、その後の事情は一切考慮しないというのは本当に一般的な立場なのかなという疑問を持っています。例えば、金融商品の不当勧誘みたいな事案ですと、あれは、説明義務違反とか、適合性原則違反で、とりあえず、違法性が認められて、その後、損害の証明の話になるのですけれども、そういう場合に、金融商品の価格が公正だから損害がないとはされないわけです。証券取引において説明義務違反だけが問題とされる場合は、取引の条件自体は市場価格を反映しており、公正だと思いますので、その部分だけで見ると損害がないように見えます。しかし、実際の裁判では取

引が完結してからの価格の変動によって損害が発生した場合は、その部分の賠償責任を認めています。

　それから、会社法関係の事件でいうと、自己株式の取得とか、ああいうのは、自己株式取得のときにその後に価格が下がって、安い価格で処分したという場合は、やはりその処分損を損害と認めているように見えるのですけれども、これは実は自己株式の取得の場合には特殊な問題があるので、そうではないと解すべきだという学説も有力なんですけれども。

　伊藤　だいたい田中先生のおっしゃりたいことは今までのことでよろしいでしょうか。

　田中　そういうことなので、取引の公正さと損害というのが本当にオーバーラップするのかということについてちょっと疑問があるかなということです。

　伊藤　損害と公正のオーバーラップの点ですね。

　田中　少し長くなってすみません。

　氏本　1点目は、少し言い訳がましいのですが、D7頁本文の下から3行目（本書162頁13行目）で、公正取引義務説でいう公正であったとの主張が、実際の時価と代金額が一致する場合が公正だということになると思うんですが、たぶん他にもいろいろ公正な場合というのはあると思うのですけれども、時価と代金額が同じ場合に公正だとそういうことはなかなかストレートには抗弁でいえないねと。他にいろいろな事情で公正だというのは、まさに論文でその後に述べているのはそういう事情なのです。ここで田中先生の説がそうなっているというのではなくて、一番わかりやすくいうと、同じだから公正なんじゃないかという話を出されても、それって抗弁にならないね、という前振りをしているということです。

　次の損害のところはおっしゃる通りで、一般的と書いてしまって、筆が滑ったなと後悔しているのですが、損害の観念は基本的に、個々の訴訟なら、そこ

で主張されている損害と、任務懈怠や利益相反取引といわれているものとの間に相当因果関係、あるいは416条の関係が認められるかどうかという判断になるという、その具体的な中身がどうかというのは、先生のおっしゃる事案もそうですし、有価証券報告書の虚偽記載の不法行為の西武の事件でも損害の捉え方が論点になっていて、それはそういう場面においてまさに損害及び損害額の評価が議論になるのですが、今回は事例として差額の損害しか主張していないという前提を想定しているので、そこのところに議論がいかないように一応、ブロックしているということです。そこの辺に議論がいったときには、おっしゃる損害論の検討というのは別途やらなければいけないかと思うのですが、利益相反取引と相当因果関係である416条の関係にある損害というものの関係をどう見るかというので、今おっしゃったようにいろいろな議論が出てき得るという、非常にそれはそれで難しい問題だと思っておりますが、今回の論文ではそういうところまでは対処できないので、事例を絞ったということであります。

　田中　ですから、公正取引義務説でよいのではないかな、というのが私の意見です。

　氏本　私も、同じ意見です。

　田中　損害がオーバーラップしないこともあるので、損害が出ていても、取引が公正であるということを証明すれば責任を免れるということがあるのではないかということです。
　この論文で氏本さんが出されている事例は、取引の公正さの判断をどうやって行うかという非常に興味深い判断に関わっています。つまり、1つの取引だけを取り出して、その取引条件だけで公正さを見るのか、当該会社と相手方との間の長期の関係とかがあったときに、それを全体として考慮して取引の公正さとかを判断するのかということで、これは、特に企業グループ内の取引の場合の取引の公正さの判断ということで、ドイツとかフランスとかで議論されている問題です。日本でも、あまりこの任務懈怠と帰責事由という話ではなくて、もう少し生産的なといいますか、取引の公正さをどうやって判定するか、とい

う実質的な議論にもうちょっと精力を費やしたほうがよいかなと思ったので、ここで挙げられている事例は非常に私は示唆的な事例だと思いました。

伊藤 どうもありがとうございました。それでは、永石先生。

永石 先ほどの話に戻るのですが、氏本裁判官の問題提起、私はさすがだなと思って読ませていただいたのですが、結局結論的には423条3項のこの任務懈怠というのは、法律上の事実推定ではない、権利推定でもない、ということは何になるのでしょうか。

氏本 要は、任務懈怠というものが、説によっては善管注意義務と呼んでもよいのですが、これが評価的規範的要件で、ご異論もあるようですが、要件事実論の立場から見ると、評価的要件・規範的要件というのは、その評価根拠事実が要件事実になるということで、ある事実、利益相反取引と損害という2つの要件事実があるという場合には、任務懈怠と推定するというのは、その2つの事実が任務懈怠という評価的要件・規範的要件の評価根拠事実になると思います。評価根拠事実がいわば法律で定められていて、かつその評価根拠事実だけで抗弁がなければ評価が成立すると法律が定めていると見るしかないのではないかということです。それを法律上の何推定と呼ぶかは、ネーミングの問題で、法律上の評価推定と呼ぶならそのネーミングでもよいかと思うのですが、実質はそういうことを定めているという中身なのだと思います。

伊藤 今のネーミングの話が出てきたところで、打ち合わせ会の時の経緯を申し上げておかないといけないと思います。

私は、まずは、永石先生のご質問にお答えしますと、これは法律上の事実推定でもないし、法律上の権利推定でもないと。私の表現としては、任務懈怠というのは評価ですから、法律上の推定ではあるけれども、何を推定したものかというと、評価を推定したものだとしても何も不思議はないです。ただ、従来の用語としては、今までのどの教科書を見ても、法律上の事実推定、法律上の権利推定という言葉はあるけれども、今のことにぴったりした用語はないので

すね。それで、今出川幸寛先生が後で「研究会を傍聴して」でお書きになると思いますが、ここでは私から、今出川先生が創始された造語としてご紹介します。つまり、法律上の事実推定でもないし、法律上の権利推定でもなくて、任務懈怠という評価を法律で推定したものだということは私もいっているのですけれども、今出川先生が、打ち合わせ会の時に、それは法律上の評価推定だというべきだ、ということをおっしゃって、そうすると、法律上の事実推定、法律上の権利推定、法律上の評価推定、全部きちっとそろうわけですね。その造語は、今出川先生が創始者です。ここで、そのことをはっきり申し上げておかないといけないです。今出川先生がそのことを「研究会を傍聴して」という形でお書きになると思いますが、そういうふうに明確にいった上で、これは法律上の評価推定ということで、推定の一種ですから、別に何も問題はないということです。法律上の権利推定をある意味で弱くしたものであるともいえますね、法律上の評価推定というのは。それで理論の破綻はないと思います。

永石 そうしますと結果的には要件事実論としては権利推定の中に、評価推定を入れるということなのか。それとも、条文上権利推定とちょっと構造が違うのですけれども、やはり第3分類としてそういった概念を作ったと考えたほうが理解しやすいのでしょうか。

伊藤 法律上の権利推定でもない、法律上の事実推定でもない、法律上の評価推定です。それで従来は法律上の評価推定という言葉が欠落していたということですね。この用語は、今出川先生の造語です。私は法律上の評価を推定しているということはいっているのですけれども、法律上の評価推定という適切な造語は今出川先生の造語であって、それで私はよいと思っています。

氏本 従前の用語でいいますと、法律上の権利推定も事実ではなく、観念をいわば定めているというところではここでの推定と同じなのですが、従前の法律上の権利推定というのは、推定される観念、権利関係がまさに当事者間の権利・権利関係・法律関係そのものなんです。手形法上の推定もそうですが、ただ、ここでいっている推定の対象は評価ではあるのですが、あくまでも任務懈

怠という損害賠償の要件の1つだけということです。これがあるからといって、損害賠償責任の権利義務関係そのものが観念的に推定されるわけではないという意味では、従前の法律上の権利推定とはちょっとやはり違うというのがあると思います。

　松田　法律上の権利推定の場合は、その効果として、権利がないということを相手方が立証する、要は立証責任の転換ですよね。この場合の効果としては、評価を覆す、D6頁の最後の行（本書160頁下6行目）に書いてあるのですけれども、推定を破る事実の根拠事実を再抗弁としての障害事実をもう1回ここで何か総合評価みたいなことをするのですかね。
　効果がわかったようでわからないのです。つまり、権利推定の場合ははっきりしているのですよ。立証責任を完全に転換してしまうんです。だから評価を推定するから、後ろでもう1回総合評価するのですか。そこがよくわからない。抗弁と再抗弁の総合評価をもう1回するのでしょうか。

　氏本　推定の対象が評価で、それが法定されていますので、Aという事実とBという事実で任務懈怠が推定される。これは法定されている。本当はCとかDとかEとか並べなければいけないけれども、法律がよいといっている。それに対して、任務懈怠という評価をいわば障害する事実がA′、B′であるとなると、任務懈怠の評価を障害するということ自体も1つの評価ですので、やはり抗弁の任務懈怠の評価障害をすることによって、そこまでであれば推定されたものが覆るけれども、推定されたものが覆るだけの力を持っている抗弁事実といわば両立して、推定を障害する効力を阻害する、本来任務懈怠のABCDEのうちのCDEの部分は推定なので、ABしかいわなくていいけれども、抗弁が出て、抗弁によって評価障害されそうだということで、初めて再抗弁でCDEが出てくる。観念的にはこんな感じがするのです。

　松田　私の疑問は、要は、再抗弁で出てくる障害事実は、前提事実と違うんですか。

氏本　前提事実は、利益相反行為と損害だけです。

近藤　松田裁判官の疑問としては、この再抗弁というのが、抗弁の効果をつぶしにかかっているものに限定されるのか、請求原因の効果にも影響しているのか、というその効果のあり方なのだと思うのです。今までの議論を聞くと、松田裁判官自身は、総合評価ということで、根拠事実と障害事実というのを総合して評価を考えていくという見解をとるように思われます。実務的にもそういうことはあり得るだろうと思うのですが、仮にそうだとすると、請求原因事実と障害事実を総合して評価する上に、さらにこの再抗弁が出てくると位置づけがよくわからなくなってしまう。でも、要件事実的には、再抗弁というのは本来抗弁事実の効果を減殺するものであるというのが要件事実的な発想ですよね。ここで再抗弁を出しているのはあくまでも抗弁事実の効果を減殺するということに向けたものが事実になっているのかどうかという質問です。

松田　要は、利益相反と損害以外のことしか出せないか、ということです。ところがね、利益相反自体の評価という見解がありますよね。何が利益相反かということです。それについても抗弁事実と障害事実というものがあって、総合評価みたいになってくる。ここで出てくる再抗弁というのは、その利益相反と損害を除いたものに限定されるのですかね。

氏本　攻撃防御方法のラインとしては、同じような話は伊藤先生が冒頭でご指摘の、612条の背信性のところにもあるのですが、あれも背信性を基礎づける事実に対しては、背信性を障害する事実というそのラインだけの構造だけになっていて、そういう意味では抗弁と再抗弁の総合評価でいわば推定を、推定というか請求原因事実の評価を破るかどうかというのを決めていますので、そこがやはり、再抗弁事実は基本的に抗弁の効果をつぶすというラインの事実関係に基本的には限定されるのではないかなと、理屈はそう思っています。

伊藤　ちょっと私の名前も出ましたので。抗弁とか再抗弁とかという言葉を使わないで、いろいろなときにいろいろな請求原因であったり、抗弁になった

りしますので、具体的な任務懈怠の推定を破る反対事実は何かという形でいったほうがいいと思うのですけれども。損害賠償請求をするとなると、請求原因は任務懈怠があって、そして損害が生じたということになり、ですから、任務懈怠というのは請求原因ですね。その任務懈怠という評価をどのようにして推定しているかというと、423条3項が利益相反と損害の発生で推定しているわけですね。

それで、ここから先は、氏本先生と私とでは、微妙なズレが出てくるのですけれども、基本的には氏本先生も利益相反というのは評価的要件だといわれるわけです。ですから、いつも打ち合わせ会で出た議論は、切符を買う行為ですね。あれは、356条1項2号の行為ではないといえるのかという問題があります。356条1項2号の行為かといえば、そうした行為には当たるのですね。けれどもそれは定型的に明らかに、会社に損害を及ぼす危険がある行為に当たらないということで、利益相反行為というものを評価と考えた場合には、その評価障害事実が明確にある。それで全体として結局利益相反にならないと考える。それは氏本先生も私も同じです。

それで、取締役会の承認の問題という、非常にやっかいな問題が別にありますけれども、取締役の承認の問題があっても、承認があったから利益相反行為であったものが、ないものになるわけでもなければ、承認がなければ、利益相反行為でないものがあることになるわけでもなくて、取締役会で承認を受けるかという問題は、取引の有効性とかそういうことに関係はしますけれども、利益相反行為かどうかという判断そのものには私は影響がないと考えています。そうすると、利益相反行為があったと、そして評価障害事実が十分とはいえなかったとしますね。そうすると、任務懈怠が推定されます。任務懈怠が推定されるとそれで請求原因はよいわけですが、今度は任務懈怠の推定を破る事実が何かあってもよいわけですね。それは任務懈怠を破るのであって、利益相反の中の判断の枠組みを破るのではないわけです。利益相反があって、任務懈怠になるわけですから。

それから任務懈怠を破るのはどういうものかというと、これはなかなか難しい問題であるのですが、私は思っているのは、先ほどの大杉先生の報告にもあるように、違法性阻却事由ですね。利益相反行為はあった、それで損害が生じ

た。しかしながら、それは正当防衛として仕方なかったということは1つある
と思います。

　それから、任務懈怠と無過失の問題は先ほどからずいぶん議論になっている
のですけれども、仕方がないと思います。実定法がそうなっていますから。本
当の私の正直な気持ちは、無過失というのは善管注意義務で考えれば、任務懈
怠の中の判断に入るのだろうと思うのですけれども、428条という条文があっ
て、実定法上は、別になっているから外枠で考える。そうすると、任務懈怠が
あり損害が生じて、損害賠償責任が発生し、その任務懈怠を破ると損害賠償責
任が生じないわけですから、破るのはどうやって破るかというと、さっきの正
当防衛等の違法性阻却事由と、それからこれは私の意見で、ちょっと教科書に
書いていないかもしれませんけれども、例えば社会的相当行為がある場合が考
えられます。例を考えてみますと、例えば幼児図書を出版しているX会社が
ありました。そして、保育園を経営しているA法人がありました。例えば、
A法人の代表者がX会社の取締役でした。そして、その地域が保育園が非常
に少なくて社会的大問題になっていた。それで地方公共団体である市などから
のいろいろな要請、行政指導がありました。賃料を少し安くして、A法人の
保育園のために少しX会社の空いているスペースを貸してくれというのです
ね。X会社は、そうした状況の下で、例えば100平方メートルを貸した。それ
が例えば100万円の賃料を取るべきところを、公益的目的のため80万円に減
額して貸したと。そういう社会的相当性がある行為というのは、自己取引であ
り、利益相反であり、損害も生じていても許される。それは違法性阻却の延長
みたいなものですね。そういうものを任務懈怠の推定を破るものとして考えた
い。それは何も前の請求原因とも重複しない。だから、請求原因に対する抗弁
として位置づけられても何も重複はないのですね。

　そして、今のはたぶんご承認いただけると思うのですけれども、これから言
うことがはたしてご承認いただけるかどうかは全く自信がありません。任務懈
怠と過失というのを一応別と考えるわけですね。別である以上は、任務懈怠が
あっても無過失をいえるということです。逆に、いま任務懈怠に関係する取締
役の過失が非常に軽微だとします。そして、これはいわゆる教室設例になりま
すが、1か月もの間、寝るのも寝ない、食べるものも食べないといってよく

らい、非常に一生懸命にやった。部下が出した書類なんかも一生懸命に確認した。非常に慎重に検討したのですが、ちょっと見落としがあって過失があった。こういうときに、そういう取締役が任務を怠った、損害賠償責任だというふうにいうかどうか、そこは限りなく誠実義務を果たしたということでよいのではないかとも思います。これは、単なる私の試案ということで教えていただきたいと思います。

　最初のほうの社会的相当性という点は違法性阻却の延長として、先生方もご賛成いただけるのではないかと思います。

　簡単に筋だけいうと、ご質問の抗弁、再抗弁という言葉を使わないで、請求原因から始まるということでいいますと、利益相反であって、そして損害があって、そして任務懈怠が推定された。そういうことを前提として何がいえるかというと、現在の普通いわれている区別する考え方からすると無過失ということがいえるし、それから違法性阻却ということが無過失と別のこととしていえる。そして、違法性阻却の延長として社会的相当性、正当性ということがいえる。そして、その次にいった例は、ちょっと怠ったというにはひどいのではないかという私の感覚だけですから、それはちょっと通らないかもしれません。

　ですから、何が反対主張になるかということでは、私はそういうふうに思っています。その点は、氏本先生と議論したことはないので、氏本先生のお考えがわかっているわけではありませんが。

氏本　先ほどの松田判事、近藤判事のご指摘と関連するところで、伊藤先生が今おっしゃっていた前提を私からご説明しますと、私が、公正取引義務説の発想を応用して任務懈怠の推定を破るとしている場合は、伊藤先生は、それはそもそも利益相反取引の評価障害事実が成立して、利益相反取引該当性が否定される場合ではないかというお考えです。それに対して、私は、区分けをしていまして、先ほどの切符を買う事例とか、全株を持っている場合とか、いわば類型的に利益相反取引に当たらないというものは、利益相反の評価障害ということでよいのですが、それ以外のここで問題となっている、その当該取引の他の事情をいろいろくみ取ってどうかという場合には、概念上は利益相反取引に該当するけれども、任務懈怠の推定を破る場合に当たるという仕分けをしてい

ます。私の考えの前提となっているのは、理論的ではないのですが、利益相反取引に当たると取締役会の承認が必要だという規律がありますので、取締役会の承認が要るか要らないかという区分けをするというところで、利益相反取引の評価根拠、評価障害というのを考えて、取締役会の承認の有無ということではなくて、損害賠償責任というフィールドで考えるときには任務懈怠の推定を破るか破らないかということで分けるというふうに機能的に考えている。これは、356条1項の利益相反取引と、423条の利益相反が同じものだという前提で考えているのですが、伊藤先生はおそらくそうではなくて、356条、423条は別に考えて、私がここで申し上げている公正取引の場合に任務懈怠が破れるという場合は、そもそも利益相反取引該当性が否定されるのではないかと。それでそこの攻撃防御方法の構造は松田判事のおっしゃったことと考え方が違ってくる場合があり得ると思います。

伊藤 この辺りは、私と氏本先生の議論になって、打ち合わせ会でもだいぶ議論をやったのですが。

松田 そうすると、前提事実といっていますが、一部は前提評価なんですね。だから、講学上のやつとも少し違うのではないですか。つまり、ある事実があれば、ある事実が推定される事実推定と、ある事実があれば権利が推定される権利推定と、でもここは事実ではなくて、その一部はある評価がなされれば利益相反という、ある評価がなされれば、任務懈怠という評価がなされるという。そうすると、請求原因で出てくるのは、利益相反の根拠事実が出てくるから、抗弁としては任務懈怠を覆す系列と利益相反を覆す障害事実、この2系列が出てくる。それで、その前段がさっき伊藤先生がおっしゃったような社会的相当性とかおよそ利益相反と関係ないようなもの。そういう理解なのですかね。

伊藤 基本的には2系列というのでよいのですけれども、これは議論になってしまうと司会者としてはよくないのですけれども、私と氏本先生と打ち合わせ会以来ずっと話していることなのです。だいたい司会者があまりしゃべると、後で評判が悪くて怒られることが多いのですが（笑）、この問題についてはち

ょっとお許しいただいてと思います。

　利益相反行為というものを考えて、今の評価の推定というのは松田先生のおっしゃる通り、利益相反という評価がなされたときには、損害が生じれば、任務懈怠があるということですね。だから非常に特殊な形ではあるのです。従来の事実推定とはやはり違う。それで、氏本先生と私の考え方の違いはどうかというと、私は、利益相反行為になるかどうかは結局その行為全体を見て、根拠・障害を見て考えるのですけれども、会社に損害を与える危険が類型的に高いかどうかということを考えて、類型的危険が高いとはいえなければ、利益相反行為とはいえないと考えるのですね。その最も典型的な当たり前のようなのが、自社の切符を買う行為ですね。切符を買う行為というのは356条1項2号の行為でないかというと、単純にその行為を見ればその行為なのです。しかしながら、それはあまりにも当然のことであるのですけれども、会社に損害を与える危険が類型的に高いものではないから、そういう評価障害事実があるから、それは利益相反行為ではないのですね。それと同じ構造が、複雑なロイヤルホテル事件がそうかどうかは別として、複雑な総合判断を要する場合でも、結局利益相反行為の評価障害事実があるから、利益相反行為ではないわけなのですね。同じように考えなければ、要件事実的には説明がつかない。

　それで、氏本先生には大変に申し訳ないのですが、そこのところを、氏本先生は、評価的要件だということをお認めになって、切符を買う行為は評価障害事実があるから、推定の前提にならないとお書きになっておりながら、複雑なことになると任務懈怠の推定のほうにいってしまうというのはちょっと私には理解ができなくて、氏本先生がお書きになっているのは、こういうようなことをお書きになっています。D12頁の下のほう（本書170頁）で、利益相反取引にならないことが明らかであることを示す事情というのが利益相反取引該当性の評価障害事実であると。私にいわせると、そういう明らかである事情というのは取締役会の承認を経なくてもよいということの根拠にはなるのですけれども、そういう事情が明らかであるということは利益相反行為にならない理由にはならないのであってですね、やはり行為の中身が問題だと思うわけです。そして、取締役会の承認との関係は、先ほど申し上げました通り、取締役会の承認があろうとなかろうと利益相反行為はそうであり、そうでないものはそうで

ないということなわけですから、後は政策的に、取締役会の判断が実務的にできるように、明らかに利益相反行為でないものは取締役会にかけなくてもいいけれども、多少疑いのあるものは取締役会にかけなさいと。取締役会にかけて実際やってみても、結局最終的には会社に損害を及ぼす危険が類型的に高いとはいえないものであったという場合には、やはりその段階では利益相反とはいえないわけですから、任務懈怠の推定の前提が覆ると、それは切符を買う場合と同じだ。取締役会の承認を受ける関係を行為規範と考えても、全く別の行為をいっているわけではないのであって、変則的評価的要件の、障害事実の範囲を少し変えて考えているだけなのだから、制度の趣旨に照らして、取締役会の承認、それから後の最終的に利益相反になるかということの判断は、それぞれ判断の仕方は別に違っても、その程度の合理的な判断はむしろすべきであると考えているわけです。そこは、要件事実の議論からすると、非常に重要なのですね。

　永石　法律上の推定というのは、実体法上の効果とか訴訟法上の効果とかに影響しないといけないと思うのです。それにはやはり条文に根拠がないといけない。そうすると、任務懈怠を第三の評価推定と捉える場合には、その効果について条文のどこにも根拠がないですよね。

　伊藤　どの効果ですか。任務懈怠を推定するというのは条文にありますね。

　永石　任務懈怠を推定するということについて、いま第三の道として、法律上の評価推定というものがあり、今出川先生の説に反対するわけではないのですけれども、評価推定という新しい法文上のものを出すことによって、どのような実体法上、訴訟法上の効果が出るのかというのは、それは条文になければならないと思うのです。

　伊藤　それはあるのではないですか。任務懈怠が推定されて、そのため損害賠償責任が生じるという。

永石　私は、任務懈怠を評価的要件というから、こういった複雑なことになってしまったのであって、単に任務懈怠を事実推定と見れば、後はいわゆる反証だけで済むだけではないかと思うのです。この規範的要件という概念は、伊藤先生が民裁教官のころ提唱されたのでしょうか。

　伊藤　そんなことはないです。規範的要件というのは、私が作ったのではありません。

　永石　それは大きなメリットもたくさんあったのですけれども、今みたいな問題になった場合に、要件事実の構造が極めて複雑になってしまうと感じました。(研究会終了後の議事録の校正段階において：規範的・評価的要件における評価根拠事実・評価障害事実を攻撃防御方法で対立させるから、総合的判断とかグルグル回りとか、理解しにくい構造になったものと思われます。そこで、根拠事実と障害事実を１つの攻撃防御方法の中で、しかも共に要件事実として主張・立証させ、その評価をするようにすれば、ここで議論されているような不都合は回避されるものと思います。しかし、このことは従来の規範的・評価的要件の攻撃防御の位置づけを大幅に変えるものとなりますので、問題提起だけさせていただきます。)

　田中　428条１項については、任務懈怠の意味自体が明らかでないので、ちょっと議論をするのが難しいですが、評価的要件として、例えば過失を推定するという規定であれば、先ほど申し上げた金商法などで、現にあるわけです（同法21条２項２号、21条の２第２項）。しかし、あるのにもかかわらず、先ほどの松田部長のお話を聞いていて、評価的要件の推定というのがどういう意味なのかちょっとわからなくなってきています。確かに、不法行為法の一般原則によれば原告側が過失の評価根拠事実を主張証明しないと敗訴してしまうのに対し、法律で過失を推定すれば原告側が何も過失の評価根拠事実を主張、証明しなくても、被告の側も何も主張、証明しなければ、過失が認められることになります。だからその限りでは、過失のような評価的要件を推定することによって違いが生じるとはいえます。しかし、ひとたび被告の側が反対の証明、過失がないという証明をしようとした場合、被告側としては、過失の評価根拠事

実に当たる事実がない、ということを主張、証明することもできますし、また過失の評価障害事実とされる事実があるという主張証明をしていくこともできます。そのように、当事者がいったん、評価根拠事実がないとか、評価障害事実があるとかいう主張、証明をしだした場合、その後は、過失を推定したことの意味はあまりなくなるのではないか。というのは、その場合裁判所は、評価根拠事実と評価障害事実を総合判断して、過失があるとかないとかという判断をするしかないように思います。ともかく、現在の主張、証明責任の通常の考え方では、規範的要件である過失の有無それ自体については、主張証明責任は働かないということですので、もし働くのであれば、最後の過失の判断のところで証明責任の所在によって結論が変わることにはなりますが、働かないのだとすると、評価的要件の推定は、どちらの当事者も何の事実も主張、証明しなかったという場合には結論が変わるという以外に、実践的には意義はないのかもしれないなと思ってきたのですが。

松田 ちょっと金商法の前提事実は事実なんですよ。金商法の場合。過失を推定する前提事実は何になっていましたっけ。

田中 虚偽記載です。

松田 それは事実ですよね。だからその局面と、利益相反行為という、評価で評価を推定する場合と事実で事実を推定する場合とはちょっと違うのかなと思うのです。つまり、その場合は、推定を覆そうと思ったら、虚偽記載がないということをいうか、もしくは、過失がないということをいわなければならない。ところが、今回の場合は、利益相反という評価がないことをいわなければならないという、そういう複雑さがあって、それを永石先生はおっしゃっているのではないかと思います。それをクリアしようと思ったら、今までいっていた議論を全部ひっくり返して、主要事実と考えるということです。任務懈怠も、利益相反も主要事実であると、後は全部間接事実レベルであると。そういうふうにすれば割と単純になるのですけれども、それは前提が違うので、全部２つずつ分かれるわけなのです。このようなことになるのかな、と思ったのですけ

れども。

伊藤 全部といわれてしまうと全部ではないという答えになりますけれどもね。評価の場合に、その評価自体を事実といわない。それは、当然のことです。それが現在の民事訴訟法学の考え方だと思います。それが行き過ぎの点があるということであれば、どこかで中止しなければなりませんけれども、利益相反行為を事実ということはできないと思います。それから任務懈怠も事実ではない。任務を怠ったというのは評価ですから。それで別に複雑なことになるわけではなくて、利益相反行為であるかどうかでまず決めればよいわけです。それで利益相反行為であるといえなければそれで終わりなわけです。任務懈怠の推定なんて働かない。利益相反行為であるとなったときに、先ほど来、田中先生がおっしゃっているように、過失の推定などでいわれるように、任務懈怠ということが推定されるわけです。そうすると、任務懈怠というものをどうやって崩すかというと、利益相反行為から推定される任務懈怠を崩すのはなかなか難しいですが、また利益相反に戻るわけではないのですよ。利益相反行為であるとなってしまったわけですから、それはだめなわけです。それはそれでよいのではないでしょうか。そしてそれをどういうふうに崩すかというと、先ほどの大杉先生のご報告でございました違法性阻却事由、私がちょっと膨らませました社会的相当性、その他に、無過失が任務懈怠の判断枠組みの外に出された形になっているから、無過失ということがあると思います。ということで、それほど複雑ではない。事実より評価のほうが複雑ではあるのですけれども、それは、評価というものの性質上仕方がないと思います。他にもいっぱい評価はあるのです。正当事由や背信性もそうです。評価は複雑だから事実にしろというわけにはいかない。民事訴訟法学としてそれをよいとはいわないと思いますね。

大杉 先ほどの点について、打ち合わせ会でどういう議論がされていたかというご紹介と、私の意見の開陳をさせていただきます。利益相反取引のうちの直接取引が事実的要件なのか評価的要件なのかということについて、伊藤先生のお考えは評価的要件なのですけれども、他のメンバーの間では、これは基本的には事実的要件であって、356条1項2号を形式的に当てはめることで判断

ができるけれども、例外的に切符を買う場合とか、全株式を保有している場合とか、明白な場合は、条文に当てはまっても法解釈としてそれは利益相反取引とは見ない。ですので、取締役会の承認も要らないと考える。他方、ロイヤルホテル事件のような取引が現行法で行われたとすると、これは利益相反取引には当たるけれども、任務を怠ったとはいえないのではないか。任務の考え方は2通りあって、つまり会社に迷惑をかけないこと、会社に損害を及ぼさないことというのが公正取引義務説で、他方、会社に損害を与えないように努力をすること、注意を尽くすことであると理解して、ここでの任務の内容を善管注意義務になぞらえる考え方もあります。ただ、どちらの考え方をとっても、ロイヤルホテル事件の場合は、形式的には利益相反取引に該当するけれども、取締役は任務を怠ったとは評価できないのではないのではないか。この取引を行うに至った取締役の判断というのを縷々主張立証していけば、それが任務懈怠の評価障害事実となり、反対証明に成功して、賠償責任を免れるのではないかというふうに私は考えております。

伊藤 私のいっていることと、大杉先生のいわれていることは、打ち合わせ会の状況等についてちょっと違うと思います。氏本報告も評価的要件と書いています。それは2号も含めて、2号、3号ともにそうだと書いておられる。その点は大杉先生の今のお話とちょっと違うような気がします。それはともかくとしまして、ロイヤルホテル事件をどう解釈すべきかということについてはいろいろ意見があると思うのですけれども、あれを利益相反であると考えて、その上で、しかし、他に考慮すべき事実があって、そのため任務懈怠でないと考えるということであれば、そのような見方は、別に私はあり得ることだと思っています。また、取締役に軽微な過失があったけれども、一生懸命やって、寝食を惜しんでやった、それで任務を怠ったというのはちょっと酷ではないかということもいえるかもしれません。これと同じように取締役が一生懸命取引全体を考えて苦労してやった。だから、仮にそれは利益相反であるといわれようと、これは任務を怠ったとはいえないというのは、そう解釈できる事案であれば、私は、何も反対ではありません。

私が非常に強く違和感を持つのは、利益相反行為ではないといいながら、任

務懈怠が推定されるという言い方に非常に強い違和感を持つわけです。利益相反取引ではないというなら、任務懈怠の推定の前提がなくなるのではないかと思うのです。

　角田　たぶんそこはそうではなくて、利益相反取引ではあるけれども、任務懈怠ではないというふうにおっしゃっているのだと思います。

　大杉　これは、条文をどう読むか、条文の趣旨というのがどこにあると解するべきかという法解釈の問題になるので意見は分かれ得るのですが、私は次のように理解します。現行法は、取締役に対して利益相反取引を行うなとはいっていない。利益相反取引によって会社に損害を及ぼすなということはいっているけれども、利益相反取引をやるときには、やること自体は認めていて、その際に、株主総会あるいは取締役会でのチェックがかかる。そのとき、承認機関が取締役会であれば、取締役は、任務を尽くして、それを行わせるべきかどうかについて判断をするという条文構造であり、かつ、そこには実質判断がありますので、利益相反取引を行う場合には、裁判になったときに、それに関与する取締役たちに任務を怠っていないということを積極的に自分のほうから証明できるような状態を作っておきなさいということを、いわば行為規範として、取締役に注意喚起をしているということです。ですので、356条のレベルでの利益相反というのは、比較的形式的に判断するけれども、これに該当すれば任務懈怠の推定が生じるというのは、それを取締役の側から実質論によって破ることを423条3項は許している。先ほど伊藤先生は任務懈怠の推定を働かせることについて違和感を表明されましたが、私のように同項を政策的に理解すれば、そこは乗り越えられるのではないかと考えております。

　松田　1点だけ、旧法下におけるこの関係で、無過失責任というのは実際結論から考えるとおかしいというので、ずいぶん苦労しました。ただ、現行法だと先ほどの大杉先生のご説明で、利益相反を単純に考えて、後は推定のところで適切な結論を得るのでいいのかな、とこういう理解でよいのでしょうか。

氏本　私は、まさにおっしゃる通りに考えております。任務懈怠の推定を破るという、旧商法下で無理して利益相反取引に当たらないといっていた苦労をしなくて済む枠組みが会社法で一応できた。ただ、利益相反取引が評価的要件という議論を詰めていくと、ひょっとすると、旧商法下の無過失責任の下でも利益相反行為には当たらないという議論がもっと精緻に展開できたのかもしれないなと感じています。

　伊藤　時間がきました。何かぜひご意見ということがあれば伺いたいと思いますが、ございませんでしょうか。
　どうも最後は私がしゃべってしまい申し訳ありませんでした。どうもありがとうございました。

　〈閉会の挨拶〉

　若柳善朗　研究所の所長をしております若柳です。本日は皆様お疲れ様でした。ありがとうございました。特にパネリストの先生方には、4回の準備会からご準備いただきまして、本当にありがとうございました。また参加者の先生方には、活発な議論をしていただきましてありがとうございました。それから傍聴者の方々にはご発言いただきませんでしたけれども、最後まで傍聴していただきまして本当にありがとうございました。この本日の研究会も本当に活発に議論がされて、私は商法のことはよくわからないのですけれども、非常に勉強になりましたし、参加者の先生方、それからパネリストの先生方が本当にいろいろ深く考えてらっしゃるなということは実感できました。これから少しずつでも勉強しなければいけないなというように思っております。司会者の伊藤先生が自ら発言しすぎたかなとおっしゃっていましたけれども、まあ今日の程度でよかったのではないかと評価しています。評価根拠事実としてですね（笑）。
　商事法も、要件事実の観点から見ますと、いろいろ問題があるのかなと思います。特に423条の関係などについては、本当におもしろい議論をお聞かせいただいたと思っております。これからの皆様のますますのご活躍をお祈りして、ご挨拶に代えさせていただきます。どうもありがとうございました。

問題提起論文・同メモ

伊藤　滋夫

報告論文

松井　秀征

大杉　謙一

氏本　厚司

角田　大憲

問題提起論文

「単純合意」というものの捉え方——要件事実論の視点からする「法的拘束力をもつ合意」への模索

伊藤滋夫

I 本稿の趣旨——問題の所在と本研究会における同問題検討の意義

本稿は、社会に実際に存在する多様な合意から又はそれとは別に「単純合意」という抽象的な合意を抽出し又は措定して、それを基軸にして要件事実論の体系を再構築しようなどとするものではない。本稿は、むしろ、そのような思考方式を排し、それとは逆に、社会に実際に存在する多様な合意の基礎にある多様な社会的機能に着目して要件事実論の体系を構築しなければならないという考え（あるいは、より率直には、感覚）を出発点として、そのような検討方法を通じて、法的に拘束力をもつ合意とはどのようなものかということを明らかにしようとするものである、ということができる[1]。

「単純合意」[2]というものについての要件事実論の視点からの考え方によっては、訴訟における攻撃防御方法の体系として、次の2つの要件事実の体系がありうることになりそうである。そして、そのいずれも、要件事実論の視点から不相当のように思われる[3]。正しく要件事実論を考えれば、そのようになるはずはなく、その適正な是正のための理論が発見できるはずであるというのが、本稿の出発点となる筆者の基本的感覚である。そして、すぐ後に述べるように、①のいわゆる返還約束説が不相当であることは、比較的簡単に結論が出るので、本稿における主たる検討課題は、②の単純合意肯定説（仮称）の当否ということになる。

①いわゆる返還約束説

「単純合意」の主張立証にあたって、その「単純性」を主張立証する必要はなく、実際には複合してされている合意のうち、その一部の合意のみを他の部分から切り離した形で、あたかも独立した単純な合意（例えば、「被告は原告に対して1,000万円を支払うことを約した。」）のように主張立証すればよいと考える見解（いわゆる「返還約束説」[4]）がある。この見解を採ると、普通に社会で見られる合意は、すべて、そのような「単純合意」の変型として存在すると考えて主張立証することが可能となる。そして、そのような「単純合意」の内容をなす合意中にある給付を請求する者は、単にその合意の成立のみを主張立証すれば、その請求権の発生要件事実の主張立証をしたことになり、同請求を受けた相手方である被告は、「単純合意」を含む合意が成立している限り、「単純合意」の内容をなす合意の成立を認めるか、又は、同合意の成立を否認しても、その成立が立証される限り、常に、これに対する防御方法（抗弁）として、同請求権の発生の障害、消滅又は阻止の法律効果を発生させる要件事実を主張立証しなければならないことになる[5]。以下、双方の攻撃防御方法は、この抗弁を実質的な出発点として（いわば「抗弁の体系」として）展開されていくことに

---

[1] 本稿の作成にあたっては、小塚荘一郎教授（学習院大学）から有益なご示唆をいただいた（筆者がそれを正解して本稿に正しく反映させることができているかは、筆者自身の問題であって、心もとないところではあるが）。冒頭にそのことを記して、謝意を表したい。
[2] ここでは、その正確な定義はしばらく措いたまま、「単純合意とは、当該合意と結びつく要素が要件事実としては、およそまったく存在せず、単純に何らかの給付（例えば金銭支払、財産権移転）を約し、又は、新たな債務の発生を承認する合意をいう。」という程度に定義しておくほかはない。「単純合意」の正確な定義をすること自体が本稿の目的ではなく、結局は、法的に拘束力をもつ合意とはどのようなものかということを明らかにすることが本稿としては重要である、と考えているので、その正確な定義が、ある意味では、本稿の検討を終えた段階で、必ずしも明らかになっていなくても、それはそれで不都合はないとも考えている。
[3] 現段階では、後記の②の方が不相当というのは、ある程度直感的なものであるが、その直感の基礎にある、筆者の基本的感覚は、合意に何らかの法的拘束力を認めるのは、その果たす社会的機能があるからである、というものがあるといえる。
[4] 返還約束説については、現在の私見からすれば一部やや措辞不適切な表現もあるとしても、拙編著『要件事実小辞典』（青林書院、2011年）226頁（見出し語「返還約束説」の下での説明）参照。同説は、ある時期において、学説として、有力に唱えられたこともあったが、実務の中で採用されたことは、過去1度もないと思う。
[5] 一例えば、被告は、いわゆる同時履行の抗弁を主張立証するときにおいても、「本件物件の引渡しがない限り、同代金の支払を拒絶する。」というのみでは不十分で、このことに先立ち、このことに加えて、「同金銭の支払約束は、本件物件の所有権の移転の対価としてされたものである（つまり、同金銭の支払約束は、売買契約における代金支払約束である）」ことを主張立証する必要があることになり、被告の負担は重くなる。実際上考え難いとしても、原告が、同抗弁中の上記事実を否認することもありうることとなり、被告が上記事実を立証できないと被告は敗訴することになる。

なる。これは、通常の訴訟における状況とは著しく異なったものとなる。

このような内容をもつ返還約束説は実務でもまったく採られていない。筆者は、現に成立している売買契約の場合には、そこにある売買の合意は、実際には不可分のものとして成立しているのであるから、その不可分の合意を、可分なものとして、独立に成立している2つの合意に分けて考えて、抽象的な金銭支払合意（又は目的物の財産権移転合意）のみを売買代金債務（又は目的物引渡債務）の発生要件事実と考えるのは、社会の実情に反し不相当である、という理由から[6]、同説に賛成することができない。

したがって、①の要件事実論についての検討は、次の②の検討上必要な場合は別として、他の方々からの特段のご指摘などない限り、本稿では、これ以上は扱わないことにする。

②単純合意肯定説（仮称）

「単純合意」というものが実際の社会に存在し、かつ、それが法的に拘束力をもつことを肯定するという説である。このような説は、これまでの学説に存在するかは、必ずしも明らかではない。なぜなら、既述のように、「単純合意」というものの定義を正確に定めていない本稿のこの段階においては、これまでの学説との正確な比較ができず、そういわざるをえないからである。単純合意肯定説に比較的近い説は、「無因契約」を認める説であろうが、同説が単純合意肯定説と同一といえるかは疑問である。

単純合意肯定説の立場に立ったとしても、ここにいう「単純合意」というものは、極めて特殊なものであり、実際の社会に存在することは極めて例外的であることは間違いないといえるから、当事者は、その主張する当該合意が「単純合意」に当たるとする場合には、その合意の主張立証にあたって、その「単純性」のあることを（見解によっては、及び同合意が法的拘束力をもつことを根拠づける事実も）主張立証しなければならない。それに対する相手方の防御方法は、一応は否認しかなく、単純合意自体の発生障害・消滅を来す事実は、あるいは別として、少なくとも同合意をするに至った理由に関係する事実に基づく債務の効力の発生障害・履行阻止に関する一切の抗弁[7]は提出することができず（同合意が締結されるに至った当事者等に関係する実情は一切反映されることができず）、上記①の返還約束説の場合とは逆に、基本的には、抗弁のない攻撃

防御方法が展開される訴訟というものが発現することになり、これも、通常の訴訟における状況とは著しく異なったものとなる。

こうした要件事実の構成による、現実の民事紛争の解決は、少なくとも直感的には、著しく実情と離れた不相当な解決方法のように思われる。

本稿では、結果として成功するかどうかは別として、上記のような直感的には不相当と思われ、実務でも採られていない要件事実論的構成の不相当性を理論的に根拠づける（そのことが同時に、法的に拘束力をもつ合意とはどのようなものかということを明らかにすることにつながる）努力をしてみたい。そして、その検討方法として、具体的には、商事法における「無因行為」的な行為（例えば振込行為など）の存在とその存在意義に着目した考察をすることが有意義であるとの考えの下に、そうしたことに関する知見を参考にして、この困難な問題を検討してみたい。ここに、本商事法要件事実研究会において本稿を発表することの意義があると考えている。

II　単純合意肯定説に対する批判

1　「単純合意」と類似している合意の効力の検討

現段階では、筆者は、前記注2に示したように、「単純合意とは、当該合意と結びつく要素が要件事実としては[8]およそまったく存在せず、単純に何らかの給付（例えば金銭支払、財産権移転）を約し、又は、新たな債務の発生を承認する合意をいう。」としているので、当面その定義を前提に検討をすることになる。

6―「返還約束説」を否定する理由としては、上記のように考えるべきであって、同説は、上記のような抗弁の体系になるから不相当であるということを根拠としたり、上記のような支払合意が実際に「単純合意」として存在することはおよそありえないということを当然の前提として、そのことを根拠としたりすることはできない。もしも、返還約束説が物事の実際に即した合理的な考え方であるとすれば、「同説を採ると抗弁の体系になる」というだけの理由で同説を誤っているともいえないであろうし、「単純合意」というものが実際の社会に存在するかということは、なお検討を要する問題であって、そうした合意の不存在を当然に前提として、同説を批判するわけにもいかないからである。

7―「単純合意」から発生した債務の履行その他の事由による消滅の抗弁はありうるであろう。

8―「要件事実としては」というのは、そうした「単純合意」をする動機となった事情が実際はあることを否定する趣旨ではない、ことを表している。しかし、こうした動機などの事情は、法的効果との関係では、考慮されないことを意味する。

(1)　「単純合意」は、確認の合意・単独行為を含まない。

「給付」を約し又は新たな債務の発生を承認する合意であるから、すでに発生している債務や権利の存在の「確認」の合意を含まない。「私は、あなたから 2013 年 11 月 30 日に 100 万円を 2014 年 11 月 30 日限り返済する約束で借り受けたことを認めます。」とか、「私は本件物件があなたの所有であることを確認する。」とかいう債務・所有権確認の念書は、世上いくらでも存在する。債務の発生、所有権の所在が争われた（又は争われる恐れがある）ときに、そうした紛争を避けるため、そのような合意書が交わされる合理性はあり、異とするに足りない。

「合意」を対象とするから「単独行為」を含まない。単独行為は、それ自体で見ると無因行為はいくらでもあるように思われる。例えば、解除は、ある関係を終了させる旨の意思表示であり、そのこと自体には有因を含まない。

(2)　片務契約というだけで「単純合意」となるわけではない。

「単純合意」と片務契約とは異なるものである。「単純合意」の否定は、当然に、片務契約の否定を意味せず、英米法にいう「約因」がなければならないということをも意味しない。

「贈与・消費貸借・使用貸借・無償委任・無償寄託は片務契約であ」るとされる[9]が、これらは、ここにいう「単純合意」ではない。

こうした契約も、社会的に何らかの広い意味での対価関係に立つものもあれば、情義・恩愛にのみに基づくものもある。しかし、そうした「動機」は、錯誤理論の理解の仕方にも関係するが、ときに契約の要素として考えられ、その意味で有因である。そのような片務契約は、法制度としても認められており、かつ、そのような形のままで社会的に実在することは間違いない。

こうした片務契約が法的拘束力をもつことが不合理とならないように、実定法ではある程度の対応が考えられている。すなわち、「贈与」、「使用貸借」、「無償委任」、「無償寄託」にあっては、「無償」というところに意味があり、それらの法的拘束力は、その実質に応じた弱いものとされている（「贈与」、「無償委任」は基本的にいつでもないものとすることができるものとされており〔典型的な、これらの契約でなくても、類推される場合もあろう〕、「使用貸借」、「無償寄託」は要物契約としてのみ認められている〔そう考えるべきである〕。「消費貸借」もその

基本は、要物契約であり[10]、かつ、明らかに、社会的に実在して大きな機能を有する合意である〔そうした機能を有するものは、特に利息付き消費貸借であるが〕)。

　これらの規律は、2014年8月26日法制審議会・民法（債権関係）部会決定の「民法（債権関係）の改正に関する要綱仮案」の関係各項目において相当程度変更されているが、無償ないし片務契約についての法的拘束力の弱さは、基本的に維持されているものと考えられる。

　保証人保護の観点から問題の多い保証契約は、いわゆる民法現代語化法（平成16年法律第147号）によって、書面でされることがその有効要件とされた（民446Ⅱ）。保証契約は、主債務に付随する性質を有するものであって、その意味では、主債務の発生障害事由があれば保証債務も発生しないということになり、「無因」ではないが、保証という合意自体は、片務的かつ原因を必要とされないものである（さらに主債務の有効性に関係なく一定の要件の下に保証債務履行義務が発生する「無因保証」もありうる）から、ここで言及して挙げておく必要がある。そうした「無因保証」も、本稿でいう単純合意とは異なるものと考えるが、その点は、後に（後記4「『単純合意』と類似している具体例の検討――その2」）触れることとする。

　なお、前記「要綱仮案」第18「保証債務」は、こうした保証人保護のための規律をさらに拡充している。

　(3)　「無因契約」であるというだけで「単純合意」となるわけではない。

　「単純」というためには、少なくとも、その合意の締結のために何らかの原因となる行為とはおよそ無関係である（換言すれば、その原因となる行為が不成立又は無効であっても、その「単純」とされる合意の不成立又は無効を来さない）ということが、その「単純」合意の内容をなしている、ことが必要である。しかし、ただそれだけで、「単純」というのに十分であるかが問題である。「単純合意」と無因契約との比較検討は、この視点からされるべきである。

　差し当たり、「単純合意」との比較において最も重視されるべきは、こうした意味での「無因契約」との比較である。そこで、項を改めて、次にこの問題

9―我妻栄『債権各論上巻　民法講義Ⅴ』（岩波書店、1954年）49頁。
10―諾成的消費貸借の成立は解釈上、認められているが、それは同時履行関係にない対立する債務のある特殊な双務契約となる。

を検討することとする。

2　無因契約とはどのようなものか──総論的考察

「無因契約」といわれるものについては、多くの文献がある[11]が、それらを通観すると、一般に無因契約といわれるものは、その契約の効力を他の契約の効力とは切り離し、他の契約の効力の有無を当該契約の効力の有無の原因とはなっていない（むしろ、「とはしていない」というべきであろう）ものをいうように思われる。もし、そういう要件が充足されるだけで無因契約というものが肯定されるものであるとすると、それは、筆者のいう「単純合意」とは必ずしも同じではない、ということになり、そこに重要な問題がある。

在澤英俊准教授は、特別の場合について、無因契約が存在すること及びそのような場合の無因契約が有効であることを認める。そして、「訴訟の場では、無因意思があるかどうかで他の契約と識別し、無因意思の解釈によって無因契約を認める処理が妥当といえよう。」[12]と述べる。この見解は、筆者が、上記Ⅰ「本稿の趣旨──問題の所在と本研究会における同問題検討の意義」中の②「単純合意肯定説（仮称）」において述べたところ（「『単純性』のあることの主張立証が必要である」とした記述）と共通の感覚によるものとも思うが、内心の無因意思の存在で十分とも読めるようにも思われ、違和感が残る。

さらに在澤准教授は、日本における無償合意の法的取扱いの最近の流れ・態度（いわゆる民法現代語化法〔平成16年法律第147号〕により保証契約は書面によらないと無効であるとされた〔民446Ⅱ〕ことも含め）といったことに関連して、「保証との関係で、例えば446条2項を類推適用して無因契約に書面の方式を要求することも考えられよう。しかし、無因契約と保証契約では契約の機能が異なり、無因契約は自己の債務として債務者が債務負担する。さらに、無因契約が認められるのは、当事者に訴え容易化の目的がある場合である。すなわち、債務者も権利の追求が容易になることを意図しているときに無因契約は認められるため、保証と比較すると、無因契約の債務者の方が、より能動的に契約を活用する姿勢になろう。そのため、無因契約では、書面の作成に保証と同様に契約を慎重ならしめる効果が期待できないともいえる。したがって、書面の方式は不要とし、訴訟の場では、……（と前段で引用の論述が続く）」とも述べる。

確かに、契約の成否を考えるにあたっては、債務者が能動的であることも、書面が作成されれば、その契約のもつ危険性を甘受しようということであることも多いであろうが、だからといって、その契約のもつ危険性について法が配慮しなくてよい（例えば、書面は契約をするにあたって慎重な考慮を要求する1つの契機とはなるのに、それを常に不要とする）ということに当然になるわけでもないであろう。法が、無因契約に書面の作成が必要であるとの要件を定めても、無因契約を必要とする合理的な社会経済的機能があれば、そうした機能を果たす妨げとなるとは限らないので、特に弊害があるとはいえない。反面、書面がなくても、当該契約の全体の状況の中の位置づけからいって、無因契約であることを認めてよい場合もあるであろう。筆者としては、最も重要なことは、無因契約の果たす社会経済的機能に着目することであって、当事者の、少なくとも「内心の」意思ではないし、外部に表示されたとしても、上記機能と無関係な単純な当事者の「意思」のみによるべきではない、と考えている。

　在澤准教授も、多くの具体的例を検討しているので、当然上記の点も考慮に入っていると考えるべきであろうが、少なくとも、上記記述の限りでは、このような疑問に明確に答えるものとはなっていないように思われる。

　そこで、なお具体的に検討するため、そうした無因契約に当たりそうな具体的例について、次に検討する。

11—無因契約については、古くは、吉川義春「無因債務契約をめぐる若干の研究——裁判実務からみた訴訟法上及び実体法上の諸問題(1)〜（3・完）」判タ345号12頁以下、同346号23頁以下、同347号21頁以下（いずれも1977年）が有益である。そのほか、多くの文献があるが、その一々を紹介することはしない。

　以下に、最近のものを若干紹介しておく。竹中悟人「契約の成立とコーズ(1)〜（8・完）」法学協会雑誌126巻12号（2009年）2367頁以下〜127巻7号（2010年）879頁以下は、コーズ概念の分析を通して、契約の拘束力を契約が担保すべき社会的機能の存在に求めている（「社会に適合するための十分な内容を備えているかを検証」することの有意義なことを提唱している〔127巻7号935頁の結語に当たる部分の記述である〕）。竹中悟人「契約の成立とコーズ」私法73号（2011年）155頁以下は、上記法学協会雑誌掲載の要約といってもよい。

　なお、小塚荘一郎＝森田果『支払決済法　手形小切手から電子マネーまで〔第2版〕』（商事法務、2014年）は、こうした問題全体についての背景となる問題を商取引法の分野において指摘しているものとして有益であると考える。

12—在澤英俊「無因契約の展望——日本における具体的検証に向けた序論的考察として」法学雑誌tâtonnement10号（2008年）129頁以下（引用部分は145頁）。同准教授には、在澤英俊「無因契約の形成」法學政治學論究74号（2007年）35頁以下もある。両論文ともにドイツ法の詳しい説明がある。

3 「単純合意」と類似している具体例の検討――その1

<u>銀行振込契約</u>[13]

銀行振込契約の実態と関連して、判例[14]、在澤説[15]、竹中説[16]などの紹介、特に判例の紹介をし、そこに表れている考え方をも念頭に置いて、「単純合意」との関係を具体的に検討する予定である。

<u>最判平成8・4・26の検討</u>

判示事項：「振込依頼人と受取人との間に振込みの原因となる法律関係が存在しない場合における振込みに係る普通預金契約の成否」

判例要旨：「振込依頼人から受取人の銀行の普通預金口座に振込みがあったときは、両者の間に振込みの原因となる法律関係が存在するか否かにかかわらず、受取人と銀行との間に振込金額相当の普通預金契約が成立する。」

事案の概要：「本件は、XがA銀行大森支店の株式会社甲の当座預金口座に振込みをしようとして、誤ってかって〔原文の表記の通り「かって」で引用したが、正しい表記は「かつて」であると考える――筆者伊藤注〕取引のあったB銀行上野支店の株式会社乙（株式会社甲とは漢字表記が異なるものの、音は同じ「トウシン」である）の普通預金口座を指定してB銀行大森支店に振込依頼をし、その結果右乙の口座に入金記載されたところ、Yが乙に対する債権に基づき右口座の預金債権を差し押さえた。そこで、Xは、Yに対し、右振込みに係る預金部分につき目的物の譲渡又は引渡しを妨げる権利を有するとして、第三者異議の訴えを提起したものである。」

（以上の「判示事項」、「判例要旨」及び「事案の概要」は、『最高裁判所判例解説 民事篇 平成8年度（上）（1月～6月分）』（法曹会、1999年）364頁からの引用である。）

争点：Xは、「①本件振込依頼は錯誤により無効である。②乙はXから振込金を受領すべき取引上の原因関係がない、ことを理由に、乙はB銀行に対する振込みによる預金債権を取得しない。したがって、本件差押えは無効である。③仮に預金債権を取得したとしても、Xは乙に対して有する不当利得返還請求権を本件強制執行により侵害されることになり、Yも本件強制執行により本件預金債権を受領しても、Xとの関係では、不当利得として返還すべきものである。」旨を主張した。

Yは、これに対し、「①銀行送金のような取引では錯誤の主張はできないし、Xには重大な過失もある。②振込みによる預金債権の成立は、預金を成立させる旨のあらかじめの合意とこれに対応する振込入金があることで足りる。③仮にXが乙に対して不当利得返還請求権を有するとしても、乙のB銀行に対する預金債権の成立を前提とする限り、YもXも、乙に対する平等な債権者であり、Xが本件預金を受領したYに対して不当利得請求権を有することにはならない。」旨を主張した。

　裁判所の判示：上記要旨のように判示した上、その理由として次のように述べた。

「1　……前記普通預金規定には、振込みがあった場合にはこれを預金口座に受け入れるという趣旨の定めがあるだけで、受取人と銀行との間の普通預金契約の成否を振込依頼人と受取人との間の振込みの原因となる法律関係の有無に懸からせていることをうかがわせる定めは置かれていないし、振込みは、銀行間及び銀行店舗間の送金手続を通して安全、安価、迅速に資金を移動する手段であって、多数かつ多額の資金移動を円滑に処理するため、その仲介に当たる銀行が各資金移動の原因となる法律関係の存否、内容等を関知することなくこれを遂行する仕組み（この下線は筆者伊藤がした）が採られているからである。

　2　また、振込依頼人と受取人との間に振込みの原因となる法律関係が存在しないにかかわらず、振込みによって受取人が振込金額相当の預金債権を取得したときは、振込依頼人は、受取人に対し、右同額の不当利得返還請求権を有することがあるにとどまり、右預金債権の譲渡を妨げる権利を取得するわけではないから、受取人の債権者がした右預金債権に対する強制執行の不許を求めることはできないというべきである。」

13—手形（小切手）行為などから発生する債権が、その原因債権から無因であること、そして、にもかかわらず、それらが法的に有効であることは、あまりにも明らかなので、ここでは、そのことを言及するのみに止める。
14—最判平成 8・4・26 民集 50 巻 5 号 1267 頁〔16〕。
15—在澤英俊「無因契約の展望」前掲注 12・145 頁の説明。その内容は、前記注 12 の付された本文参照。同説明には、共感を覚える点もあるが、内心の無因意思の存在とも読めるようにも思われ、違和感もある。
16—竹中悟人「契約の成立とコーズ(1)〜(8・完)」前掲注 11。その内容については、前記注 11 で述べたように、「社会に適合するための十分な内容を備えているかを検証」することの有意義なことを提唱しているものであって、本稿で述べている私見は、この考え方と類似しているように思われる。

これを本件に当てはめて、Xは、本件預金債権の譲渡を妨げる権利を有するとはいえないから、本件預金債権に対してされた強制執行の不許を求めることはできない、として、原判決を破棄し、Xの請求を認容した第一審判決を取り消して、Xの請求を棄却した。

私見：

この事案に表れているXとB銀行との間の合意は、前述した「単純合意」、すなわち、「当該合意と結びつく要素が要件事実としてはおよそまったく存在せず、単純に何らかの給付（例えば金銭支払、財産権移転）を約し、又は、新たな債務の発生を承認する合意」とはおよそ異質のものである。なぜなら、XとB銀行の間には、前記最判の判示するような銀行取引の性質に照らし、「多数かつ多額の資金移動を円滑に処理するため、その仲介に当たる銀行が各資金移動の原因となる法律関係の存否、内容等を関知することなくこれを遂行する」という明確な合意が同合意当事者の間にあると考えるべきである（かつ、B銀行と乙の間の普通預金規定にも、振込依頼人と受取人である預金者との間の契約の有無・効力に乙の預金債権の成否をかからせるとの規定もない）。すわなち、上記のような合理的理由（社会的にも必要な機能を果たしている）を有する社会的に典型的に実在する制度（前記最高裁の判示でいう「仕組み」のことである）の中の合意（すぐ後に筆者のいう「制度化された行為」）の1つであるからである。合理的理由があって、そのために、XとB銀行との間の合意は、前記のような意味で積極的に無因とされているのである。

筆者は、振込行為も、それ以外の「支払決済法」の分野に表れる多様な行為も、いずれも、何らかの社会的機能を果たさせるために、そうした行為をその行為を必要とするに至る原因となる行為から切り離した「無因」行為としているものと考えられ、その意味で、それらの行為は、いずれも「社会的に何らかの意味で制度化された行為（最高裁の判示した用語を使用すれば、社会的に何らかの意味での仕組みの一環としての行為）」であるということになる、と考える。

以上のように考えるので、前記注12の付された本文で述べられている在澤説が、もし訴訟において、「無因意思」というものを主張立証することによって無因契約というものを他と識別し、そのことのみによって、一般的にその無因性をもった合意の効力を認めるという趣旨のものであるとすれば、同説に賛

成することはできない。訴訟における、主張立証の問題としても、むしろ、単純な当事者の「無因意思」に着目するのではなく、前述したようにどのような意味で、制度化された行為（仕組みの一環としての行為）であるかに着目し、そのような性質の合意であることを主張立証すべきである、と考える。その意味で、前記注11、同注16の竹中説に共感を覚えるものである。無因契約の問題について考えるときには、その成否とともにその有効性にも着眼しなければならないであろう。

そのような考え方が正しいとの例証として、さらに他の裁判例を検討してみよう。

4 「単純合意」と類似している具体例の検討──その2

請求払い保証契約：大阪高判平成11・2・26金融・商事判例1068号45頁（原審：神戸地判平成9・11・10判タ984号191頁）の検討

事案の概要：本件は、Y日本銀行が、Xパナマ法人から、Xが日本造船会社との間に締結した造船契約に基づいて支払う前払代金返還債務についてのYがXに対してした保証契約（保証状の発行によってされた）の履行を求められたものである。

判決要旨：金融・商事判例1068号45頁における記載によれば、上記大阪高判の判決要旨は次の通りである。すなわち、「英国法を準拠法とする保証状において、X（パナマ法人）が造船会社（日本法人）に対して有する造船前払金返還請求権を取得する事情及びこれが支払われなかった事実を記載した書面の提出日から21日以内に、Y銀行（日本法人）が右前払金と利息金を返還するとする保証（英国法上のディマンド・ギャランティー……）（無因保証）においては、保証人（Y）は、受益者（X）からの一定の形式を備えた請求を受けて、それのみによって支払をすべきものとされているところ（オン・ディマンド性）、……本件保証状の保証も英国法上の無因保証にあたり、保証人（Y──筆者伊藤注記）は原因関係上の抗弁を主張することはできない。」

本判決は、本件保証は無因契約とはいえないとしてXの請求を棄却した原審判決を取り消して、Xの請求を認容した。

裁判所の判示：本件保証契約を英国法上の無因保証契約であると判断するこ

とに関係して、本件のような無因保証契約の効力を認めることについて、次のように述べている（50頁）ことに注目したい。すなわち、無因保証には上記のような特質があることから、「①受益者にとって、原因関係上の債務の存否につき受益者と保証委託者間に争いがあっても、保証状に記載された要件を充足した書類さえ提供すれば、保証人から簡易迅速に支払いを受けることができ（流動性機能）、かつ、②保証人である銀行にとって、原因関係上の争いに巻き込まれることを避けることができる（転換機能）といった経済的機能があり、……要するに銀行取引実務上無因保証の保証状の発行を銀行業務として行うことが実際上可能となっているのである。」と。しかし、同時に、銀行にとって免責されない危険性にも着目し、次のようにも述べている。すなわち、「保証状中に『無条件で』など無因保証であることを明確に示す文言が使用されることが望ましいことはいうまでもない。」と。

そして、裁判所は、本件の具体的状況について詳細に検討した上、英国の判例にも言及して、本件保証は、英国法上にいう無因保証契約であることを認めたのである。

私見：

この事案に表れているXパナマ法人とY日本銀行との間の契約も、前記3「『単純合意』と類似している具体例の検討——その1」における銀行振込契約と同様に、前述した「単純合意」とはおよそ異質のものである。なぜなら、本件無因保証契約は、上記裁判所の判示に明確に述べられているような経済的機能があって、国際銀行業務を成り立たせている重要な社会的存在として、疑いもなく実在するものであるからである。こうした契約の効力を否定すべき理由はまったくない。本件でも、主たる争点は、本件保証契約が無因保証契約に当たるかということであって、無因保証契約が法的拘束力を有するかが争いになったわけではない。

ただ、ここで留意すべきは、保証銀行にとっては、原因関係上の争いがあっても、それを理由に免責されないので、そうした重い責任を受容するためには、当該契約が無因保証の性質を有することが、保証銀行と保証委託者間において、明確になっていることが必要であるということである。本裁判所は、ここで「明確になっている」という要件を満たすためには、「無条件で」という文言の

使用が常に必要であるわけではなく、契約全体の趣旨からそれが明らかであれば足りるとしたものと考える。しかし当然のことながら、当事者の内面の「無因意思の存在」のみで足りるものではない。

このような無因保証契約が、商取引の上で有意義な機能を果たすものであることはいうまでもなく、これは「社会的に何らかの意味で制度化された行為（前記最判平成8・4・26の判示した用語を使用すれば、社会的に何らかの意味での<u>仕組みの一環としての行為</u>）」であることは論を待たず、同契約の有効性には問題はない、と考える。

Ⅲ　一応のまとめ

以上の検討の結果、本稿の現段階における暫定的結論は、結局、「社会的に何らかの意味で制度化された行為（前記最判平成8・4・26の判示した用語を使用すれば、社会的に何らかの意味での<u>仕組みの一環としての行為</u>）」[17]は、法的に意味をもったものとして、その有効性がある（何らかの意味での法的拘束力をもつ）ことを認めなければならない、ということになる。

実際、上記に例として検討した無因行為は、すべて、本来何の手当てもしなければ有因である（有因であるのがむしろ自然と考えられる[18]）ものを、あえて無因として、それによって何らかの社会的機能をもたせようとしているものばかりである[19]。そこで、筆者としては、このような意味で「制度化された行為」とは無関係の、単に個人がその意思に基づいて、まったく無因に他人に対して何らかの給付を約束する合意は、その法的拘束力をもたないと考える方がよい、との考えに行き着く可能性が強い（そう考えるのが、法が個人のゲームで

17―この表現の当否・意味などについては、なお検討すべきものがあるであろう。
18―特別の理由がなければ、ある原因があって、その決済のために振り込んだ（表現の問題としては、「振り込んだ」というところにすでに銀行取引という「特別の理由」が表われてしまっているのが厳密には問題ではある）のであれば、その原因がなければ、その振込みは無効である方が、むしろ自然といえるであろう。また、支払うべき債務があるので、その債務を保証するのが本来であるのだから、そうした債務が実際にないのであれば、その保証債務は履行しなくてよいのが、むしろ自然といえるであろう。
19―ある種の銀行取引は、まさにそのような種類の行為である。「無因の債務負担契約は特に銀行取引で利用されている」との理解もあるようである（右近健男編『注釈ドイツ契約法』（三省堂、1995年）692頁〔上谷均〕参照）。ここでいう「無因の債務負担契約」とは、前記の「請求払い保証契約」のようなものによる保証債務の負担契約をいうのではあるまいか。

はなく、本来社会的意味をもつ存在であるということからすれば、ごく自然なことなのである)。

　結局ここでの理論上の問題は、およそ合意に法的に拘束力が与えられるための根拠は何かを考えていることになるが、徹底して個人の意思の自由を尊重する考え方（徹底した自己決定権を尊重する立場）からすれば、上記のような社会的に何らかの意味をもつなどという要件は不要であって、複数の個人の真意が正確に表現されて、その合致を見た合意でさえあれば、その合意に法的拘束力を認めてもよい、という考え方になり、上記私見とは異なる結果となるであろう。哲学的立場として、それを認める考え方はもとよりありうるであろうが、そうであるとしても、現在の日本の実定私法秩序は、それを認めているとはとても考えられない。ドイツ民法780条、781条のような包括的な明文の法条はないことはもちろん、判例法上そうした合意の効力が認められていると考えることも困難であろう[20]、と考える。

　もちろん、このような問題は、無因契約の有効性の問題、英米法にいう約因の問題、フランス法にいうコーズの問題と密接な関係をもつ大問題であって、とても本稿のような小稿で論じつくせるような問題ではない。

　本稿は、要件事実の攻撃防御の体系を極めて不相当にする原因となる合意の捉え方についての疑問を出発点として、商事法における分野で起きる現象の特質に着目して、若干の具体的事例を検討し、ある合意が何らかの意味で、法的に拘束力があると考えるべきかを、社会的に何らかの意味で制度化された行為の基礎になる合意であるかどうかを基準として判断すべきである、との一応の結論に達したということになる。そうした意味で、本稿は、上記の大問題の一端を検討してみたにすぎないものである。

　なぜ、こうした基準が意味のある基準といえるかという理論的根拠は、非常に難しいと思うが、今のところは、ともかくも、そうした合意は、実際に社会において効力のあるものとして扱われ、ある社会的機能を現実に果たしているという事実状態のあることが明確であるということが根拠である、と考えておきたい[21]。

　次のⅣの記述も、今後なお検討を要することではあるが、補論的な意味をもつものである。本稿の主要な事項は既述のところにある。その内容は、さまざ

まに不備である（その不備は、一部の注で指摘したところに限るわけではない）ので、その全体の充実を今後図っていきたいと考える。

IV　上記考え方を前提とした要件事実論による攻撃防御方法の体系

前記注2にいう「単純合意」があると主張する当事者は、まず少なくともそのような意味での「単純性」を主張しなければならず、そうした主張をされた相手方は、同合意を否認することに普通はなるであろう。仮に、否認されず、認めるという認否になったとしても、同合意を法的に拘束力のあるものと認めてよいかは、問題であり、本稿では、まだその結論を出してはいない。筆者の感覚（今のところ「感覚」としかいえないが）としては、せいぜい一種の自然債務であり、それ以上の効力を認めるべきではないということであるが、それ以上の理論的根拠をもった説明は、現段階ですることもできないし、それは本稿の目的でもない。

仮に上記のような単純合意が、法的に拘束力があると仮定した場合には、抗弁としては、「単純合意性」と矛盾するような主張（例えば、当事者間の合意で切り離された原因行為の無効を理由とするような主張）は許されない。

「単純合意」上の債務の消滅原因（弁済、免除、時効消滅など）は認めることができよう。

「単純合意」を締結すること自体にある要素の錯誤、虚偽表示などの意思表示の無効原因の取扱い方も認めることにしてよいと考える（その具体的例となると考えにくいとしても）。意思能力のまったくない者がその状態でした単純合意は無効であろうが、こうしたことは実際には考えにくい。成年被後見人の行為として取り消しうる場合は、実際にもあると考えられる。

20—この点についての正確な結論は、なお今後の検討に待つ必要がある。
21—こうした考え方は、一種の循環論法ではないかとの批判があるかもしれない。ある合意を法的に意味があるものと考えるべきかの基準を立てるのに、それが法的に意味のあるものとして社会で扱われていることから出発するのでは、そもそも、そのように社会で扱われていることの意味があることを前提としているのであって、根拠とはならないのではないか、という疑問である。確かに限界事例を考えるとそのような疑問ないし批判が当てはまるであろう。しかし、明らかに法的に意味のあるものとして社会で扱われている合意というものはあるのであって、そうした合意が現実に識別でき、それ以外にそのような合意のあることが考えられない、とすれば、その範囲において、こうした基準は意味があるといえる。まずは、実際に、そうした検討作業を始めてみることが必要であり、本稿はそのささやかな試みの1つであるといえよう。

V おわりに

　本稿は、商事法に特有な銀行取引に例を取って、「単純合意」の有効性に関して模索をしたものであり、未だ、「単純合意」に関する問題点の全体像を示したものとはとてもいえないが、ほんの少しでも、その問題の解決に役立つ検討であったことを望み、さらに今後の検討を続けたいと考える。

問題提起メモ

取締役の会社に対する責任に関係する民法の問題についての検討メモ——要件事実論の視点から考える

伊藤滋夫

I 本メモの趣旨

「取締役の会社に対する責任」の問題については、要件事実論の視点から見て、多少述べておきたいことがある。

本稿では、会社法固有の問題には、ほとんど触れず(ただし、本稿末尾の「変則的評価的要件に関する参考説明」その他変則的評価的要件との関係では、会社法に関することについても、すこし言及している)、民事法の問題として要件事実論の視点から考えたらどのようになるかの観点から、まず、利益相反行為についての考え方について、次に、不完全履行に関する問題について、説明をし、そうした考え方が「取締役の会社に対する責任」の問題を考えるにあたっても、参考になることが多いはずであると述べるものである。

また、本稿は、その表題が示すように、「メモ」であって、「論文」ではない。この問題を「論文」の性質を有するものとして述べようとすると、関係文献の引用などが必要となり、説明も詳細となって、大部のものとなってしまうが、それは本研究会においては、パネリスト各位の報告を主として考えるべきであるので、許されることではない。そのような次第で、メモに止まっていることをお許しいただきたい。

II 利益相反行為について

要件事実論の視点からは、次のような考え方が相当であると考える。

利益相反行為に関する要件は、評価的要件であり、かつ、通常は変則的評価的要件[1]である。会社法356条1項2号・3号の場合は変則的評価的要件である。そして、「利益相反行為である」という評価の中での評価根拠・評価障害[2]の総合判断は、その判断の枠組み内で結論を出すべきものであり、そのような判断の結果、ある行為が利益相反行為であると評価できない場合には、その行為があったことは、423条3項の「任務懈怠」の推定根拠とはならない。

本メモは、これまでの判例・学説の対象となっている個別的事例について、それぞれの個別的事例で問題となっていることが本メモのどこで論じていることに、どのように該当するという区別までも、明らかにしようとしているものではない（あくまで、要件事実論の視点からの判断の基本的枠組みを示したものにすぎない）。

Ⅲ 手段債務の不完全履行に関する抗弁について

「任務懈怠」の性質については、説が多くあるようであるが、私見としては、善管注意義務違反（手段債務についての不完全履行ということになる）の特別の態様であるとの説に共感を覚える。

民法の議論として、手段債務の不完全履行の場合について、履行が不完全であるということを請求原因で主張立証しなければならないことを理由に、それが主張立証されてしまえば、無過失の抗弁はありえないという考え方があるとすれば、そのような考え方には賛成できない。手段債務としての評価根拠事実があるからといって、無過失の主張立証の余地がないというようなことはない、と考える。

例えば、買主で登記権利者であるAの関係書類が偽造であった場合を考える。次のような事例が考えられる。

実は、Aは、Cとの間で、Aを買主、Cを売主として2014年9月に作成されたC所有の本件土地の売買契約書において、代金2,500万円を2014年11月26日（水）までに支払うことを約していたが、登記されてもすぐには代金全額

---

[1] 本稿末尾の「変則的評価的要件に関する参考説明」参照。
[2] 実際に、関係事実を「利益相反であるという評価の中での評価根拠・評価障害」と見るべきかどうかについては、見解がわかれる事例もありうるであろう。

を支払えない状態にあったので、まだ登記申請をするつもりはなかった。ところが、同年10月になって、Aと同居中のAの弟Dが言葉巧みに売主で登記義務者であるCを騙し、Aにその意思があるとCに誤信させた。その上でDは、AがDを代理人として登記申請をすることを委任するとのAの署名押印のある体裁を整えた（Aの署名部分はDが書き、同居中であるためAの実印をDが勝手に使用して押印）委任状（同委任状は、Aの依頼により、司法書士Bから必要関係書類の用紙とともに予めA宅に郵送されていた用紙が使用された）を偽造した。

　同月27日（月）に、Dは、Aの代理人DとしてC本人とともに、司法書士Bの事務所に赴き、同委任状に、Aの印に関して実印であることを証明するための印鑑証明書（同証明書は、DがAの印鑑カードを勝手に使用して取得した）など必要な関係書類を提出して、同所においてBに対し、CからAへの所有権移転登記手続の申請を委任した。同時に、CもBに対し同申請を委任した。その席で、Dは、Cに前記代金中、既払いの手付金を含んで2,300万円（今回支払必要額はAの預金中から引き出し可能な額をDが勝手に引き出したもの）を支払い、あとは書類の形式的不備があったためAの預金から引き出すことができなかったので、必ず2日以内にCの口座に振り込むなどと、言葉巧みにCに述べた。Cは、登記申請について司法書士Bが関与していることに加えて、翌日から1か月の間海外出張をするという動かせない予定があった（その通り実行した）こともあって、前記2,300万円を受領するとともに、Dのこの言に応じた。Bは、必要な発問や注意をし関係書類も精査したが、不審な点はなく、関係書類もすべて真正な関係書類であると信じて、それに基づく登記申請をし、登記官もそれを見抜けず、CからAへの所有権移転登記がされてしまった。このような事例が考えられる（Dには高値による転売などの違法な動機が考えられよう）。

　その場合に、さまざまの問題があるであろう（Cにも過失があると考えれば、過失相殺の問題もあろう）が、登記義務者Cが、代金全額の受領が受けられないまま、その所有土地について、所有権移転登記がされてしまったことにより、何らかの損害を受けたことは間違いない。

　そうだとすると、Cは、Bに対して本件土地の登記申請に関する事務を委任

していたのであるから、Ｂの上記事務処理は、同委任事務の不完全履行であるとして、損害賠償請求訴訟をＢに対して提起することが考えられる。その場合の請求原因中の不完全履行に関する事実の骨子としては、「登記権利者ＡのＤへの委任状は、Ａの意思によらないで作成された偽造のものであった。しかし、それを信頼して司法書士Ｂは、ＡとＣの代理人として、○○法務局○○出張所に所有権移転登記申請手続をした。」で足りる。

これに対する抗弁事実の骨子としては、事案の実情に応じ、「Ｂは、Ｄに対し、代金支払義務の履行の確実性を含む必要な確認をするとともに、Ｃに対し、代金支払と同時履行でないことに伴う一般的危険性も指摘した上、同委任状の関係書類を精査したが、Ｄには不審な態度もなくＣも納得していたし、委任状にはＡの署名と思われる記載があって実印が押捺され、かつ、真正な印鑑証明書も付されていたので、同委任状が偽造であることなどを見抜くことは不可能であった。Ａが遠隔地に居住していたため、Ｂは、Ａ宅に架電して、本人確認・代金支払を含む関係事実を確かめたが、Ａ（その頃Ａは病いのため臥床中であり、その実は、Ｄの妻）が、的確に事実関係に符合する答えをし、自分は、今は病気でそちらへ行けないが、すべて弟のＤに任せてあるのでよろしく、などと述べた。」ということでよいであろう。

基本的には、このような主張立証の構造、すなわち、請求原因が不完全履行の評価根拠事実であり、抗弁は同評価障害事実であるという主張立証の構造になる、と考えられる。この場合の抗弁の性質は、視点を変えれば、無過失の主張立証であるといってもよい。

手段債務の場合、誠実に事務を執行するということなので、「無過失に事務を執行したこと」というのは、「誠実に事務を執行したこと」と同じであると考えれば、無過失の主張は完全履行（本旨履行といわれるが、「不完全」に対して「完全」の用語の方が、ここの文脈ではわかりやすい）の主張の性質をも有するといってよい。

<u>むしろ、正確にいえば</u>、手段債務については、完全履行の主張には、無過失の主張以外の主張もあると考えられるので、無過失の主張は、完全履行の主張としてありうる複数の種類の主張のうちの１つであるというべきである（無過失の主張であるからといって、完全履行の主張とは異質の主張と考えるべきではな

い)。

　無過失の主張以外の完全履行の主張の例を次に述べる。伊藤滋夫編『要件事実の機能と事案の解明』法科大学院要件事実教育研究所報第 10 号（日本評論社、2012 年）206 頁の高橋譲判事（当時、東京地裁民事部医療集中部の部総括判事）の述べる血管クリッピングの例がある。さらに他の例（筆者の考えたわかりやすい設例である）として、癌の手術において、存在することがわかっていた残りの腫瘍を切除しなかったのは不完全履行であるとの主張に対し、残りの腫瘍を切除すれば、その腫瘍の位置から考えて、大出血をして死亡するに至ることが確実であったとの主張をする（これは、残りの腫瘍に気付くことは不可能であったというような無過失の主張ではない）場合も考えられる。

　ここで筆者のいいたかったことは、不完全履行をいうと、請求原因で「不完全であること」のすべてが主張されるので、抗弁はない（「完全履行をした」とか、「無過失である」とかの主張は抗弁として成り立たない）という意見があるかもしれないが、そのように考えるべきではない、ということである。

変則的評価的要件に関する参考説明

　典型的評価的要件では、要件の内容が「過失」、「正当な理由」などの評価そのものであり、その評価根拠事実・評価障害事実は法条の上には示されていない。しかし、変則的評価的要件は、評価根拠事実及び（又は）評価障害事実が法定されている。

　その条文例としては、以下のようなものを挙げることができる。

　民法 108 条は、本文において、本人の利益を害する危険が類型的に高い行為を利益相反行為の評価根拠事実として法定するとともに、そうした行為でありながらも、特段の事情として、本人の利益を害する危険がない（厳密に理論的にいえば、本人の利益を害する危険が類型的に高い、とはいえない）行為を例外として評価障害事実として法定している。

　　＊上記括弧内の記述は、本研究会の意見交換の段階の冒頭（本書 7 頁）に口頭で述べたものを、読みやすさを図るため便宜上ここに補充したものである。

　2014 年 8 月 26 日法制審議会・民法（債権関係）部会決定の「民法（債権関係）の改正に関する要綱仮案」第 4「代理」5 は、同条が「変則的評価的要件」で

あることを、次のように、さらに明確に表している。すなわち、同条第1項本文が利益相反行為という名称を使用しないで、それに該当する典型的行為を利益相反行為の評価根拠事実として法定し、同第2項本文が、その他の利益相反行為について、利益相反行為という名称を使用して、一般的評価的要件を定めている。

　4　自己契約及び双方代理等（民法第108条関係）
　　民法108条の規律を次のように改めるものとする。
　(1)　同一の法律行為について、相手方の代理人として、又は当事者双方の代理人としてした行為は、代理権を有しない者がした行為とみなす。ただし、債務の履行及び本人があらかじめ許諾した行為については、この限りでない。
　(2)　(1)本文に定めるもののほか、代理人と本人との利益が相反する行為については、代理権を有しない者がした行為とみなす。ただし、本人があらかじめ許諾した行為については、この限りでない。

　会社法356条1項を見てみると、利益相反行為については、同項2号では、単純に評価根拠事実が法定されており、同項3号では、典型的行為を例示として法定し、他は、「利益が相反する取引」という評価を述べている。もとより、両号の要件の性質は異なって解釈すべきものではない。

　以上の条文は、いずれも、「利益相反行為」という評価を要件の内容とし、その同一の評価をめぐっての争いであるところは、典型的評価的要件と同じである（この点が評価的要件の基本的特徴である）。しかし、通常は、その評価を典型的に示す具体的な行為までは、法条の上では具体化されない（「過失」、「正当な理由」、「正当の事由」など。借地借家法6条も要素を例示するに止まる）が、上記各条文例の場合のように、その評価を典型的に示す具体的行為がある場合には、それを条文の上で示す（法定する）ということも立法政策としてありうる。しかし、だからといって、その要件の性質が、事実的要件となったわけではないことに留意すべきである。

　以上とは少し違った条文として、民法612条第1項を挙げることができる。同項においては、賃借権の譲渡・転貸が、「背信性」という評価の法定された根拠事実であり、賃貸人の承諾が法定された評価障害事実である。民法612条

第1項の要件の性質が「背信性」を内容とする評価的要件であるからこそ、「背信行為と認めるに足りない特段の事情」が評価障害事実となりうるのである（第1項の性質が「背信性」という評価と無関係であるならば、上記の特段の事情は、障害事実〔通常は抗弁として表れる〕となりえない）。過剰主張の問題にしても、当該条文において評価根拠・障害事実が法定されているので、その限りにおいて、その事実を主張することで、要件の内容をなす評価のために必要かつ十分な事実を主張したことになり、それに加えての主張は過剰主張として許されないことになる、というにすぎない。評価的要件で一般に許されている過剰主張がその性質上およそできないというものではない。したがって、上記特段の事情の内容によっては、賃料の不払いを実質的に容易にしようとする意図をもってした転貸・賃借権の譲渡であったことを追加して主張することができる（これは過剰主張として禁止の対象と考えるべきではない）。

さらに、民法541条についても、同条所定の要件は、その基礎にある「重大な契約上の義務違反」という評価の根拠事実の法定であると考えることによって、同義務違反の内容が軽微な場合には、そのことが評価障害事実となると解することができる。

このような541条についての理解は、民法（債権関係）改正の方向を展望してみても、有益なものである。上記「民法（債権関係）の改正に関する要綱仮案」の541条の案文は、次に引用する通り、まさにこのような考え方そのものである。

第12　契約の解除
1　催告解除の要件（民法第541条関係）
民法第541条の規律を次のように改めるものとする。
当事者の一方がその債務を履行しない場合において、相手方が相当の期間を定めてその履行の催告をし、その期間内に履行がないときは、相手方は、契約の解除をすることができる。ただし、その期間を経過した時における債務の不履行が当該契約及び取引上の社会通念に照らして軽微であるときは、この限りでない。

報告論文 1
商法上の非顕名代理をめぐる解釈と要件事実

松井秀征

I 問題意識

1 代理に関する民法と商法の規定

　代理とは、他人である代理人の独立の行為によって、本人が直接にその法律効果を受ける制度である[1]。商業の発達がその制度を求めたともいわれ、これにより私人の活動範囲は無限の広がりを見せることはいうまでもない[2]。

　わが国の法制度上、代理に関する規定は民法及び商法に置かれている。民法上、代理人のした行為の法律効果が本人に帰属するには、「本人のためにすることを示して」意思表示をしなければならない（民99条1項）。この考え方は、いわゆる顕名主義ないし顕名代理といわれるもので、本人のためにするという代理意思が何らかの形で対外的に表示されなければならない、というものである[3]。これにより相手方は契約の当事者が誰であるかを把握することができ、この点に対する誤解から免れることになる[4]。

　では、代理人において代理意思はあるがこれが対外的に表示されず、意思表示の相手方において代理関係を把握できない場合はどうか。この場合、民法は、代理人が自己のためにしたものとみなすこととしている（民100条本文）。これは、以上のとおり顕名が相手方保護を念頭に置いた制度であることを踏まえれば、容易に理解できるところである[5]。したがって相手方において、代理人が本人のためにすることを知っているか、または知ることができた場合はその保護の必要がないから、代理の効果を認めてよい、ということになる（同条ただ

し書)。

　これに対して商行為の代理の場合、商法が異なる規定を用意する。すなわち、商行為の代理人が本人のためにすることを示さずに当該行為をした場合であっても、その効力は相手方と本人との間で生ずる(商法504条本文)。これは、一般に非顕名代理と呼ばれるもので、代理人の行為が本人との間で効力を生ずるには顕名を求める民法の原則(民99条1項)の例外となっている。ただし、このような場合であっても相手方は保護する必要があるから、相手方において、代理人が本人のためにすることを知らなかったときは、代理人に対して履行請求をすることができるものとされている(商504条ただし書)。

2　法律要件の観点からする比較

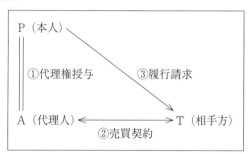

　以上の民法及び商法に定められた代理に関する規定について、法律要件の観点から整理するとどうなるか。本人P (Principal)の代理人A (Agent)が、相手方T (Third Party)と売買契約を締結し、PがTに対してその履行を請求する場合を例に考えてみる。この場合、Pは次の事実(次頁の表を参照)を主張、立証すべきことになる[6]。

　民法の規定と商法の規定とを比較した場合、Ⅱの要件がそれぞれ異なることが明らかになる。このうち、民法99条1項が求める顕名と、同法100条ただし書の定めるTにおけるAの代理意思の認識可能性とが等価となりうること

1――我妻栄『新訂民法総則(民法講義Ⅰ)』(岩波書店、1965年)322～323頁。
2――我妻・前掲注1・323頁、四宮和夫＝能見善久『民法総則[第8版]』(弘文堂、2010年)293頁。
3――その前提として、代理という制度に関して、本人に対して一定の関係にある者が、本人の権利関係に変動を及ぼそうとする意思表示をするときに、法律がこれを認めてその効果を保障する制度なのだ、という理解が存在する(我妻・前掲注1・329頁)。
4――四宮＝能見・前掲注2・313頁。
5――四宮＝能見・前掲注2・314頁。
6――以下の内容は、司法研修所編『増補民事訴訟における要件事実第1巻』(法曹会、1986年)68頁によるものである(なお、代理意思を法律要件とするか否かについては、Ⅲ1(4)で検討する)。

	民法99条1項	民法100条ただし書	商法504条
I	TとAとが売買契約締結の意思表示をしたこと		
II	売買契約締結の際、AがPのためにすることを示したこと	売買契約締結の際、Tにおいて、AがPのためにすることを知っていたか、知ることができたこと	売買契約の締結がPにとって商行為であること
III	売買契約に先立ち、PがAに対して、当該契約にかかる代理権を授与したこと		

は感覚的に理解しやすい。代理人により契約が締結される場合、相手方において、自らの取引する者が代理人であることにつき認識可能性がなければ、代理の効果は発生させない、というのがその考え方だからである。

これに対して、商法504条はどうか。代理人によって締結されたある契約が、本人にとって商行為であったことというのは、さしあたりは契約を締結する相手方にとっての認識可能性に直ちには結びつきにくい。それにもかかわらず、この事情によって代理人の行った契約の効果が本人に帰属するのはなぜなのだろうか。

3　商法504条の趣旨

商法が商行為の代理に民法と異なる要件の規律を置く理由については、早より次のように説明されてきた。すなわち、商行為に当たる法律行為については、簡易、迅速が尊ばれ、また場合によっては機密が重んじられるため、本人のためにすることを示すこと、あるいは本人の存在を示すこと自体が好ましくない場合もある。したがって、相手方において特段の不利益が生じない限り、本人のためにすることを示さなくとも、本人との間で効力を生じさせることとしている、というのである[7]。これは、商行為の簡易迅速性という性質、あるいは本人の匿名性の保護という本人保護の観点からなされる説明である。

さらに、大量的、継続的取引を常態とする商取引において本人の名を示すことが煩瑣であること、相手方において営業主と補助者の活動を認識可能であること、そして取引目的物が代替物であって取引当事者の個性が問題とならない

こと等も商法の規定の趣旨として挙げられる[8]。このうち、大量的、継続的取引を前提として本人の名を示すことが煩瑣だという理由は、先の商行為の簡易迅速性というのと基本的に重なり合う理由であるから、これを整理すると、商法504条において非顕名代理を認めることの意義は、次の4点に集約できよう[9]。

① 商取引においては、大量的、継続的取引が常態であって、簡易、迅速が尊ばれるところ、本人の名を示すことなく代理人による行為の効果を本人に帰属させられる。
② 商取引においては、本人の匿名性を保護すべき場合がある。
③ 商取引においては、少なからず相手方において営業主と補助者の活動が認識可能である。
④ 商取引においては、取引目的物が代替物であることが多く、取引当事者の個性を問題とする必要がない。

4　商法504条の問題点

だが、3に掲げた商法504条の趣旨に関する説明にはいささか問題がある。民法の顕名代理には相手方保護の明確な要請がある。したがって、この原則に代えて、商行為の代理について非顕名とすることの合理性を見出すには、その場合に顕名を求めると不都合が生じうる、という必要がある。しかし、そのような説明は決して容易ではない。

(1)　商取引の簡易迅速性

まず、商行為における簡易迅速性の保護であるが、これは、そもそも何をいわんとしているのか。

最高裁判決は、商行為の簡易迅速性に関して、「営業主が商業使用人を使用して大量的・継続的取引をするのを通常とする商取引において、いちいち、本

7―以上につき、志田鉀太郎『日本商法論第3巻　商行為』（有斐閣書房、1901年）56頁参照。
8―西原寛一『商行為法』（有斐閣、1960年）122頁。
9―従前の議論を参考にすると、非顕名代理を認める意義をさらに細分化して示すことも可能であるが（従前の議論については、林脇トシ子「代理の法理と商法504条の適用される場合」法学研究42巻3号（1969年）151頁を参照されたい）、そこには重なり合う議論も生じうることから、基本的に本文に掲げる4点を手掛かりに検討していくこととしたい。

人の名を示すことは煩雑であり、取引の敏活を害する虞れがある」という[10]。しかし、これでは「顕名代理は面倒くさい」といっているだけではないか。本人の名を示すことにさほどの問題はないはずで（「A代理人B」と名乗るのと単に「B」と名乗るのと、どれだけ手間の違いがあるのかがわからない）、あるとすれば代理権の証明手段を用意する煩雑さである。かつてのように交通手段、通信手段が限られ、印鑑登録証明を取得するにも、あるいは商業登記を確認するにも時間や費用がかかるというなら、この説明もわからなくはない。しかし、今はオンラインの世の中である。

相手方が取引相手を間違える危険があるのだとすれば、かりに多少の面倒くささがあっても、顕名を原則とすべきだと思える。この簡易迅速性という説明は、今日（あるいは、かつてにおいても）、どれだけの妥当性があるのか、疑問を禁じ得ない。後に確認するように、非顕名代理制度の基礎にあるとされる英米の undisclosed principal（隠れた本人）の制度については、そもそも簡易迅速性といったメリットを強調したりしない[11]。ひょっとするとわが国の非顕名代理の制度は、商法に規定が置かれ、商行為の代理にだけこれが認められたため、商事法一般に見られる簡易迅速性という説明が充てられたのではあるまいか。

(2) 本人の匿名性保護

では、本人の匿名性保護という説明はどうか。商取引において、あるいは商事法において、匿名性を許容し、あるいはこれを前提とする必要性は認められるところである[12]。かりに商行為において本人が自らの存在を秘して代理人に取引を委ね、その取引の効果は本人と相手方との間に発生させる必要が合理的に認められるならば、商法504条という条文を置く意味はある。その法律要件についても、相手方保護のための観点――顕名――からこれを構築するのではなく、まさに本人保護の観点――商行為――からこれを行う意味はありそうである。

だが、本人の匿名性保護のために商法504条を利用するにしても、相手方保護の必要性がなくなるわけでもない。商法504条ただし書も、相手方において、代理人が本人のためにすることを知らなかったときに代理人に対する履行請求を認めるのはその趣旨である。そうなると、商法504条により代理の効果を主

張する場合も、結局は相手方における代理意思の認識可能性の問題に帰着する。その結果、商法504条に期待された本来の匿名性保護という趣旨は果たせないことになる。なぜなら、相手方が「代理意思を認識可能な」場合に限って「匿名性保護」の目的が達せられるということはあり得ないのであって、そこには根本的な矛盾が生ずるからである。

　この点をひとまず措くにしても、本人の匿名性を保護しようというのであれば、本人と相手方との間に法律効果を発生させるという手法にも疑義がある。なぜなら、本人と相手方との間で何らかの請求なり弁済なりがなされるのであれば、そこで本人の匿名性が失われるからである。そうなると、そもそも本人の匿名性保護のために非顕名代理という仕組みを用意することが合理的なのか、という根本的な疑問も生ずるところである。

(3)　相手方の認識可能性等

　以上、商法504条の趣旨として挙げられた、商行為における簡易迅速性の保護、あるいは本人の匿名性保護という説明は、その内容の合理性はともかく、一応、当該条文を設けるにあたっての積極的な利点となっている。これに対して、3③の相手方における営業主と補助者の活動の認識可能性といった説明や、④の取引当事者の没個性化という説明はそうではない。これらの説明は、かりに顕名がなくても困らないという消極的な説明を行っているだけのことであり、積極的に顕名しないことを容認するための理由ではない。

　このような消極的な説明がなされた理由は、要件事実論の観点から見ると推測がつく。2の表で見たように、民法99条1項や同法100条ただし書につき、Ⅱに示された法律要件は、いずれも相手方の認識ないし認識可能性を問うもの

10—最大判昭和43・4・24民集22巻4号1043頁。
11—アメリカ代理法における undisclosed principal の制度の合理性については、神作裕之「非顕名代理」樋口範雄＝佐久間毅編『現代の代理法』（弘文堂、2014年）101頁以下参照。
　なお、英米法では、次のような説明がなされることがある。すなわち、undisclosed principal がいる場合に、かりにこの本人と相手方との間に法律関係が生じないとした場合、相手方は代理人に対して請求を行い、その後代理人は本人に対して補償等を求めることになる。これに対して、本人と相手方との間に直接の法律関係が生じれば、相手方は直ちに本人に対して請求を行うことができるから効率的である、と（樋口範雄『アメリカ代理法』（弘文堂、2002年）19頁）。しかし、このような簡易性がわが国の商法504条でいわれる簡易迅速性と異なることはいうまでもない。
12—匿名組合制度であれ、取次制度であれ、そして株式会社制度であれ、一定の匿名性を前提とした制度である。なお、匿名性に関しては、神作裕之「匿名性の効用」法教401号（2014年）1頁参照。

である。これは、繰り返すとおり、相手方の保護を図る要件である。これに対して商法504条は、行為の「商行為」性のみを問うている。かりに、これをもって民法99条や100条ただし書と等価と評価するには、商行為であれば当然に相手方の認識可能性の問題は解決できるとせざるを得ない。つまり3③や④の説明は、民法の顕名代理と商行為の代理との連続性を確保する観点からなされた、後付けの説明である可能性が高いのである。

しかし、これはいかにもおかしい。商行為の代理は、本人の利益保護の観点から基礎づけられるものであり、Ⅱの要件で無理に相手方保護を強調する説明を設ける必要はない。それに商法504条は、ただし書で相手方の認識可能性を問うこととしているから、その意味でも商行為の要件に認識可能性の問題を読み込む必要はないのである。これに加えて、かりに相手方が本人の存在を知っている、あるいは取引の相手方を問題とする必要がないというのであれば、そもそも民法100条ただし書で十分対応ができる。したがって、3③や④に掲げられた説明は、商法504条の必要性を積極的に基礎づける理由とはならないのである。

5　検討の方向性

以上のとおり、これまで商法504条の趣旨として挙げられた説明は、積極的なもの、消極的なものを含め、いずれもその妥当性それ自体に相当の疑問符が付くものである。そこで本稿は、商法504条に規定された非顕名代理の制度について本当に合理性があるのか、改めて検討を加えることとしたい。

まずⅡでは、商法504条の適用が問題となったこれまでの裁判例を確認し、当該規定が現実にどのように機能しているのかを確認する。また、理論的に商法504条にどのような機能が期待されているかはすでに3で確認したが、これをさらに掘り下げるため、当該規定の淵源とされる英米法上のundisclosed principalの制度についても必要な範囲で確認する。これらの検討を通じて、わが国の商法504条が本来の趣旨に従って機能しているのか、そしてその制度が必要不可欠な合理的なものであるのか、問い直すこととしたい。

そしてⅢでは、Ⅱにおける検討を踏まえて、商法504条の解釈論について、要件事実論の観点も踏まえて改めて提示することとしたい。ここでは、最後に

立法論として、商法504条の廃止の可能性も検討する。

II　非顕名代理制度の趣旨と機能について

Iで確認したとおり、商法504条の非顕名代理の制度は、商取引の局面において、その簡易迅速性の保護、あるいは本人の匿名性保護を積極的な目的とするものである。そして、これらの目的が当該規定によって実現されうるのか、疑問があることも提示した。そこで本節では、従前の裁判例を手掛かりに、商法504条が現にどのように機能しているのかを確認する。そして、商法504条の母法とされる英米法のundisclosed principalの制度がどのような趣旨の制度で、どのような機能を期待されているかについても確認する。これらを踏まえて、改めて商法504条の果たしうる機能について検討を加え、当該規定にかかる解釈論及び立法論を行うための前提を用意したい。

1　従前の裁判例の概観

(1)　商法504条をめぐる紛争の類型

裁判において商法504条の適用が問題となる例は、さほど多いとはいえない。過去の裁判例を見ると、商法504条の適用が問題となった紛争には3つの類型がある[13]。

第1に、商法504条本文に基づき、本人が相手方に請求を行う類型[14]。第2に、やはり商法504条本文に基づき、相手方が本人に請求を行う類型[15]。そ

13—この点の指摘については、沢野直紀「商事代理の非顕名主義——商法504条論」西南学院大学法学論集17巻2＝3＝4号（1985年）88～89頁参照。

14—大阪地判昭和35・1・28判タ106号98頁、東京地判昭和39・3・25判タ161号174頁、前掲注10・最大判昭和43・4・24、東京高判昭和47・11・28判時693号91頁、最判昭和48・10・30民集27巻9号1258頁、東京地判昭和56・9・25判タ463号140頁、宮崎地判昭和57・6・30判タ478号138頁、大阪高判昭和60・11・14判タ583号91頁等参照。
　代理人が顕名をしなかったが、商法504条の適用可能性が否定された事案として、岐阜地判昭和37・2・6下民13巻2号170頁（絶対的商行為には商法504条の適用がないとした事案）、東京高判昭和48・11・20判時732号95頁（Aに対してもBに対しても代理権をもつ者による行為が問題となった事案）がある。また、商法504条ではなく民法100条ただし書により解決された事案として、東京地判平成10・6・8金法1531号67頁がある。

15—大判明治39・5・22民録12巻785頁、東京地判昭和46・8・18判時654号64頁、東京高判昭和63・3・9判時1282号150頁。その他、顕名があった事案ではあるが、かりに顕名がなく商法504条が適用された場合にどうなるかにつき説示がなされたものとして、函館地判平成12・2・24判時1723号102頁がある。

して第3に、代理人が契約当事者であると信じた相手方が代理人に請求を行った場合において、当該代理人が商法504条本文に基づき本人との効果発生を主張する類型である[16]。類型としては第1及び第3の類型が多く、第2の類型は少ない。

(2) 商法504条の果たす機能

本節での問題関心は、商法504条の趣旨及び機能が現実にどのように実現しているのか（あるいは、していないのか）を明らかにする点にある。したがって、それぞれの類型ごとに何らかの分析を行うよりも、いずれの類型に属する各裁判例であれ、代理人が非顕名で代理行為を行った理由がどこにあるのかを確認することが優先であろう。

まず第1に、本来、顕名はできた（もしくは、すべきであった）はずだが、代理人の落ち度によりこれを失念した、と思われる場合がある[17]。この場合、商法504条により、代理人の行為が商行為であるといえれば、本人にその効果を帰属させる余地が生ずる。これは、もともと当該規定が想定した局面ではないが、結果として本人の利益としてこれが機能していることになる。だが、本人の選任した代理人に過失が認められる場合において、商法504条を適用して、なお積極的に本人の利益を図る必要性があるかどうかはやや疑わしい。

第2に、本人と代理人とされる者とがある事業の共同経営を行っている等、客観的には相互に代理権を与え、また代理意思があったと評価できるが、代理人にはその旨の認識が明確にはなかった、という場合がある[18]。この場合、代理権や代理意思の存在それ自体がかなりあいまいであり、代理人とされる者自身もその点の認識が薄いため、顕名を期待することが難しい。これも商法504条が想定していた局面ではないが、相手方から共同経営者たる本人に対する請求をするにあたり、当該規定が持ち出される。ただ、相手方において本人を認識できるのであれば、民法100条ただし書で対応できるから（立証責任の問題はひとまず措く）、商法504条の機能すべき局面として積極的に位置づけるのは難しい。

第3は、本人から委任された行為が、代理人において業として行っている類型の行為であった場合である。この場合、過去の裁判例の内容を見る限り、取引の信用等の事情から意図して代理人であることを示さないのが通常であ

る[19]。本人としては、代理人の信用や能力を利用するために自らの名を出さないということであるので、まさに商法504条の本来の趣旨である本人の匿名性保護の考え方に合致するようにも見える。しかし、この匿名性保護が何を意味するのか、少し慎重に考える必要はある。代理人の信用や能力を利用するのが目的であれば、それは代理という法形式が唯一ではない。取次（問屋ないし準問屋。商551・558）の形態もありうるのであって、しかもこの方が本人の匿名性は完全に保護される。

　第3の場合のように商法504条が機能しているように見える局面においても、当該規定が本当に必要な場合かといえば、他の規定や制度との関係で慎重に検

---

[16]——大判大正7・5・15民録24巻850頁、神戸地判昭和25・11・27下民1巻11号1905頁、大阪地判昭和35・6・13判時236号30頁、東京高判昭和39・10・23下民15巻10号2507頁、大阪地判昭和41・5・12判タ195号141頁、最判昭和44・9・11判時570号77頁、大阪地判昭和45・4・27判タ252号274頁、東京高判昭和48・10・30判時736号91頁、東京高判昭和55・7・3判時974号76頁、東京高判昭和60・9・26判時1167号149頁。なお、商法504条ではなく民法100条ただし書により解決されたと思しき事案として、東京地判昭和30・4・14下民6巻4号707頁がある。

[17]——むろん裁判所の事実認定から、代理人に落ち度があって失念した旨がわかるものではない。ただ、前掲注16・神戸地判昭和25・11・27（契約書の売主欄に「代」の添書、ないし「売主代」の肩書がなされていた事案）、前掲注16・大阪地判昭和41・5・12（賃貸借契約の契約書に本人の名前が出ている事案）、前掲注16・大阪地判昭和45・4・27（会社代表者が会社の存在を示さなかった事案。前掲注16・大阪地判昭和35・6・13、東京高判昭和39・10・23、東京高判昭和48・10・30、東京高判昭和55・7・3なども同様の事案）、前掲注14・東京高判昭和47・11・28（中古自動車の売主の代理人が、他人からの預かり物であることまで話しながら、自らが代理人であることを示さなかった事案）、前掲注14・最判昭和48・10・30（代理人が建物賃貸借契約を締結する際、肩書きとして本人の名を記しているが、代理意思を表示したと認定されなかった事案）、前掲注14・東京地判昭和56・9・25（貸付金を振り込むにあたっては本人名義で振り込んだが、契約にあたっては顕名がなされなかった事案）、前掲注16・東京高判昭和60・9・26（代理人が自らを「傭われ社長」と評していた事案）、前掲注14・大阪高判昭和60・11・14（特約上、顕名が義務づけられていたが行われなかった事案）、前掲注15・東京高判昭和63・3・9（親会社の代理店であることの掲示をしたり、契約締結以前に取引相手方にその旨の話をしていた事案）などは、このように分類することができそうな事案である。

[18]——前掲注15・東京地判昭和46・8・18（キャバレーの共同経営者が相互に代理する権限を与えあっていたと認定され、他者の締結した契約について責任を負うべきものとされた事案）。その他、商法504条に関する判示は傍論であるが、建設共同企業体参加企業の責任に関して論じた前掲注15・函館地判平成12・2・24も、これに類するものである。

[19]——前掲注14・東京地判昭和39・3・25（代理商である代理人が取引の信用や体裁上、代理商関係を秘した事案）、前掲注10・最大判昭和43・4・24（金融業者が担保物処分のために債務者を代理人として用いた事案）、前掲注14・宮崎地判昭和57・6・30（貸金業を営む夫が、妻名義でも貸金業の届出を行い、妻の代理人となって金銭貸付けを行った事案。妻はほとんど名義貸しに近い）参照。なお、若干特殊な事案として、前掲注14・大阪地判昭和35・1・28（銀行からある会社に対してなされた金融の見返りとして、第三者より架空人名義の預金がなされたところ、この預金が当該第三者の代理人によりなされていた事案）がある。

討を加える必要がある。特にある目的を達成するために商法504条が最善の規定かどうか、かなり疑問の残る場合もあり、商法504条が固有に機能すべき局面というのは思いのほか考えにくいのではないか、というのが筆者の感触である。

2 undisclosed principal について

(1) アメリカ代理法を題材とした検討

商法504条の趣旨や機能に対する疑問は、すでにⅠ4及びⅡ1で示したところであるが、これに対しては、商法504条を相手方保護の規定と理解する観点からその意味を見出す議論もある。この議論は、英米法のundisclosed principal の考え方を参照しつつ、非顕名代理の規定について、事後に本人が出現することによる相手方の不利益を回避するための規定として理解する[20]。商法504条の淵源が、英米法上のundisclosed principal に存するのではないかとの考え方はかねてより指摘されているが[21]、この前提から出発するわけである。

そこでここからは、アメリカ代理法における undisclosed principal の議論を確認しながら、わが国の商法504条の妥当性を検討するための素材の獲得を試みる。undisclosed principal の制度の趣旨と機能につき、具体的な例を見ながら検討を加える。次の【例】は、アメリカの代理法において紹介される例である[22]。

【例】
　商人であるPから、ピカソの絵を買い付けるよう依頼されたAが、画廊経営者Tとの間でピカソの絵に関する売買契約を締結した。ただし、Pは買付けに際して名前が出ることを嫌がり、A及びTの間で契約が締結される際、Aは自らが代理人であることを告げなかった。Tは、Aとの間で契約を締結した。

【例】の取引におけるPは、アメリカの代理法上 undisclosed principal と呼ばれるもので[23]、このような場合であってもPT間に売買契約が成立する。

これは、まさに本人の匿名性保護を考えている——アメリカ法における代理制度は本人保護の制度である[24]——わけである。

したがって、TはPに対して売買代金の支払請求を行うことができるし、PはTに対してピカソの絵の引渡請求を行うことができる。かりに売買契約が成立した後、Pが自らの名を明らかにすることができるのであれば、以上の請求ができることについて、特に問題はない。

これに対する例外は、TがPとの契約は望んでおらず、そのことをPまたはAが知っている場合である。この例外が本人Pにおける認識可能性を問題としている点をとらえて、やはり代理に関するアメリカ法の制度は本人中心のルールになっているのだ、との理解も示されている[25]。

もっともこの例においては、TにおいてPA間に代理関係があることを知らないため、Tは、Aの信用を基礎として取引を行うはずである。そして、このAと取引をしているというTの認識は保護されなければならない（したがってAも契約上の責任を負う）[26]。

(2) 本人の利益保護

アメリカ法上、undisclosed principal の代理人Aが相手方Tとの間で締結した契約の効果は、本人Pと相手方Tとの間で成立する。そして何より重要なのは、このような制度が本人の利益のために存在している、という認識である。

むろんアメリカ法も、Tの保護を考えていないわけではない。Aに対する信頼を基礎として契約関係に入ったTは、Aに対する請求も可能とすることで保護される。しかし、これは当該制度の主たる目的ではない。樋口範雄は、次のように説明している[27]。

20——神崎克郎「商事代理における非顕名主義」神戸法学雑誌15巻2号（1966年）319頁・345頁。
21——商法は、旧商法以来（ひいてはRoeslerの商法草案以来）、非顕名主義を貫いている。この淵源について、田中誠二ほか『コンメンタール商行為法』（勁草書房、1973年）74頁。
22——この例については、樋口・前掲注11・9頁・17頁を参照した。
23——かりに【例】の取引において、Aは自らが代理人であることを告げたが、本人の名前を明らかにしないという場合、Pは代理法上 partially disclosed principal（一部隠れた本人）と呼ばれる。この場合のPをめぐる法的規律は、undisclosed principal の場合と同様である。
24——樋口・前掲注11・11頁以下はこの点を強調する。
25——樋口・前掲注11・19頁。
26——樋口・前掲注11・18頁。

「本人Pが、非顕名のままで、相手方Tとの間にまさに拘束力ある契約の締結を望む場合が現実にあること、その場合に、Pには直接の契約責任を回避する必要がないことの方が重要であろう。……隠れた本人や一部隠れた本人の場合についても、契約の有効性を認めるアメリカ代理法は、本人のための代理という大前提に立脚している。要するに、本人がそのような形での取引を望むケースがあること、そのような需要に応えているのが、アメリカ法だということである。」

このアメリカ法（そしてその母法たるイギリス法）の undisclosed principal に関する考え方は、まさに商法504条にいう本人の匿名性保護と同じである。つまりこの制度は、本人保護の観点から、本人の匿名性を保持しつつ、本人と相手方との間に直接の法律関係を生じさせることを目的としている。そしてなぜそれが制度化されているかといえば、本人がそれを望む場合があるからである。

(3) 日本法との比較

undisclosed principal に関する考え方は、わが国の民法が相手方保護の観点から制度を構築している——民法99条1項や100条ただし書の要件を想定されたい——のと全く異なる。そして、このような日本法との比較をした場合、いくつか指摘できる点がある。

第1に、undisclosed principal の制度では本人Pの匿名性保護を図るというのだが、その目的を達するために、はたして本人と相手方Tとの間に法律関係を生じさせる必要はあるのか。たとえば、売買契約成立の前後を問わず、Pが自らの名を伏せておくことに意味があるという場合、売買代金の支払請求であれ、絵の引渡請求であれ、PT間で直接に行われるということは考えにくい。そうなると、TはPが誰だかわからない以上、売買代金の支払請求をPに対して行う可能性は低く、代理人Aに対して行うというのが通常であろう[28]。そうであれば本人の匿名性保護をいって、本人・相手方間の法律関係を生じさせる必要はないのではないか。わが国における取次のように、本人・代理人間の法律関係と代理人・相手方間の法律関係を分断する方が合理的ではないのか。

第2に、英米における undisclosed principal の制度は、民事か商事かといった行為の性質を問わず設けられている。つまり、当該制度は行為の属性とは無関係に存在し、わが国の商法504条のように商行為という連結点をもつもので

はない。たしかに、本人の匿名性保護の要請と商行為という連結点は、論理的な連関をもたないかもしれない。

そして第3に、わが国において商法504条の意義を見出そうとするわが国の学説は、このundisclosed principalの制度に依拠して議論を展開し、ここから相手方保護の思想を強調する。しかし、undisclosed principalの制度がかの地で本人の利益を保護する制度として位置づけられていることを考えると、やや違和感がないではない。そもそも相手方保護をいうのであれば、わが国では民法がそれをすでに実現しており、これで足りるのではないか。商法504条の意義を見出したいのなら、それはやはり本人の利益保護の観点から説明すべきであろう。undisclosed principalの制度を参照しつつ、相手方保護の議論を強調するのは、商法504条の意義を見出そうとするためにする議論ではないか。

3 小括

わが国の従前の裁判例を見た場合、商法504条が利用されるのは、次のような場合であった。第1に、代理人が何らかの事情で顕名を失念した場合。第2に、本人と代理人との間で共同事業関係等があり、本人・代理人間の代理関係や代理意思を擬制して、相手方から本人とされる者への責任を追及する場合。そして第3に、代理人自ら業として行っている行為がある場合において、本人が代理人の信用や能力を利用する場合であった。ただ、これらの場合において、商法504条に積極的な意義を見出すことは難しいのではないか、という疑問も提起した。なぜなら、第1の場合はそもそも本人保護の必要性が低く、第2の場合は民法100条ただし書により、そして第3の場合は取次の仕組みにより、十分に対応ができるからである。

また、英米法のundisclosed principalの制度と比較した場合、この制度は、本人の利益保護という視点を強力に有するものである。しかし、これを踏まえてわが国の商法504条を見た場合、以上の目的を達成するために本人・相手方間に法律関係が生じることを当然の前提とする必要性、あるいは商行為を連結点とする合理性には疑問がある。あるいは、一部の議論はundisclosed

---

27—樋口・前掲注11・19頁。
28—代理人であるAが契約上の責任を負うことにつき、樋口・前掲注11・18頁。

principal の制度を前提として、相手方保護の点に議論の焦点を当てるがこれは議論の筋がおかしい。

このように考えてくると、本人の匿名性保護のため、代理人が顕名なく行った行為につき、商行為という連結点を置いて、本人と相手方との間に法律効果を発生させるという非顕名代理の制度は、次にまとめるようにその合理性をどうにも基礎づけにくい。

①本人の匿名性を保護するのであれば、本人と相手方との間に法律効果を発生させるというのは、その保護において徹底していないのではないか。むしろ取次の法形式の方が、その目的の実現に適しているのではないか。

②顕名なしに代理人が行った行為について、結局は相手方の認識可能性の問題に帰着する。その結果、民法100条ただし書とは別に商法504条を置くことの意味が見出しにくいのではないか[29]。

③商行為の代理にのみ非顕名代理の制度が置かれる理由について、合理的な説明が難しいのではないか。商取引の場合に本人の匿名性保護の要請、あるいは代理人の信用を利用する必要があるという理由を掲げるだけでは、結局、①の問題に戻ってしまう。つまりこれらの目的を実現するのに、代理という方法は適していないのではないか。

このような問題意識を踏まえて、商法504条をめぐる解釈論、及び立法論をどう展開するかが最後の課題である。

Ⅲ 非顕名代理制度をめぐる解釈論と立法論

1 解釈論の方向性

(1) 商法504条の解釈論の出発点

商行為の代理について認められる非顕名代理の制度は、代理意思の表示なくして代理行為の成立を認めるものであり、その趣旨は本人の利益保護にある。しかし現実問題として、本人の存在を知らない相手方にとって、本人との間の法律関係が当然に生じるとすることには不測の不利益を生じさせる可能性が高い。その結果、商法504条の解釈論は、同条本文が定める本人と相手方との間における法律関係の成立の点——ここに同条の趣旨が凝縮しているのだが——ではなく、代理関係を知らない相手方の保護に関するただし書に焦点が当たる

ことになる。

　商法504条ただし書について、まず問題となるのはその文言である。代理人が本人のために代理行為をしているということを知らない相手方は、代理人に対して履行の請求ができる。つまり商法504条では、代理人と相手方との間において、本人・相手方間と同じ法律関係が生ずるのではなく、相手方保護の観点から履行の請求だけができるものとされている。商行為の代理が非顕名で行われた場合、あくまでも当該商行為に基づく債権債務関係は本人と相手方との間にのみ生じ、代理人は本人の負うべき債務について履行の責任を負うというわけである。

　あくまでも本人と相手方との間に完全な法律関係が生じることを前提として、代理人と相手方との間には補充的な法律関係のみが生ずるという規定のあり方は、商法504条の定める非顕名代理の制度が、本人の利益保護の観点から定められているということからすればさほど不自然ではない。また古い判例は、このような商法504条の趣旨と文言に忠実に解釈を行ってきたわけである[30]。

(2) 商法504条の文言の問題と解釈

　商法504条を文言通り理解した場合、代理行為から生ずべき債権債務関係は本人と相手方との間にのみ生ずる。したがって、相手方が代理人に対して債務を負担することはない。しかし、代理人と契約を締結した相手方としては、代理人と従前から取引関係にあることを前提として、代理人に対して負う債務について差引計算すること——相殺の期待——を考えているかもしれない[31]。つまり代理関係の存在を知らない相手方は、代理人との間で完全な法律関係が生ずることを期待しており、自分のあずかり知らぬところで本人が存在し、代理人との間では履行の請求しかできないというのでは相手方の期待を大きく裏切るのではないか、ということである。

　このような観点からなされてきたのが、代理関係の存在を知らなかった相手方については、代理人と相手方との間で単に履行の請求ができるにとどまらず、

29——特に前掲注10・最大判昭和43・4・24の立場を採用する場合、立証責任の点を除き、この点が妥当する。
30——前掲注15・大判明治39・5・22参照。
31——前掲注14・東京地判昭和39・3・25参照。

完全な法律関係が生ずべきではないか、との議論である。このような議論の方向性には、2つのものがある。

第1に、商法504条を民法100条の例外と理解する観点からの議論がある。この議論は、代理関係の存在を認める事情も外観もないときに、相手方と本人との間の法律関係を認めることに疑義を呈した――その意味において相手方の保護に傾斜している――上で、以下のように論ずる[32]。

民法100条本文は、代理人が本人のためにすることを示さないでした意思表示は自己のためにみなすものとしている。そして同条ただし書は、相手方において、代理人が本人のためにすることを知り、または知り得た場合、本人に対して直接その効力が生ずるものとしている。この民法100条の構造を踏まえて、商法504条については、代理人は本人のためにすることを示さずとも本人と相手方との間で効力が生ずることを前提とする。その上でこれを否定したい相手方は、代理人が本人のために行為したことを過失なくして知らなかった旨、立証することになる、というのである。つまり商法504条は、民法100条ただし書から立証責任を転換する規定として理解されるのである。

第2に、商法504条本文により本人と相手方との間に代理行為に基づく法律関係が生ずるが、代理関係を知らない相手方においては、その保護の観点から代理人と相手方との間にも以上と同一の法律関係が生ずるとする議論がある。この場合、相手方においては、その選択に従い、本人との法律関係を否定し、代理人との法律関係を主張することが許される。これは、よく知られるとおり、最高裁大法廷判決の立場である[33]。この場合、相手方が以上の選択肢を有するのは、代理意思の存在について善意であることを立証できる場合（相手方に過失があることの立証責任は代理人の側にある）に限られる。

(3) 商法504条の解釈に関する私見

商法504条の文言を所与とする限り、同条本文により、顕名がなくとも代理人の行為に基づく法律効果は本人と相手方との間で発生する。これにより生ずべき相手方の不利益は、同条ただし書の解釈により解決されることになり、非顕名代理の制度をめぐる解釈と要件事実はもっぱらこの点に議論が集中する。

筆者としては、商法504条の趣旨やこれに期待される機能――商取引の簡易迅速性や本人の匿名性保護――は、すでに繰り返し検討したとおり、同条の文

言を手段として実現するには困難があると考えている。したがって、商法504条本文により本人と相手方との間に法律関係が生ずる場合というのは、可能な限り制限されるべきである——当該取引自体に本人の利益保護の目的があり、かつ取引の相手方において代理人を取引相手として認識したことに対する保護を与える必要性の低い場合に限られる——と考えている。この価値判断を同条ただし書により実現するとするならば、やはり②に紹介した議論のように、商法504条を民法100条の特則と解釈する立場を出発点とせざるを得ない。

商法504条を民法100条の特則と考える立場の難点は、相手方において代理意思の存在に関して善意無過失であることを立証した場合、本人と相手方との間で法律関係の生ずる余地がなくなる、つまり商法504条の文理に反し、その趣旨が損なわれるという点にある。しかしこの批判は、商法504条の趣旨を生かすことを目的とした議論であって、同条には合理性があり、この規定が機能すべき場合があるとの前提を暗黙に有している。このような前提には、筆者として強い疑問を覚えるところであるが、かりに文理に反するとの指摘を容れるのであれば、最高裁大法廷判決のような解釈の可能性も次善の解釈として否定はしない。しかし、最高裁大法廷判決の立場を採用した場合、相手方に選択権があることにより、いくつか付随的な解釈問題が生ずる——その一部には極めて解決困難な問題がある——ことにも留意しなければならない[34]。

(4) 商法504条の解釈と法律要件

ここで、Ⅰ2に示した例と同様、本人PがAに代理権を付与したが、Aは顕名なしに相手方Tとの間で売買契約を締結した場合を考えてみる。当

32——西原・前掲注8・122〜123頁。
33——前掲注10・最大判昭和43・4・24。
34——そもそもいかなる場合に相手方において選択権を行使したといえるかという問題が生ずるほか、相手方が代理人との法律関係を選択し、代理人に対して契約責任を追及する場合、相手方において何を主張、立証すべきか(最高裁大法廷判決の考え方をここにも当てはめるならば、代理人が代理関係の存在を抗弁として提出した場合、相手方はその点について善意である、ということのみ主張、立証し、代理人において相手方が過失により代理関係を知らなかったということになる)、という問題もある。さらに、相手方において、本人からの請求を受けた後に代理人との法律関係を選択し、本人の請求による時効中断の効力を回避しようとする可能性も生ずることになる(最後の点については、前掲注14・最判昭和48・10・30が、本人の請求にかかる訴訟継続中は代理人の債権について催告に準じた時効中断の効力を及ぼすとして対処した。その他、代理関係が明らかになった後の本人保護の問題について、森本滋「商法504条と代理制度」林良平還暦『現代私法学の課題と展望 中』(有斐閣、1982年) 294頁以下参照)。

該売買契約がPにとって商行為になるとして、PがTに対して履行請求をするとした場合、その法律要件を改めて確認すると次のとおりである。

Ⅰ　TとAが売買契約締結の意思表示をしたこと
Ⅱ　売買契約の締結がPにとって商行為であること
Ⅲ　売買契約に先立ち、PがAに対して、当該契約にかかる代理権を授与したこと

以上のほか、若干、問題となりうるのは、

Ⅳ　代理意思の有無（AがPのためにする意思を有していたこと）

が要件となるか否かである。民法の定める代理の考え方によれば、代理人の本人のためにする意思は顕名という形で示される。つまり、代理意思の有無は顕名の有無によって判断されることで比較的容易に主張、立証が可能であるが、非顕名代理の場合は当該意思が表示されることを要しないため、そもそも代理意思が主張、立証されるべきか否か、一応問題となるからである。これについては、その存在を請求原因とする考え方と、その不存在を抗弁とする考えとがある[35]。しかし、代理人における代理意思の存在は、代理行為に基づく法律関係が本人に生じるための前提であり、これは非顕名代理の場合でも法律要件を構成するものと考えるべきだろう。

これに対して、Aを取引当事者としたいTの攻撃防御方法はどう考えるべきか。筆者は、商法504条を民法100条の特則として考えるべきだとの解釈から出発していることから、Tとしては抗弁として次の事実──Tにおいて、Ⅰの契約に際してAがPのためにする意思を有していたことを過失なく知らなかったこと──を主張立証すべきだということになりそうである。

このようにTの攻撃防御方法を考えた場合、Tとしては、Aにおける代理意思の存在の不知についての立証責任、そして当該不知について無過失の立証責任を負うことになりそうである（権利障害事実）。そして、この立証に成功した場合、PとTとの間で売買契約に基づく効果は発生せず、AとTとの間でこれが生じることになる。

もっとも、商法504条ただし書が相手方保護の観点から基礎づけられるべきだとすれば、以上の立証責任を相手方に課すこと自体にも疑義が生じるのも事実である。そもそも代理意思の存在の不知、あるいは過失のないことの立

証というのは容易ではなく、代理関係の存在を看取できなかったTがこの点に関する立証責任を負わせることの合理性は疑わしい。そうであるとすれば、先の事実（TにおいてAの代理意思を知っていること）もPにおいて主張、立証すべき事情とすべきだとしたいところである。だが、さすがにこれは民法及び商法の条文の構造上難しい。なぜなら、このように解すると商法504条と民法100条ただし書が全く重なってしまい、商法504条が行為の商行為性を要件として掲げていることの意味が失われてしまうからである。

(5) 補論——大法廷判決と法律要件

先に次善の解釈として大法廷判決のような考え方を採用する可能性を認めたが、かりにこの考え方に従った場合、(4)と同じ例を前提として考えると、要件としては次のように整理できる。

Ⅰ　TとAが売買契約締結の意思表示をしたこと
Ⅱ　売買契約の締結がPにとって商行為であること
Ⅲ　売買契約に先立ち、PがAに対して、当該契約にかかる代理権を授与したこと
Ⅳ　AがPのためにする意思を有していたこと

これに対してTの側においては、抗弁として、次のような攻撃防御方法を提出することにより、Aとの間で売買契約に基づく法律関係を主張することが可能となる。

ⅰ　Tにおいて、Ⅰの契約に際してAがPのためにする意思を有していたことを過失なく知らなかったこと
ⅱ　Tにおいて、Aとの法律関係を選択したこと

大法廷判決の場合、相手方による法律関係の選択という問題が生じる点がポイントである。相手方による代理人との法律関係の選択は、本人出現後には選択できないという説も有力にあるが、一応は本人からの請求がなされた後でも可能であるというのが一般的な理解である。そうなるとⅱについて、本人から相手方に対して請求がなされた後に相手方が代理人との法律関係を選択することを封じるべく、本人としてはⅱに先立ち相手方が本人との法律関係を選択し

35—この点については、司法研修所編・前掲注6・69頁。

たのだと主張する可能性を探ることもあるだろう。このような主張が認められる前提として、相手方に認められる商法504条ただし書に基づく選択権は、これを行使して一方を選択すると他方を選択する権利は当然に消滅するということを前提としている。つまり、本人との法律関係を選択したのだという主張は、代理人を選択する権利の消滅を主張しているのであり、権利消滅事実として機能している。

2 立法論の方向性

筆者の知る限り、実務的に商法504条が意識されることは稀である。非顕名代理の制度で実現しようとしている本人の匿名性保護の目的は、取次の枠組みで対応すれば十分である。過去の裁判例等で商法504条が現に果たしている機能は、顕名代理の制度を前提としても、民法100条のように相手方の主観的要件に応じて効果の発生を違える規定さえあれば対応できる。つまり立法論的には非顕名代理の制度を廃止して、顕名代理と取次の制度さえあれば足りることになるというのがここでの方向性である。

商法504条に関しては、古くより立法論として不要であるとの指摘がなされてきたところであり[36]、筆者もこの主張に与するものである。この点に関して、今般の債権法改正に関する議論の初期段階において、民法（債権法）改正検討委員会の商行為法WGによる「商行為法に関する論点整理」が、商法504条の扱いを検討している。ここでは、かつての商法学説において廃止論が有力であったことを指摘しつつも、最高裁大法廷判決により一応の判例法理が確立されたこと、最近の学説では必ずしも廃止論が多数を占めるわけではないこと等を指摘して、商法504条の改正について慎重な立場が示されている[37]。

○民法の代理に関する顕名主義の例外として非顕名代理を定める本条の規定の立法的なあり方は商法固有の問題であるが、その前提では、以下のような選択肢があると考えられ、今後各方面からの意見を仰ぐ必要がある。

A案　最判昭和43年4月24日（民集22巻4号1043頁）の判示をリステイトした規定に改める。

B案　上記最判のような相手方に契約当事者を本人とするか代理人とする

> かの選択肢を与える解決とは異なる別の規定に改める。
> 　C案　本条を廃止する。

　ただし、商行為法 WG が以上の案を示すにあたり、非顕名代理の制度がどのように利用されているかが必ずしも明らかではないこと、そして立法論的に商法 504 条が極めて合理的であるという実証もなされていないことを指摘している点は興味深い。つまり、商法 504 条の現実に果たしうる機能が同条に関する立法論の上で重要であること、そして現在の商法 504 条の合理性については疑義がありうることを前提としているわけである。

　本稿における検討は、商法 504 条の趣旨は同条の規定によって実現できないことを示すことで、規定の合理性自体を問うてきたわけである。今後、民法（債権法）の改正がなされた後、商行為法の改正がなされるか否かはわからないが、かりにそのような機会があるならば、商法 504 条の合理性については相当疑っていくべきだというのが本稿での検討から導かれた結論である。

36―たとえば、松本烝治『商行為法〔第 10 版〕』（中央大学、1920 年）60 頁、鈴木竹雄『新版商行為法・保険法・海商法〔全訂第 2 版〕』（弘文堂、1993 年）16 頁。
37―商行為法 WG 最終報告書「商行為法に関する論点整理（第 504 条～第 558 条、第 593 条～第 596 条）（2008 年 3 月 31 日）」民法（債権法）改正検討委員会編『詳解債権法改正の基本方針Ⅴ――各種の契約(2)』（商事法務、2010 年）450 頁以下参照。

報告論文2

取締役の責任
―――債権法改正と任務懈怠・帰責事由の概念

大杉謙一

I 本報告の目的

　本報告は、会社の役員等（主として取締役を念頭に置く）が会社に対して負う任務懈怠責任（会社法423条1項）について、その実体法上の解釈を検討し、それを踏まえてその要件事実を明らかにするものである。
　具体的には、商法下の限定説・非限定説（II）、会社法下での一元説・二元説とその背景にある債権法改正論（III）、以上を踏まえての要件事実の検討と、そこにおける経営判断の原則の意義・位置づけ（IV）の順で検討する。文中、法学者の敬称は省略する。

II 商法下の判例・学説

1 平成5年改正前

　2007（平成17）年改正前商法の266条1項柱書および同項5号は、法令・定款に違反する行為をした取締役は会社に対して会社が蒙った損害を賠償する責任を負う旨を定めていた。しかしながら、1993（平成5）年の商法改正により株主代表訴訟の提起が容易になるまでは、取締役の責任が訴訟で争われることは稀であったため、同号の「法令」の意義について論じる判例・学説は少なかった。当時は、商法の具体的規定に加えて善管注意義務・忠実義務を定める規定も「法令」に含まれるとするのが多数学説であったが、少数学説は後者のような一般的な規定は含まないと解しており、独禁法などが「法令」に含まれる

かについては議論は少なかった[1]。また、判例は、「株式会社の取締役が法令又は定款に違反する行為をしたとして、商法266条1項の規定によりその責任を追及するには、右違反行為につき取締役の故意又は過失を必要とするものと解するのを相当とする」と判示していたが[2]、この点は当時の多数学説も同様に解していた[3]。

2 限定説の登場

1990年代前半にバブル経済が崩壊し、放漫経営の失敗事例について株主が代表訴訟を提起しようとする動きが盛んになった。そのような折、1993(平成5)年改正商法により267条に4項が挿入され、訴訟の算定上、代表訴訟は財産権上の請求でない請求に係る訴えとみなすことが明記された(現在の会社法847条6項に相当)。

このような中で、学説には、法解釈を通じて代表訴訟の濫用に歯止めをかけ、また取締役の責任追及を過酷にしないとの動きが現れた。前者に関するのが担保提供命令の運用(当時の商法267条5・6項、106条の「悪意」〔現在の会社法847条7・8項に相当〕の解釈)であり、後者に関するのが経営判断原則についての議論である。これらの問題は、代表訴訟の中で実際に争われ、判例法が形成されていった。

1ー吉原和志「法令違反行為と取締役の責任」法学(東北大学)60巻1号(1996年)1頁、17頁は、「従来の通説が商法以外の法令をも意識して議論していたのかどうかはよくわからないが、漠然と法令一般が含まれると考えていたのではないかと思われる」と述べ、同20頁注38に会社や株主の利益保護に関係する法令以外の法令も含まれることを明言する文献を挙げているが、そのほとんどは1993年以降に執筆されたものである。唯一、田中誠二『会社法詳論 上巻〔全訂版〕』(勁草書房、1974年)589頁が、会社が政治資金規正法・公職選挙法で禁じられている政治献金をした場合には、過失による法令違反行為であるから、取締役の賠償責任を生じさせると論じている。
2ー最(三小)判昭和51・3・23金法798号36頁。第三者割当による新株発行には発行価額を問わず総会特別決議が必要とされていた当時の(昭和41年改正前の)商法下で、取締役が総会決議を経ずに証券会社に買取引受けを行わせたことが法令違反に当たるとして、株主が代表訴訟により取締役の損害賠償責任を追及したという事案である。横浜地判昭和37・12・17は、買取引受けが第三者に対する新株引受権の付与に当たると判示したが、これは当時の学説や実務に反する解釈であった(金法798号37頁の無記名のコメント)。このような事情の下で、最高裁は、「被上告人〔=被告取締役〕において、故意はもとより、右行為が法令違反になるとの認識を欠いたことに過失がなかったから、被上告人に損害賠償責任がないとした原審の認定判断は、正当として是認することができ〔る〕」と述べて、原告の請求を棄却した。
3ー当時の学説については、上柳克郎ほか編『新版注釈会社法(6)』(有斐閣、1987年)274頁以下〔近藤光男〕を参照。

「法令」の範囲を制限的に解する見解（限定説）も、同じ文脈の中で主張された。限定説を最初に提案したのは、近藤光男である[4]。近藤は次のような議論を展開した。会社・取締役の違法行為を抑止するために取締役に損害賠償責任を負わせるべき場合があるが、その範囲をあまりに広く認めることは——たとえ同号の責任が過失を要件とすることを考慮しても——適切ではない。そこで、商法266条1項5号の「法令」には、会社・株主の利益保護を考えた規定、刑法その他の公の秩序に関する規定は含まれるが、それ以外の法令はそれに違反することが取締役の注意義務違反になるかどうかという観点から検討すべきである（＝それ以外の法令は同号の「法令」には含まれない）。

近藤は、具体例として、証券会社にとっては（当時の）証券取引法50条、50条の2、50条の3（以上、証券会社およびその役職員の禁止行為）、54条等（大蔵大臣による監督上の命令）が公序に関する規定であるとする。また、一般論であるが、通達についても、公序に関わることであれば含まれるとしている。

もっとも、近藤は、損失補てんなどの具体例をここでは挙げていない（当時、損失補てんは法令では禁止されず、通達で禁止されていたに過ぎなかった）。この論文が執筆されたのと同時期に、東京地判平成5・9・16判時1469号25頁が損失補てんを行った野村證券の取締役の賠償責任を扱っていた。この判決は、わが国で経営判断原則を確立したものとされ[5]、結論として被告の賠償責任を否定している。

森本滋は、近藤の見解を引用した上で、「法令」の範囲を「会社の財産の健全性を確保することを直接または間接の目的とする法令」と制限的に解することが合理的であると述べ、そのような法令以外の法令に違反することが対会社責任の根拠となるのは、会社に対する関係で任務懈怠があった、すなわち注意義務に違反したと説明するしかないと論じた[6]。森本の見解は、公序に関する規定を「法令」に含まない点で近藤とは異なり、取締役に賠償責任を負わせる根拠を明らかにしようとする点に特徴がある。

近藤は別の論文で先の見解を敷衍し、商法210条に違反する自己株式の取得と独禁法19条に違反する損失補てんを同じ「法令違反」としてとらえることに疑問を提起し、取締役の行為規範としては一般に広く法令を遵守することを認めることが合理的であるが、対会社責任の根拠となる法令は限定的に解する

べきであると論じた[7]（この点は森本もほぼ同じ）。

3　非限定説からの応答

以上の問題提起に対して、吉原和志は次のように主張する。商法266条1項5号の「法令」は法令一般を意味するが（非限定説）、すべての法令違反行為について、それが注意義務に違反すると評価される場合に限り賠償責任が根拠づけられるのであり、従来の通説が故意・過失を要するとしていたのはこのような意味でとらえ直すべきである。取締役の責任を追及する原告が法令違反の事実を立証すれば、被告取締役の注意義務違反があったことが事実上推定され、取締役の側で相当な注意を尽くしたことを証明する事実上の必要に迫られることがある。推定の大小は、法令の性格や種類によって異なる。限定説に立つと「法令」に含まれるものとそうでないものの区分が困難となる、と[8]。

吉原論文には次の2つの特徴がある。第1に、自然人にも会社にも共通する一般的な規範として法令遵守義務を措定し、そこから取締役の法令遵守義務を導くことで、限定説の問題意識を非限定説において受け止めている。第2に、取締役の対会社責任を債務不履行責任にさかのぼって考察し、民法学における結果債務と手段債務の分類などの動向を踏まえて、手段債務においては本旨不履行という要件と帰責事由の要件が重複することを取り上げて、商法の議論を展開している。第2点に関連して、最高裁判例の「〔当該〕行為が法令違反になるとの認識を欠いたことに過失がなかった」という表現は伝統的な過失の定

4——近藤光男「取締役の経営上の過失と会社に対する責任」金法1372号（1993年）6頁。
5——この判決と同時期の日本サンライズ事件判決（東京地判平成5・9・21判時1480号154頁）は、被告取締役の意思決定（借入金による株式投資）を「軽視」「軽信」と評価する前提となる具体的事実を示すことなく、「軽視」「軽信」という評価を導いている。同判決は、経営判断原則に沿った事実の認定・評価が当時の日本に定着していなかったことを示すものである。大杉謙一「役員の責任——経営判断原則の意義とその射程」江頭憲治郎編『株式会社法大系』（有斐閣、2013年）307頁、309頁注2。
6——河本一郎＝河合伸一＝森本滋ほか「座談会　取締役の責任」民商109巻6号（1994年）923頁、937頁、938頁〔森本発言〕、森本滋『会社法〔第2版〕』（有信堂、1995年）253頁注5。なお、この座談会の936～943頁には、近藤説と森本説の異同が顕れている。
7——近藤光男「法令違反に基づく取締役の責任」森本滋ほか編『企業の健全性確保と取締役の責任』（有斐閣、1997年）269頁、276頁、285頁以下。森本も、近藤と同様、商法210条などの違反は直ちに賠償責任を基礎づけると考えている。河本ほか・前掲注6・936頁〔森本発言〕。
8——吉原・前掲注1・35頁、41頁。

義に合致しているが、これは適切ではなく、取締役はどの程度の措置・手段を講じておけば足りるのか、何が足りなければ注意義務違反となるのかが重要である、と述べる（過失の客観化）[9]。

4　最判平成 12・7・7

この「法令」の範囲をめぐる論争に決着をつけ、非限定説を明らかにしたのが、標記の裁判例[10]である。重要な判示を以下に掲げる。

「取締役を名あて人とし、取締役の受任者としての義務を一般的に定める商法254条3項（民法644条）、商法254条ノ3の規定（以下、併せて「一般規定」という。）及びこれを具体化する形で取締役がその職務遂行に際して遵守すべき義務を個別的に定める規定が、本規定にいう『法令』に含まれることは明らかであるが、さらに、商法その他の法令中の、会社を名あて人とし、会社がその業務を行うに際して遵守すべきすべての規定もこれに含まれるものと解するのが相当である。」

「独占禁止法19条の規定は、同法1条所定の目的達成のため、事業者に対して不公正な取引方法を用いることを禁止するものであって、事業者たる会社がその業務を行うに際して遵守すべき規定にほかならないから、本規定にいう法令に含まれることが明らかである。」

「しかしながら、株式会社の取締役が、法令又は定款に違反する行為をしたとして、本規定に該当することを理由に損害賠償責任を負うには、右違反行為につき取締役に故意又は過失があることを要するものと解される。

原審の適法に確定した……事実関係の下においては、被上告人らが、本件損失補てんを決定し、実施した平成2年3月の時点において、その行為が独占禁止法に違反するとの認識を有するに至らなかったことにはやむを得ない事情があったというべきであって、右認識を欠いたことにつき過失があったとすることもできないから、本件損失補てんが独占禁止法19条に違反する行為であることをもって、被上告人らにつき本規定に基づく損害賠償責任を肯認することはできない。」

この判決には、裁判官河合伸一の補足意見が付され、反対説（限定説）の問題点、両説の差は訴訟の実践の場でそれほど生じないこと等が指摘されている。

5 小括

限定説は、取締役の責任を苛酷なものにしないという実践的問題意識と、独禁法などの会社法の外部にある法令について取締役が会社に対してその遵守義務を負っているかという帰責の根拠を問う理論的関心の両面で、重要な問題提起であった。

しかし、前掲の最判平成12年は、非限定説の枠組みでこれらの問題について一定の解決を示している。何よりも、限定説は「法令」範囲を区切る基準について、論者により違いがあり、各論者が提示する基準も十分に明確であるとはいえない。具体的法令違反により会社に損害が生じたことから取締役の責任追及訴訟が提起されているとき、取締役が注意を尽くしたか否かを論じるのに先立って当該法令が266条1項5号の「法令」に含まれるか否かが争われることは、生産的とはいえないだろう。

III 会社法下の議論

1 序

平成17（2005）年に制定された会社法は、取締役の対会社責任の一般規定として423条1項を置いた。同項は、「取締役、……は、その任務を怠ったときは、株式会社に対し、これによって生じた損害を賠償する責任を負う」と定める。これは、同年改正前商法の「法令・定款に違反する行為をした」という文言を「任務を怠った」に置き換えるものである[11]。この改正によって、旧法下での「法令」の意義（範囲）という解釈問題は解消されたが、学説の問題関心は改正後にも引き継がれた。

会社法は、自己のために利益相反取引をした取締役・執行役については、

9——吉原・前掲注1・55頁、35頁以下、28頁。
10——最（二小）判平成12・7・7民集54巻6号1767頁。
11——もっとも、改正前商法においても、監査役の対会社責任（277条）、委員会（等）設置会社の取締役・執行役の対会社責任（商法特例法21条の17第1項）は、責任の要件を任務懈怠と定めていたので、会社法423条1項は前例のないルールではなかった。

「任務を怠ったことが当該取締役又は執行役の責めに帰することができない事由によるものであることをもって免れることができない」と定めている（428条1項）。すなわち、法文は、役員等の対会社責任に関して、任務懈怠と帰責事由を区別している。

会社法下での解釈には、近時の民法学における契約法理論の発展が影響を及ぼしている。時系列は前後するが、以下では、2で「債権法改正の基本方針」に示された近時の民法学説における債務不履行責任の理解を紹介し、3で民法学者から提示された会社法423条についての一元説・二元説について紹介する。

2　「債権法改正の基本方針」

民法学界をリードする学者を中心に構成された「民法（債権法）改正検討委員会」が平成21（2009）年に公表した「債権法改正の基本方針」では、債務不履行を理由とする損害賠償について次のような提案がなされている。

【3.1.1.62】（債務不履行を理由とする損害賠償）は、「債権者は、債務者に対し、債務不履行によって生じた損害の賠償を請求することができる」、【3.1.1.63】（損害賠償の免責事由）の1項は、「契約において債務者が引き受けていなかった事由により債務不履行が生じたときには、債務者は【3.1.1.62】の損害賠償責任を負わない」とする。なお、同2項は、債務者が同時履行の抗弁権・不安の抗弁権を有しているときには、債務者は賠償責任を負わない旨の提案である。

これを現行の民法415条と比較すると、①現行法では、履行不能の場合にのみ帰責事由のないことが免責事由と定められているのに対して、上記提案では債務不履行の種類を問わず免責事由を定めようとしていること、②債務不履行を履行遅滞・履行不能・不完全履行に3分類することをやめ一元的に把握すること、③現在の民法415条の「債務の本旨に従った履行」「責めに帰すべき事由」という表現を避け、「契約において債務者が引き受けていなかった事由」という概念で賠償責任の有無を決していること、等の違いが存在する。

上記3点のうち①は、伝統的な民法学説の解釈・実務の運用に合致するため、実務界からも異論はない（後掲「中間試案の補足説明」）。

これに対し、②③は、伝統的な民法学説の概念構成を変更しようとするもの

である。変更の理由として、債務不履行を理由とする損害賠償責任を債務者に負わせる根拠は契約の拘束力にあり、ドイツ型の「過失責任の原則」（＝債務者の行動の自由の保障）ではないこと、債務者が免責されるのは債務の不履行をもたらした事態（不履行原因）が契約において想定されていなかったことに求められること、が挙げられる。このように、帰責の原理／免責の根拠をとらえるならば、免責事由を表現するのに「過失」という概念を用いるべきではなく、また「責めに帰すべき事由」という表現もわかりにくく多義的であるため用いるべきでない。このような変更は、公表裁判例で実務がとっている判断枠組みを明確にするものであり、その転換を求めるものではない、という[12]。

この提案によると、債務不履行による損害賠償責任の成否は次のように判断される。まず、(1)債務の内容は契約の解釈を通じて確定される。これは【3.1.1.63】が扱う問題ではなく、その先決問題である。そのようにして確定された債務が履行されたか否かも、同様の先決問題である。これに対して、(2)債務不履行をもたらす原因となった事態が契約において想定されず、かつ、想定されるべきものでもなかったときには、そのような事態が発生するリスクは債務者によって引き受けられていない（リスクは債務者に分配されていない）。このような場合に、債務者が損害賠償責任を免れることを、【3.1.1.63】は「債務者が引き受けていなかった事由」という文言で表している。

そして、(a)ある事態（不履行原因）が「債務者が引き受けていなかった事由」に該当するか否かは、個々の契約の下で、当該契約の内容や契約締結に至った事情などから契約解釈を通じて、個別的・相対的に判断される。条文案には明記されていないが、(b)誠意債務・最善努力義務・手段債務に属する債務（たとえば診療債務や雇用契約上の安全配慮義務）については、債務内容が履行過程の具体的状況下での事態を前提として確定されるため、それと別個に「債務者が引き受けていなかった事由」による免責についての判断を行う必要はないという[13]。

以上の立場は、3で一元説を提起する潮見佳男の見解と符合する[14]。

12—民法（債権法）改正検討委員会『詳解・債権法改正の基本方針Ⅱ』（商事法務、2009年）244〜255頁。
13—民法（債権法）改正検討委員会・前掲注12・248〜249頁、251頁、253頁。

もっとも、近時の民法学説において、このような理解が完全に共有されているわけではない。たとえば、中田裕康は次のように説明する。(1)本旨不履行があるか否かは契約の内容と債務者の作為・不作為とを比較して決せられる。(2)帰責事由の不存在は、①不可抗力、②債権者又は第三者の行為であって債務者に予見可能性・結果回避可能性のない場合をいう。なす債務（手段債務）については(2)による免責もあり得るが——例として、医師の手術中に大地震があったために手術が成功しなかった場合、遠隔地での手術を引き受けた医師の乗った飛行機がハイジャックされたために手術できなかった場合——、多くの場合は(1)が問題になる、という[15]。以上のうち、(1)は「民法（債権法）改正検討委員会」の提案や潮見の見解と整合するが、(2)の説明は異なる。

3　一元説の問題提起

平成17（2005）年10月の私法学会シンポジウムで、潮見佳男は取締役の対会社責任の構造につき、次のような報告を行った。

結果債務・手段債務の分類上、取締役の義務は一部の例外を除き手段債務であり、取締役は、会社との事務処理契約において、「その会社の規模・業種・経営状況等の客観的条件により一般に要求される注意をもって合理的に職務を遂行する」ことを内容とする「事務処理義務」を負う。これは、委任契約において受任者が委任者に対して負う善管注意義務に相当する。手段債務にあっては、「本旨不履行」（ここでは善管注意義務の違反）の要件の下で債務者の行動の適否が吟味されるから、「無過失の抗弁」は論理矛盾である（履行不完全と過失は重なり合う）。

手段債務の不履行を理由とする損害賠償請求の場面では、請求原因の要件事実（本旨不履行）の主要事実（主張・証明の対象となる事実）は「過失の評価根拠事実」までであり、この主張・立証に対して、債務者（取締役）は「過失の評価障害事実」、すなわち「当該状況下で取締役が行った行動が注意を欠くものであったとの評価を妨げる具体的事実」を抗弁として主張・立証することができる。会社法428条にいう「責めに帰することができない事由」とは、過失の評価障害事実（同条の文脈では、取締役が自己取引に至った認識および動機面での正当化事由）と読むべきである。

以上を踏まえて、潮見は、①具体的法令違反の場合と、②それ以外の注意義務違反の場合とで、取締役の対会社責任の判断構造に違いがあるかどうかを論じるべきであるという。そして、両者を分けずにとらえる考え方を一元説、分けてとらえる考え方を二元説と呼ぶ。会社法制定前に存在したこの2つの考え方は、会社法423条1項の下でもいずれも存続可能であるが、423条の文言（法令違反ではなく、任務懈怠を要件とする）は一元説に親和的であるという[16]。

4　学説の展開

一元説の問題提起に対して、会社法の立法担当官は次のように反論する。会社法428条1項は任務懈怠と帰責事由を区別していることから、同法423条1項も両者を別の要件としている（二元説）。取締役の任務は、委任契約の内容によってのみ定まるのではなく、法律上当然に生ずる場合もある（会社法423条1項が民法415条とは別に規定されているのはこのためである）[17]。取締役の行為が客観的に法律上の要件を満たさない場合にはそれを違法と評価せざるを得ないため、具体的状況に応じた取締役の免責については「責めに帰することができない事由」の有無において判断するのが合理的である[18]。

これに対して、黒沼悦郎は、立法担当官の議論を意識しつつ、具体的法令違反による責任が否定されても同じ行為につき善管注意義務違反についての責任が成立し得るとすれば、1つの行為を2度審査する不経済が生ずるとして、具体的法令違反は任務懈怠を推測させる一事実に過ぎず、責任の有無は注意義務違反の有無によって判断されるような判例法の形成を期待したい、と述べる[19]。

ここまでが、潮見論文（報告）とほぼ同時期の議論である。以下が、少し時

---

[14]——潮見佳男『プラクティス民法　債権総論〔第4版〕』（信山社、2012年）104～116頁も参照。
[15]——中田裕康『債権総論〔第3版〕』（岩波書店、2014年）135頁。なお、違法性の要件とされる同時履行の抗弁等は本旨不履行の有無として考慮されるとする。
[16]——以上につき、潮見佳男「民法からみた取締役の義務と責任」商事法務1740号（2005年）32頁。潮見によると、旧法下での限定説・非限定説の対立とここでの一元説・二元説は一致せず、近藤説は限定説・二元説であり、森本説は限定説・一元説である（同42頁注26）。
[17]——立法担当官の解説は明示していないが、この説明は最判平成20・1・28後掲注30の判示と一致する。同注の本文を参照。
[18]——相澤哲＝石井裕介「株主総会以外の機関（下）」商事法務1745号（2005年）13頁、22頁以下。
[19]——黒沼悦郎「株式会社の業務執行機関」ジュリスト1295号（2005年）64頁、71頁。

間を置いての議論である。

　田中亘は、次のように述べる。取締役の利害が関わらない一般の業務執行として行われる取引（経営判断原則が適用になる取引）については、取締役が善管注意義務を尽くさないことが任務懈怠の内容であり、それは帰責事由とほぼ重なり合う。他方、法令違反行為の場面においては、主張・立証責任の違いに着眼して一元説・二元説の優劣が判断されるべきである（取締役にどこまで厳格な法令遵守義務を負わせるべきかは、両説と関係しない）。法令違反行為をなすにあたり取締役が注意義務に違反したか否かに関する事実は取締役の関与領域内にあるから、その主張・立証責任を取締役に負わせる（二元説）べきである[20]。

　吉原和志は、次のように述べる。一元説・二元説の用語は、論者によって異なる意味で用いられている。現行法の解釈問題としては、具体的法令違反があれば直ちに任務懈怠の要件が充足されると見るかどうかにより両説を区分するのが適切である。そして、どのような事情があれば取締役の責任が否定されるべきかという問題は、いずれの説を採るかとは直接に結びつかず別個に考察されるべきである（取締役が責任を免れるべき事情が両説でどれだけ異なるのかは疑わしい）。両説の実際上の違いは、具体的法令違反がある場合に注意義務の違反についての立証責任をいずれが負うかという点にある。なお、吉原は自身がいずれの説を採るかについて明言していない[21]。

　森本滋は、一元説の立場から次のように論じる。任務懈怠には、①客観的な事実によって任務懈怠の有無が判断され、取締役が善管注意義務を尽くしたかどうかは帰責事由の中で考慮される類型と、②取締役が善管注意義務を尽くしたかどうかが任務懈怠の審査の中で行われ、帰責事由の審査は事実上行われない類型があるが、具体的法令違反事例は①、経営判断事例が②に当たる（＝田中説）とは限らず、法令違反でも②、経営判断事例でも①という場合もあるのではないか。法令違反事例には、②当該行為が任務懈怠となるかどうかが判断される場合と、①当該行為が当然に任務懈怠となり、後は帰責事由の有無が問題となるに過ぎない場合の両者があり得るのではないか。そのいずれであるかは、個々の法令の意義や解釈状況、取締役の行為の内容を総合的に判断してはじめて確定されるべきである。よって、一般論としては、善管注意義務・忠実義務違反を任務懈怠と理解して一元説を基礎とすることに合理性がある、

と[22]。

5 ここまでのまとめ

一元説・二元説のどちらを採用しても、経営判断事例では任務懈怠と帰責事由の内容がほとんど重なる（本書30頁を参照）こと、法令違反事例で取締役が注意を尽くした場合には責任を免れることにつき、違いは生じない。会社法の文言が任務懈怠と帰責事由とを区別していることを尊重しつつ一元説に立とうとするならば、森本説のように、法令違反事例／経営判断事例と任務懈怠／帰責事由の判断とはきれいに対応せず、交叉した関係になる。任務懈怠・帰責事由という実体法上の要件は、訴訟当事者が立証を行う上での土俵に当たるが、その土俵を森本説のように流動的なものとして設定することは、実務家（弁護士・裁判官）に無用な負担をかけることになる。

もっとも、2で紹介した債権法改正論へのシンパシーが実務家の間でも共有されるのであれば、一元説を実践すべきとも考えられる。次の6で、債権法改正論のその後を追跡する。

6 債権法改正論のその後

民法（債権法）改正検討委員会による債権法改正プロジェクトは、法制審議会民法（債権関係）部会へと引き継がれた。第1回会議が平成21（2009）年11月24日に開催されているが、同部会の委員・幹事には、民法（債権法）改正検討委員会とは異なり、実務法曹、企業関係者、消費者の利益代表者など、

20―田中亘「利益相反取引と取締役の責任（上）（下）」商事法務1763号（2006年）4頁、9頁、1764号（2006年）4頁、8頁。
21―吉原和志「会社法の下での取締役の対会社責任」黒沼悦郎ほか編『江頭憲治郎先生還暦記念　企業法の理論（上巻）』（商事法務、2007年）521頁、529頁、531頁、533頁。
22―森本滋「会社法の下における取締役の責任」金融法務事情1841号（2008年）10頁、15頁。
　これに先立つ森本滋「法令違反行為と利益相反取引に係る取締役の責任」金融法務事情1839号（2008年）24頁も同趣旨を論じているが、ここでも論旨は難解である。筆者（大杉）の理解では、森本が二元説に立たない理由は、(1)法令の内容が明確でない場合には、違法の認識可能性の有無を問うことは適切ではなく、違法の認識可能性の程度を含めて総合的に善管注意義務違反の有無を判断すべきであること（26頁）、(2)法令の解釈に争いがあるため取締役が善管注意義務を尽くして適法と判断して行動したが、事後的に違法とされた場合に、たとえ帰責事由を欠くことを理由に賠償責任は否定されるとしても、そのような場合を当然に任務懈怠と考えることには違和感があること（27頁）、の2点のようである。注44を参照。

（民法）学者以外の者が多く加わっている。

　ここでは、債務不履行における損害賠償責任をめぐる同部会の議論の推移を概観する。「民法（債権関係）の改正に関する中間試案」（平成25年2月26日決定）は、「第10　債務不履行による損害賠償」の「1　債務不履行による損害賠償とその免責事由（民法第415条前段関係）」において、民法第415条前段を次のように改めることを提案する（3つの項のうち、法定債務に関する第3項は本項のテーマに関係しないので、第1・2項のみをここで掲げる）。

　　(1)　債務者がその債務の履行をしないときは、債権者は、債務者に対し、その不履行によって生じた損害の賠償を請求することができるものとする。
　　(2)　契約による債務の不履行が、当該契約の趣旨に照らして債務者の責めに帰することのできない事由によるものであるときは、債務者は、その不履行によって生じた損害を賠償する責任を負わないものとする。

　中間試案はパブリックコメントの手続を経、部会ではさらに審議が進められ、そのほぼ最終的な結論が、「民法（債権関係）の改正に関する要綱仮案（平成26年8月26日決定）」として取りまとめられた（なお、約款に関する議論は、切り離されて継続審議とされている）。
　要綱仮案の「第11　債務不履行による損害賠償」の「1　債務不履行による損害賠償とその免責事由（民法第415条関係）」は、民法415条の規律を次のように改めるものとしている。

　　債務者がその債務の本旨に従った履行をしないとき又は債務の履行が不能であるときは、債権者は、これによって生じた損害の賠償を請求することができる。ただし、その債務の不履行が、契約その他の当該債務の発生原因及び取引上の社会通念に照らして債務者の責めに帰することができない事由によるものであるときは、この限りでない。

　上記要綱仮案は、まだ国会での法改正手続を経て実現したものではないため、

今後の展開は本稿執筆時点では予見できない。しかし、「現行法→債権法改正の基本方針→中間試案→要綱仮案」の変遷に照らすと、次のように論じることができる。

まず、中間試案について、法務省民事局参事官室「民法（債権関係）の改正に関する中間試案の補足説明」は次のように説明する。①伝統的通説は、「債務者の責めに帰すべき事由」（民法第415条後段）とは、故意、過失又は信義則上それと同視すべき事由を意味すると解してきたが、裁判実務においては「債務者の責めに帰すべき事由」が、債務者の心理的な不注意や、契約を離れて措定される注意義務の違反として理解されているわけではない。部会の審議においても、契約による債務の不履行による損害賠償につき免責を認めるべきか否かは、契約の性質、契約をした目的、契約締結に至る経緯、取引通念等の契約をめぐる一切の事情から導かれる「契約の趣旨」に照らして、債務不履行の原因が債務者においてそのリスクを負担すべき立場にはなかったと評価できるか否かによって決せられるとの考え方が、裁判実務における免責判断の在り方に即していることにつき、異論はなかった。②中間試案は、現行法の「（債務の）本旨」という表現を避けているが、これは、この言葉を用いることは、損害賠償の原因となるべき債務不履行は単なる債務不履行では足りないとの誤読を招くおそれがあると考えられるため、このような誤読を避ける趣旨で、「本旨」その他の限定的な文言を付さないで「債務の履行をしないとき」と表現した、という。

このような説明を踏まえて、文言の変遷を見てみよう。

上記のうち、①について、現行法の「債務者の責めに帰することのできない事由」という要件に代えて「基本方針」は「契約において債務者が引き受けていなかった」という規定振りを提案したが、中間試案・要綱仮案では「債務者の責めに帰することのできない事由」を残すことが選択された。他方、帰責事由と過失の混同を避けるために、中間試案では「当該契約の趣旨に照らして」、要綱仮案では「契約その他の当該債務の発生原因及び取引上の社会通念に照らして」という文言が「債務者の責めに帰することのできない事由」を修飾することとされた。

そして、②について、要綱仮案は、「債務の本旨に従った履行をしないとき

又は債務の履行が不能であるとき」という表現を用いている。これは、中間試案の「その債務の履行をしないとき」「債務の不履行」という表現だけでは、そこに履行不能を含むことを読み取りにくいという懸念に配慮したものである[23]。その結果、文言上、債務不履行の3分類をやめ一元的に把握するとの趣旨は後退し、「債務の本旨」という表現が復活し、規定振りはかなり現行法に引き戻されている。

　以上の文言の変遷は、民法学者以外の関係者が、民法学者の提案の趣旨を理解しつつも、民法学者の提案に係る概念構成の変更を拒み、帰責事由という概念を手放さなかったことを示している。このことの是非は論じないが、記述的にいえば、学者グループの提案は、実務法曹・国民（消費者・企業）の共通言語としては受容されなかったといえる。

7　小括

　会社法423条を一元説に立って解釈・運用するか否かは、近時の民法学説へのシンパシーが実務家の間で共有されるか否かによる(5)。民法改正の経緯に照らせば、実務法曹・国民は、民法学者の提案を受容しなかった(6)。

　次にⅣで取締役の対会社責任の要件事実を検討することになるが、要件事実論は、裁判所・当事者が、事案を的確に把握して早期に争点を整理し、審理の目標を明確にして、迅速かつ妥当で効率的な審理・判断を実現するという機能を有するものであり[24]、実務法曹にとっての共通言語である。取締役の対会社責任という基本的な問題について要件事実を論じるにあたっては、強い必然性のない限り、判例・裁判実務から外れた実定法の解釈を前提とするべきではない。よって、以下では423条に関する二元説を前提として検討する。

Ⅳ　取締役の対会社責任の要件事実

1　要件事実論の概観

　要件事実とは、一定の法律効果（権利の発生、障害、消滅、阻止）を発生させる法律要件に該当する具体的事実をいう（この用語法によれば、要件事実と主要事実は同義となる）[25]。

　裁判では、ある主要事実の存否が不明に終わった場合にいずれの訴訟当事者

が不利益を負うか（立証責任）が明らかでなければ、裁判所は判決をすることができない。そこで、法律要件を立証責任の分配に即して「請求原因、抗弁、再抗弁、再々抗弁……」という形に階層化するのが要件事実論である。実務家の養成においては、要件事実の階層構造の理解・知識を前提として、雑多な事実や当事者の言い分から各要件事実に該当するものを抽出・分類し、そうでない（法適用上意味のない）事実と区別する訓練が重視される。立証責任の分配の基準については、いくつかの考え方がある（修正法律要件分類説[26]、「裁判規範としての民法」説[27]など）。

　法律要件のうち評価を伴うものを評価的要件（規範的要件）という。たとえば「過失」「正当事由」などがこれに該当し、本稿で扱う「任務懈怠」「帰責事由（の不存在）」も評価的要件に該当する。評価的要件においては、一方の訴訟当事者が当該要件の充足を根拠づける具体的事実（評価的事実）を主張・立証し、他方の訴訟当事者が、評価根拠事実と両立し当該評価を妨げる事実（評価障害事実）を主張・立証する[28]。たとえば、取締役の対会社責任が訴訟で請求されている場合に、任務懈怠の要件については、原則として、原告はその評価根拠事実を主張・立証し（請求原因）、被告はその評価障害事実（抗弁）を主張・立証することになる[29]。

23—渡辺達徳「債務不履行」法律時報86巻12号（2014年）21頁、24頁。
24—司法研修所編『新問題研究　要件事実』（法曹会、2011年）8頁、伊藤滋夫『要件事実講義』（商事法務、2008年）4頁以下。
25—司法研修所編・前掲注24・5頁、伊藤・前掲注24・3頁。
　　これに対して、要件事実とは法律要件の中から証明責任の分配原則に従って摘出された抽象的事実をいい、要件事実に該当する具体的事実を主要事実と呼んで、両者を区別する用語法もある。坂本慶一『新要件事実論』（悠々社、2011年）43頁以下、岡口基一『要件事実入門』（創耕社、2014年）78頁以下、この用語法への批判として伊藤滋夫『要件事実の基礎』（有斐閣、2000年）60頁以下を参照。
26—「実体法において、請求権の発生要件とされているものは原告に、請求権の発生障害要件、消滅要件、行使阻止要件とされているものは被告に、それぞれ立証責任を負わせる」という法律要件分類説を、立証の困難性などの事情も考慮して修正する見解。司法研修所編・前掲注24・8頁、岡口・前掲注25・22頁を参照。
27—民法（実体法）の制度趣旨を踏まえつつ、それが裁判の場で適切に実現できるように立証の公平という要素を加味して判断するとの見解。伊藤・前掲注24・204頁以下を参照。
28—伊藤・前掲注24・26頁、257頁、司法研修所編・前掲注24・102頁、141頁、岡口・前掲注25・48頁以下、110頁、169頁。

2　会社法 423 条 1 項と民法 415 条との関係

　会社法 423 条 1 項の要件事実を検討する際には民法 415 条の議論を参照することになるが、その前提として両規定の関係についてここで検討しておく。

　会社法 423 条 1 項と債務不履行責任を定める民法 415 条との関係について、最高裁は次のように述べている（平成 17 年改正前商法についての判示）。

> 「株式会社の取締役は、受任者としての義務を一般的に定める商法 254 条 3 項（民法 644 条）、商法 254 条の 3 の規定に違反して会社に損害を与えた場合に債務不履行責任を負うことは当然であるが（民法 415 条）、例えば、違法配当や違法な利益供与等が会社ないし株主の同意の有無にかかわらず取締役としての職務違反行為となること（商法 266 条 1 項 1 号、2 号）からも明らかなように、会社の業務執行を決定し、その執行に当たる立場にある取締役の会社に対する職務上の義務は、契約当事者の合意の内容のみによって定められるものではなく、契約当事者の意思にかかわらず、法令によってその内容が規定されるという側面を有するものというべきである。商法 266 条は、このような観点から、取締役が会社に対して負うべき責任の明確化と厳格化を図る趣旨の規定であり〔大杉注：前掲最判平成 12 年を引用〕、このことは、同条 1 項 5 号に基づく取締役の会社に対する損害賠償責任が、民法 415 条に基づく債務不履行責任と異なり連帯責任とされているところにも現れている……」[30]。

　なお、「債務不履行責任を負うことは当然であるが」という判示は、債務不履行に基づく損害賠償請求権と会社法 423 条 1 項に基づく損害賠償請求権の両方が成立し、両者は請求権競合の関係にある、という趣旨ではなく、この部分は続く部分への導入を述べたと読むべきだろう。特別規定としての後者が一般規定である前者に優先して適用されると考えるべきである[31-32]。

3　任務懈怠責任の要件事実

(1)　序

　債務不履行責任の要件事実を敷衍すると、任務懈怠責任の要件事実は次のよ

うに考えられる[33]。

　訴訟物：会社法 423 条 1 項に基づく損害賠償請求権
　請求原因：
　　①被告が役員等として任務を怠ったこと、②損害の発生および額
　　③①と②の因果関係

　抗弁：
　　ア　帰責事由の不存在、イ　違法性の不存在
　　ウ　責任の全部又は一部の免除、エ　損益相殺、オ　過失相殺の類推
　　カ　寄与度に応じた賠償額の減額、キ　消滅時効

　「任務を怠ったこと」は評価的要件（規範的要件）に当たる（1）ため、原告が主張立証すべき主要事実はその評価根拠事実であり（請求原因）、被告はその評価障害事実を主張立証する（抗弁）ことになる。
　任務懈怠が「責めに帰することのできない事由によるものであること」は、任務懈怠責任の発生障害要件である。条文の文言に即して縮めると「帰責できない事由によること」等の表現を用いるべきところであるが、ここでは一般的な用法に従い「帰責事由の不存在」と表現する。帰責事由の不存在も任務懈怠と同様に評価的要件に当たるため、被告がその評価根拠事実を主張立証し（抗

29——評価根拠事実（請求原因）と評価障害事実（抗弁）の総合判断により任務懈怠の要件の該当性が判断されることにつき、松田亨「近時の取締役責任追及をめぐる実務上の留意点」『日弁連研究叢書・現代法律実務の諸問題　平成 23 年度研修版』（2012 年）241 頁、253 頁以下および 252 頁の図表 1 ④を参照。
30——最（二小）判平成 20・1・28 民集 62 巻 1 号 128 頁（北海道拓殖銀行ミヤシタ事件上告審判決）。
31——最判平成 12・7・7 前掲注 10 の河合伸一補足意見は、「本規定〔＝平成 17 年改正前商法 266 条 1 項 5 号〕は、取締役が右のような行為をしたときは、当然に、民法 415 条所定の『債務ノ本旨ニ従ヒタル履行ヲ為ササル』との要件……を充足すると定めるものであって、その意味で同条に対する特則を成す」と述べている。
32——大江忠『要件事実会社法(2)』（商事法務、2011 年）678 頁は、会社法 423 条 1 項は民法 415 条を確認する規定に過ぎないとの見解（確認規定説）と、前者は後者とは異なる法定責任を定める規定であるとの見解（法定責任説）とがあるとし、法定責任説が通説であると説明しているが、ここでいう法定責任説の趣旨は明らかではない。
33——大江・前掲注 32・674 頁以下、岡口基一『要件事実マニュアル第 1 巻〔第 4 版〕』（ぎょうせい、2014 年）491 頁以下、岡口基一『同第 3 巻〔第 4 版〕』（ぎょうせい、2014 年）72 頁以下を参照した。

弁)、原告はその評価障害事実を主張立証する（再抗弁）ことになる。

(2) 違法性阻却事由の位置づけ

正当防衛・緊急避難等の違法性阻却事由については、これらが任務懈怠責任の発生障害要件となることにはほとんど争いはなく[34]、その立証責任が被告の側にあることも明らかであるが、この要件が「任務懈怠」「帰責事由の不存在」のどの要件に関するものかはあまり論じられていない。

この点、428条1項は、取締役・執行役の自己取引（自己のためにする直接取引）においては、423条1項の原則を修正し、被告は帰責事由の不存在を主張して賠償責任を免れることができないと定めている。これは、自己取引により会社に損害が生じているときには、それに対応する利益（少なくともその一部）が被告に帰属していることに照らして、「任務懈怠はあるが帰責事由が不存在である場合」にも賠償責任を負わせることを定めたものである。よって、取締役の自己取引が緊急避難によるものである場合に、取締役の賠償責任を否定すべきであると考えるならばこの要件は「任務懈怠」の要件に関するもの、取締役の賠償責任を肯定すべきであると考えるならばこの要件は「帰責事由の不存在」の要件に関するものと考えるべきことになる。

もっとも、この場合に取締役の責任を肯定すべきか否かについては確たる決め手はないように思われる。そして、「取締役の自己取引が緊急避難による場合」はごく稀にしか生じないと思われるから、この点を掘り下げて検討することの実益はあまり大きなものではない。そうであれば、任務懈怠（本旨不履行）が違法性、帰責事由が責任に対応するという一般的な用語法に従い、違法性阻却事由は任務懈怠を否定する事情として理解することが差し当たり適切であろう。具体的には、緊急避難等（本書43～44頁を参照）は任務懈怠の評価障害事実として被告が主張立証責任を負い（抗弁）、この主張があった場合に原告が緊急避難等に当たらない旨を主張立証すること（再抗弁）は任務懈怠の評価根拠事実と位置づけられる。

あるいは、違法性阻却事由を不文の（理論上その存在が認められる）要件[35]（任務懈怠責任の発生障害要件）と解することも可能であろう。

(3) 経営判断の失敗事例

被告の行為が善管注意義務に違反するが具体的法令には違反しない場合には、

善管注意義務に違反することが「任務を怠った」に該当し、原告は善管注意義務の違反を基礎づける具体的事実（評価根拠事実）を主張立証し（請求原因）、被告は善管注意義務の違反という法的評価を否定する具体的事実（評価障害事実）を主張立証する（抗弁）。

この類型では、原告が任務懈怠の立証に成功すると、被告が責任を免れるために帰責事由の不存在を主張立証する余地はほとんど残されていないといわれる。もっとも、理論的には、「緊急避難等の違法性阻却事由や、期待可能性等の責任阻却事由の存在が認められるときは」[36]、被告は責任を免れる。期待可能性（他行為可能性）が欠ける場合として、脅迫を受けて冷静な判断ができない状況で取締役が会社の資金を交付した場合などが挙げられる[37]。この場合は、帰責事由の不存在に該当するものと位置づけられる。また、不可抗力[38]による場合も帰責事由の不存在に当たる。

(4) 具体的法令違反

先述のように、被告が具体的法令に違反する行為をしたときには、注意義務違反の有無を問わず任務懈怠の要件は充足される。この場合、原告は、被告のした具体的行為を主張・立証することになる。当該行為が具体的法令に違反しているか否かは事実認定の問題ではなく法解釈の問題であり、裁判所の専権に

34—このことを明言するものとして、最判平成12・7・7前掲注10の河合裁判官の補足意見、岡口・前掲注33・『第3巻』84頁。
35—この立場に立っても、取締役の自己取引が緊急避難によるものである場合に、取締役の賠償責任が否定され、結論に差は生じない。
　　任務懈怠責任について不文の要件を観念する実益はなさそうであるが、別の例では不文の要件を観念すべき場合がある。分配可能額を超過する剰余金の配当等を行った取締役は、一定の金額の支払責任を会社に対して負うが（会社法462条1項）、「職務を行うについて注意を怠らなかったことを証明したときは、同項の義務を負わない」（同条2項）。期待可能性の欠如や違法性阻却事由は文字通りには2項に該当しないが、この場合には不文の発生障害要件を肯定して免責を認めるべきである。
36—最判平成12・7・7前掲注10の河合裁判官の補足意見。
37—東京高判平成15・3・27判例タイムズ1133号271頁（蛇の目ミシン株主代表訴訟事件）は、そのような場合につき、外形的には忠実義務・善管注意義務に違反するが、取締役には職務執行上の過失がなかったとして賠償責任を否定した。もっとも、上告審では、「やむを得なかったものとして過失を否定することは、できない」とされた。最（二小）判平成18・4・10民集60巻4号1273頁。これは、事実の評価が異なったためであり、最高裁判決は期待可能性の欠如が免責事由に当たることを否定したものではない。
38—「不可抗力」とは、「外部から生じた原因であり、かつ防止のために相当の注意をしても防止できない事件」などと定義され、人の力による支配・統制を観念することができる事象か否かが免責の基準となる。民法（債権法）改正検討委員会・前掲注12・252頁。

属する。

　もっとも、具体的法令違反行為の場合であっても、被告は緊急避難等の違法性阻却事由を主張立証することができる。具体的には、緊急避難等を基礎づける具体的事実が任務懈怠の評価障害事実に当たり、これを主張立証する（抗弁）。これに対して、原告は違法性阻却という法的評価を否定する具体的事実＝任務懈怠の評価根拠事実を主張立証できる（再抗弁）。

　また、被告は、帰責事由の不存在（の評価根拠事実）を抗弁として主張立証することができる。この場合の帰責事由の不存在には、(3)で述べた期待可能性の欠如、不可抗力に加えて、法令違反の認識を期待できなかったこと（注意を尽くしたこと）もここに含まれる[39]。すなわち、「帰責事由（の不存在）」の内包は、(3)(4)の類型の違いに応じて伸び縮みする[40]。この被告の主張立証に対して、原告は帰責事由の不存在についての評価障害事実——被告が行為の適法性の確保に関して適切な措置・手段を講じていたという評価を否定する事実——を再抗弁として主張立証できる。

4　経営判断の原則

　経営判断の原則の定式について裁判例は変遷した[41]。アパマンショップHD株主代表訴訟事件最高裁判決[42]を経て、現在では、①当該行為が経営上の専門的判断にゆだねられた事項についてのものであること、②意思決定の過程に著しい不合理性がないこと、③意思決定の内容に著しい不合理性がないことの3点を満たせば善管注意義務違反が認められないとの理解[43]が定着してきている（本書8頁および拙稿「研究会を終えて」〔本書227頁〕の1を参照）。

　この経営判断の原則については、それが取締役の任務懈怠責任の要件事実とどのような関係に立つのかが問題となる。まず、善管注意義務違反の類型では、3(1)(3)で前述したように、善管注意義務の違反を基礎づける具体的事実（評価根拠事実）を原告が主張立証し、被告が善管注意義務の違反という法的評価を否定する具体的事実（評価障害事実）を主張立証するが、問題となっている行為（作為）が①に該当する場合には、裁判所は、立証された評価根拠事実と評価障害事実を総合評価するにあたって、②③意思決定の過程と内容の両面で当該行為が著しく不合理であるか否かというモノサシを用いることが、経営判断

の原則によって明らかにされているといえる。

　次に、具体的法令違反の類型については、「法令違反行為には経営判断の原則が適用されない」といわれることがある。しかし、行為当時に法解釈が確立しておらず違法かどうか明確でない場合に、取締役が専門家の意見を参考にするなどして法令違反の確率が低いと判断し、費用便益分析の結果、法的リスクを取ったという事例を考えると、たしかに法令の解釈は①経営上の専門的判断にゆだねられた事項とはいえないが、専門家の助言を得て法令違反の確率が低いと考えられる場合に、法令違反でないとされた場合の会社の利益の期待値を考慮して費用便益分析を行うことは、①経営上の専門的判断としての要素を含んでいる。そして、専門家の意見の収集・分析は②意思決定の過程に含まれるし、それを踏まえた判断は③意思決定の内容に当たる。注意を尽くして法的リスクを取った場合にも、すなわち、意思決定の過程と内容のいずれも著しく不合理といえない場合には、損害賠償責任は否定されるべきであり、このことについては、学説上のコンセンサスがあるように思われる[44]。この意味で、具体的法令違反行為についても、経営判断原則と同様の司法審査の手法が妥当すべき場合があり、これを「経営判断原則が適用される」と呼ぶか否かは言葉の

39——最判平成12・7・7前掲注10。松田・前掲注29・252頁の図表12を参照。
　　もっとも、「法令違反の認識を欠いたことにつき過失があった／なかった」という表現振りは心理状態に重きを置いたものと受け取られる危険がある。「過失の客観化」——過失を、意識の緊張を欠いたため自己の行為から生じる結果を予見しなかった心理状態、ととらえることをやめ、自己の行為から生じる結果を認識できたこと（予見可能性）を前提に、行為者に課される客観的な行為義務に違反すること（結果回避義務違反）としてとらえること——を踏まえると、日常的に多数の経営上の判断に迫られる取締役が、行為の適法性の確保に関して、どのような／どの程度の措置・手段を講じるべきであるのかを問題とすべきである。吉原・前掲注1・28頁。
40——大杉・前掲注5・335頁以下。
41——堀田佳文「経営判断原則とその判断基準をめぐって」飯田秀総ほか編『落合誠一先生古稀記念商事法の新しい礎石』（有斐閣、2014年）253頁。
42——最（二小）判平成22・7・15判時2091号90頁。
43——神田秀樹『会社法〔第13版〕』（弘文堂、2011年）208頁による定式化である（同書第16版〔2014年〕222頁も同様）。最高裁の言い回しを用い、かつ本文で述べたような定式に沿った判断を示した下級審裁判例として、東京地判平成25・2・28金判1416号38頁がある。
44——注39で紹介した吉原の見解と田中・前掲注20・「下」10頁以下、森本・前掲注22・1841号15頁は、結論において一致している。おそらく、森本の見解では、野村證券事件の事例のように、行為当時に取締役が法令違反の可能性に思い至ることが困難であったという場合（期待可能性が欠ける場合）は帰責事由の不存在の問題として扱い、本文で述べたような法令違反の可能性があるため専門家の助言を得て法的リスクを取る場合を任務懈怠の問題として扱うとの趣旨であろう。注22で引用した森本の見解を参照。

問題に過ぎないであろう（本書40頁、44頁を参照）。

　以上で検討したように、経営判断の原則は取締役の対会社責任の有無を判断する上での重要な基準を提供するものであり、訴訟の運営のあり方を示すとともに、上場会社などの意思決定のあり方に影響を与えるものでもある。もっとも、経営判断の原則が適用される範囲を論じることはあまり有益でないように思われる。経営判断の原則の起源であるアメリカの判例法においては、ある事実類型が経営判断原則の適用対象となるか否かによって、当該事案を処理する法律上のルートが区別されるが[45]、わが国では経営判断原則の適用にそのような効果はないからである。

　実際の事案の処理においては、取締役の裁量の有無が問題となることもあるが、裁量の大小が問題となる場合も少なくない。経営判断原則についても、その適用の有無を類型ごとに論じることに力を入れることよりも、その運用について、換言すれば具体的事案の性質に応じて司法審査の密度をどのように調整すべきかを考えるほうが、有益であろう[46]。

V　結びに代えて

　取締役の任務懈怠責任について、本稿は判例・通説の見解を支持し、その立場から要件事実を論じた。一元説と二元説の対立の背景には、近時の債権法改正への関心がある。他方、任務懈怠や帰責事由の不存在という評価的要件の主張立証責任、それを踏まえた任務懈怠責任についての判断構造は、商法研究者の間でこれまで十分には意識されてこなかったように思われる。

　任務懈怠・帰責事由（の不存在）がいずれも評価根拠事実であるため、取締役の経営判断の失敗により会社に巨額の損失が生じたというだけでは、任務懈怠の評価根拠事実としては全く不十分であり、経営判断の時点での各取締役の職務分担、認識、具体的な意思決定の時期と手続・内容などの主張立証が通常必要である。他方、原告の立証した事実により被告の任務懈怠がある程度推認されるに至った場合には、被告は評価障害事実を主張立証しなければ敗訴する。裁判実務では、取締役別時系列表などを活用して前提となる事実を整理し、審理の迅速化を図り、真に勝敗を分ける争点に攻撃防御の力点を置くことが模索されているようである。近時の医療過誤訴訟で裁判所が病院側に診療経過を提

出させているのと同様の趣旨で、取締役の責任追及訴訟においても、会社が文書の提出等によって事案の解明に協力することが求められる場合は少なくないだろう[47]。

　以上が、判例・裁判実務を踏まえた任務懈怠責任の要件事実論である。本稿の立場には異論もあると思われるが、本稿が理論と実務の架橋にいくらかでも裨益することがあれば望外の幸せである。

45―経営判断原則が適用されると、審理を早期に打ち切り（ディスカバリーの手続に入ることなく）略式判決により請求が棄却されるという手続法上の効果が生じる。実体法上は、経営判断の原則、完全な公正の基準、ユノカル基準、レブロン基準等の審査基準が存在し、事案の類型によって適用される基準が区別される。
46―大杉・前掲注5・315～332頁。
47―松田・前掲注29・254頁以下、265頁以下、268頁以下（取締役別時系列表のサンプル）を参照。

報告論文 3

利益相反取引による取締役の会社に対する損害賠償責任の要件事実論的考察
――会社法 423 条 3 項の推定規定の規範構造を中心に

氏本厚司

I はじめに

　利益相反取引による取締役の会社に対する損害賠償責任について、会社法は、旧商法の無過失責任を改め、任務懈怠責任とした上で、任務懈怠を推定する旨の規定を設けている（423 条 3 項）。本稿では、要件事実論の視点からこの推定の性質を明らかにした上で、訴訟物や攻撃防御方法の構造を分析することにより、今後の実務の運用に有益な検討ができればと考えている。本稿は、次のような設例で、会社の取締役が相手方の会社を代表して取引をした場合（いわゆる直接取引）の当該取締役の責任に絞って検討したい。なお、筆者は、本年 9 月まで東京地方裁判所民事第 8 部（商事部）に在籍していたが、本稿は、あくまでも筆者の個人的な見解であり、東京地裁商事部の見解を示すものではない。

○設例[-1]

　Y は X 社（取締役会設置会社）の取締役であり A 社の代表取締役であるところ、A 社を代表して、X 社（代表取締役 B）との間で、A 社が所有する時価 1,000 万円相当の土地を X 社に代金 2,000 万円で売るとの売買契約を結んだ。

Ⅱ　利益相反取引による取締役の損害賠償責任に関する会社法の規定

(1)　利益相反取引による取締役の損害賠償責任に関する会社法の規定を本設例との関連でみると、次のとおりである。
- 取締役は、自己又は第三者のために株式会社と取引をしようとする場合には、取締役会において、当該取引につき重要な事実を開示し、その承認を受けなければならない（会社法356条1項2号、365条1項）。
- 取締役は、その任務を怠ったときは、株式会社に対し、これによって生じた責任を負う（会社法423条1項）。
- 会社法356条1項2号の取引（＝取締役が自己又は第三者のために株式会社とする取引）によって株式会社に損害が生じたときは、その取締役は、その任務を怠ったものと推定する（会社法423条3項2号）。
- 会社法356条1項2号の取引（自己のためにした取引に限る。）をした取締役の会社法423条1項の責任は、任務を怠ったことが当該取締役の責めに帰することができない事由によるものであることをもって免れることができない（会社法428条1項）。

(2)　会社法施行前の旧商法及び旧商法特例法（平成17年法律第87号による改正前の商法及び商法特例法）においては、取締役会の承認を受けた利益相反取引をした取締役について、委員会等設置会社を除く株式会社では無過失責任である損害賠償責任を負うとされ（旧商法266条1項4号）、委員会等設置会社にお

---

1 ─ 利益相反取引により会社が被る損害の類型について、北村雅史「競業取引・利益相反取引と取締役の任務懈怠責任」森本滋先生還暦記念『企業法の課題と展望』（商事法務、2009年）241頁は、利益相反取引のうち取締役会の承認を受けてされた直接取引についての取締役の責任を結果債務的に構成して会社に損害が生じるような取引を行うこと自体が行為義務違反になるとし、そこで想定されている損害として、第1に、当該取引の条件が公正な条件で取引が行われた場合と比較して会社に不利であった場合に公正な条件で行われたとすれば実現されたであろう経済的価値との差額（売買であれば公正な価格との差額）であり、第2に、取引条件は公正であっても会社にとって必要がない取引が行われた場合に会社が別の投資等に振り向けるべき金銭を当該取引に用いたことで生じる損害であり、第3に、取引条件が公正であり当該取引が会社にとって必要な場合でも相手方の支払能力に問題があり当該契約が履行されない蓋然性がある場合にその不履行により生じる損害を挙げる。実務上は第3の損害が主張される事案が多いように思われるが、検討をシンプルにするため、本設例では第1の損害を想定することとしたい。

いては「その職務を行うについて注意を怠らなかったこと」を証明すれば免責されるとされ（旧商法特例法21条ノ21第1項）、また、これらの責任はいずれも総株主の議決権の3分の2以上の多数という緩和された要件で免除できるとされ（旧商法266条6項、旧商法特例法21条ノ21第2項）、一方で、取締役会の承認を受けなかった利益相反取引をした取締役については、過失責任である法令違反（旧商法265条1項違反）による損害賠償責任を負うとされていた（旧商法266条1項5号）。

これに対し、「会社法制の現代化に関する要綱」（現代化要綱）は、利益相反取引に係る取締役の責任について、①委員会等設置会社を除く株式会社の取締役についても過失責任とし、ただし、自己のために直接取引をした取締役については無過失責任とするものとする、②一般の任務懈怠責任に関する規定に加え、取締役会の同意の有無にかかわらず、株式会社と直接に利益相反取引をした取締役等について、商法特例法21条ノ21と同様の立証責任を転換した特別の規定を設けるものとする、③免責決議要件に関する緩和規定（商法266条6項、商法特例法21条ノ21第2項）は廃止するものとする、とした。

これを受けて、前記(1)の会社法の規定が設けられたが、会社法は、利益相反取引に関する責任を一般の任務懈怠責任の中に位置づけた上で、取締役の立証責任の負担を任務懈怠の推定という形で規定し（423条3項）、自己のために直接取引を行った取締役は帰責事由の不存在（「責めに帰することができない事由」）によっては免責されない（428条1項）と規定した[2]。

このような会社法の規定振りから、任務懈怠と帰責事由との関係、任務懈怠の推定を破る抗弁と帰責事由不存在の抗弁との関係が問題となる[3]。

Ⅲ　要件事実論からみた会社法423条3項の構造

免責の抗弁に関する解釈論上の論点を検討する前提として、そもそも、会社法423条3項が定める任務懈怠の推定が、要件事実論の観点からみて、どのような構造のものなのかを分析することが必要であるように思われる。

(1)　法令において推定が規定されているものは、通常、法律上の推定といわれる。法律上の推定には、法律上の事実推定と法律上の権利推定があり、前者

は、前提事実があるときは推定事実があると推定するものであり、後者は、推定されるのが事実ではなく観念的な権利又は法律効果であるものをいう[4]。会社法423条3項の推定の対象は任務懈怠（「任務を怠った」）であり、これは、観念的な権利や法律効果ではないことは明らかであって、損害賠償の要件の1つであるから（同条1項）、法律上の事実推定であるようにも思える[5]。しかし、

2―北村・前掲注1・199頁は、現代化要綱に従った規定を会社法に置くとすれば、利益相反取引に関与した一定の取締役については、一般の任務懈怠責任とは別に、利益相反取引に関する損害賠償責任規定を設け、旧商法特例法21条の21第1項のような「その職務について注意を怠らなかったこと」の証明責任を取締役側に負担させ、かつ自己のために直接取引を行った取締役についてのみ「その職務について注意を怠らなかったこと」の証明によっても免責されない旨を定めることになるが、会社法は、利益相反取引に関する責任を一般の任務懈怠責任の中で捉え、無過失の立証責任の取締役の負担を任務懈怠の推定という形で規定し、自己のために直接取引を行った取締役については「責めに帰することができない事由によるものであることをもって」免責されないとしたのであって、この「責めに帰すべき事由」という文言は債務不履行の一般原則を定める民法415条において用いられており、民法の債務不履行に関する条文には「注意を怠らなかったとき」という文言は用いられないから、会社法の利益相反取引に関する責任の性質は債務不履行責任である、という。

3―会社法の立案担当者は、任務懈怠と帰責事由（過失）を別のものと理解し、利益相反取引の場合には任務懈怠の推定を破る抗弁と帰責事由不存在（無過失）の抗弁が別個に観念できるとの見解に立っているようであるが（相澤哲＝石井裕介「株主総会以外の機関」相澤哲編著『新・会社法の解説』（商事法務、2006年）117頁）、学説ではこれに否定的な見解が有力である（北村雅史「取締役の義務と責任」法学教室304号（2006年）43頁等）。潮見佳男「民法からみた取締役の義務と責任――取締役の対会社責任の構造」商事法務1740号（2005年）32頁は、428条1項が同規定の定める事件類型で任務懈怠なしの抗弁が許される余地を消していない点で「体裁が悪い」という。また、青木浩子「役員責任に関する二元説は会社法下での実務標準となるか」岩原紳作＝山下友信＝神田秀樹編集代表『会社・金融・法（上）』（商事法務、2013年）301頁は、従前の裁判例は、会社法の立案担当者のいういわゆる二元説すなわち任務懈怠と帰責事由（過失）とは別個に観念されるとの見解と整合的であるとは言い難く、二元説が無過失の抗弁とする内容は、請求者側の主張立証に係る注意義務違反の認定か、無過失以外の抗弁（過失相殺等）の認定において考慮されてきたとする。この問題に関する実務の反応は必ずしも明らかではないが、東京地方裁判所商事研究会編『類型別会社訴訟Ⅰ〔第3版〕』（判例タイムズ社、2011年）189頁、199頁は、任務懈怠の推定規定を過失責任の立証責任の転換とし、故意過失、善管注意義務違反を尽くしたことを主張立証すれば推定が破れる（すなわち任務懈怠と帰責事由は別個に観念できない）という趣旨であろうか（なお、同書の187頁には、請求原因として「利益相反取引をすることについて善管注意義務・忠実義務違反があったこと」が挙げられているが、任務懈怠が推定される利益相反取引についてこのような請求原因がなぜ必要となるのか、明らかではない。）。佐々木宗啓『商事関係訴訟〔改訂版〕』（青林書院、2013年）209頁、214頁も同旨か（同書の209頁にも、423条3項の要件事実として、「利益相反取引を行うについて尽くすべき注意義務の具体的内容と不履行」が挙げられているが、やはり推定との関係が明らかでない。）。

4―法律上の推定については、司法研修所『増補民事訴訟における要件事実第1巻』（法曹会、1989年）24頁、伊藤滋夫『要件事実の基礎』（有斐閣、2000年）99頁を参照。

5―大江忠『要件事実会社法(2)』（商事法務、2011年）699頁は、「会社法356条1項2号等の取引が行われたこと」「会社法423条3項1号等の取締役であること」「その取引によって株式会社に損害が生じたこと」を前提事実とし、会社法423条1項の「任務を怠った」ことを推定する「法律上の事実推定規定」と解される、とする。潮見・前掲注3・37頁も同旨か。

任務懈怠は、特定の事実ではなく、いわゆる評価的要件であって、その評価根拠事実が要件事実であると解すると[6]、このような任務懈怠を推定するということを、要件事実論の観点からどのように理解すべきか。

(2) この問題を検討する出発点となるのは、推定の対象である任務懈怠をどのように理解するかであろう。会社法423条1項の任務懈怠は、旧商法266条1項5号の法令違反行為を継承したものであるとされ、法令違反行為とは、最判平成12・7・7民集54巻6号1767頁（野村證券事件）によれば、具体的な法令に違反する行為又は善管注意義務違反であるとされているから[7]、推定の対象である会社法423条3項の任務懈怠を同条1項の任務懈怠と同じであると解すれば、推定の対象となる任務懈怠は、①具体的法令違反行為、または、②善管注意義務違反、ということになろう。

(3) このうち、①の具体的法令違反行為は、行為自体は具体的事実であって、これが個別の法令に違反すること（例えば独占禁止法19条違反）は法的評価（当該行為が独占禁止法19条の定める構成要件に該当するという評価）であり、個別法令違反行為という具体的事実そのものが任務懈怠の要件事実になる[8]。

任務懈怠の推定を、①の個別法令違反行為を推定事実とする法律上の事実推定と解することができるか。このように解する場合、推定事実とされる個別法令違反行為とは具体的にはどのような事実なのであろうか。現行法令上、損害を生じる利益相反取引をしたというだけでは、その行為が何らかの具体的な法令に違反する行為であるということはできず、利益相反取引であることに着目した法規制は、取締役会の承認を受けることであるから（会社法356条1項2号、365条1項）、利益相反取引であることによって個別法令違反となるのは、取締役の承認を受けなかった場合ということになる。そうすると、推定事実は、取締役会の承認を受けないで取引をしたこととなり、取締役は、推定を破る抗弁として、取締役会の承認を受けたことを主張立証して免責されることになる。しかし、これでは、取締役会の承認を受けた場合も含め利益相反取引について過失責任化した上で取締役の責任を問うこととした会社法の趣旨に反する。

また、推定事実を、利益相反取引を違法と評価する個別法令の存在、とする

（したがって、推定を破る抗弁として、そのような個別法令が存在しないことを主張立証することになろうか。）考えがあるかもしれないが、法令の有無は裁判所が専権で判断すべきであって、要件事実として当事者の主張立証に係らしめる性質のものではない。

(4) 次に、任務懈怠の推定規定を、②の善管注意義務違反を推定事実とする法律上の事実推定と考えることができるか。

取締役の善管注意義務違反の要件事実は、伝統的には、民法の債務不履行のうちの不完全履行に倣って、請求原因として、債務（注意義務）の発生原因事

---

[6] いわゆる評価的要件においてその評価根拠事実が要件事実であることについては、司法研修所・前掲注4・30頁、伊藤・前掲注4・125頁、難波孝一「規範的要件・評価的要件」『民事要件事実講座第1巻』（青林書院、2005年）197頁を参照。

[7] 証券会社の損失補てんに関する株主代表訴訟であり、最高裁は、旧商法266条1項5号の「法令」には会社を名あて人としてその業務を行うに際して遵守すべきすべての規定が含まれ、取締役がこれに違反する行為をしたときは、受任者としての義務を一般的に定める規定の違反を問うまでもなく法令違反行為になるとして、損失補てんは独占禁止法19条に違反し旧商法266条1項5号にいう法令に違反する行為に当たるが、取締役が同規定による損害賠償責任を負うためには違反行為につき取締役に故意又は過失を要するところ、被告らが損失補てんを決定し実施した当時、その行為が独占禁止法に違反するとの認識を有するに至らなかったことにはやむを得ない事情があったというべきであって、その認識を欠いたことにつき過失があったとすることもできないから、被告らにつき旧商法266条1項5号に基づく損害賠償責任を肯認することはできない、とした。

[8] 豊澤佳弘・最高裁判所判例解説民事篇平成12年度（下）（2003年）602頁は、野村證券事件最高裁判決は、取締役の行為が個別規定及び対会社規定に違反する場合には、改めてその行為が取締役の善管義務・忠実義務に違反することになるか否かを問うまでもなく、直ちに債務不履行における不履行要件（履行不完全）を充足し、取締役側で故意過失の不存在又は違法性阻却事由の存在等を主張しない限り、損害賠償責任を免れないとの見解を採ったという。菅原喜与志「任務懈怠責任の法的性質と構造——要件事実的考察をふまえて」山本爲三郎編『新会社法の基本問題』（慶應義塾大学出版会、2006年）177頁、北村・前掲注1・206頁も同旨か。これに対し、吉原和志「法令違反行為と取締役の責任」法学60巻1号（1996年）1頁は、旧商法266条1項5号の法令違反責任について、具体的法令違反行為をもって直ちに本旨不履行とみるべきではないとし、具体的法令違反の事実が主張立証されれば、注意義務違反があったことが事実上推定され、取締役の側で相当な注意を尽くしたことを証明する事実上の必要に迫られることがあるというべきであり、どの程度事実上の推定が働くかは、法令の種類や性格によっても異なるという。この見解がいう事実上の推定（事実上の事実推定）は、法律効果の発生要件事実である「注意義務違反」「本旨不履行」を間接事実である「具体的法令違反行為」から推認させる立証技術であり（司法研修所・前掲注4・26頁参照）、要件事実（請求原因事実）そのものは「注意義務違反」「本旨不履行」であって、取締役側で相当な注意を果たしたことの立証は、抗弁ではなく、請求原因事実の推認を妨げる反証にすぎないことになろう。しかし、前掲注6の諸文献によれば、このような「注意義務違反」「本旨不履行」といった評価の要件そのものを要件事実であるとみることは相当でないということになる。野村證券事件最高裁判決の論理からみれば、法令の種類や性格などは過失（帰責事由）の有無において考慮すべき事柄ではないかと思われるが、詳細は大杉謙一教授のご報告に委ねたい。

実、本旨不履行（注意義務により求められる行為と実際の行為との不一致）、損害と因果関係を主張立証し、取締役側が、抗弁として、帰責事由（故意過失又は信義則上これと同視すべき事情）の不存在を主張立証できるとされている。これに対し、近時の民法学説の結果債務・手段債務2分論に立って、善管注意義務を手段債務とした上で、請求原因での注意義務違反の主張立証と過失の主張立証が重なり合うとして、無過失の抗弁は主張自体失当であり、不可抗力の抗弁が主張立証できるにすぎない、とする見解もある[9]。

いずれの見解によるとしても、善管注意義務違反では、請求原因として、具体的な注意義務を特定し、その発生原因事実を主張立証しなければならないが、特定されるべき注意義務の内容は、個別の事案ごとに異なるところ、そのような注意義務自体は評価的要件であって、その発生原因事実が要件事実（群）であると解すると、そのような要件事実（群）を個別の事案での具体的な注意義務を離れて推定の対象として把握することは難しいように思われる。

なお、利益相反取引における善管注意義務を、会社に損害を生じさせる利益相反取引をしない義務とする考えがあるかもしれないが、これでは、会社法423条1項の善管注意義務違反の発生原因事実が、同条3項の任務懈怠の推定の前提事実と同じになってしまい、利益相反取引と損害を主張立証すれば、同条1項の任務懈怠が認められることになるから、会社法が利益相反取引について同条3項で任務懈怠の推定を定めた理由が説明できなくなるように思われる[10]。

このように、会社法423条3項を、善管注意義務違反（善管注意義務の発生原因事実）を推定事実とする法律上の事実推定と解することも難しいと思われる[11]。

(5) このように、会社法423条3項の任務懈怠の推定を法律上の事実推定とみることができないとすると、この推定の性格、構造をどのように理解すればよいのであろうか。

会社法423条3項の趣旨について、会社法の立案担当者は、利益相反取引が類型的に会社に損害を及ぼすおそれのある取引であるから、利益相反取引により会社に損害が生じた場合には、取締役が任務を怠ったと推定し、当該行為を

慎重に行うことを求めている、とする${}^{-12}$。利益相反取引は、利益相反関係という構造から、取締役が自己の利益を図り、会社に損害を被らせるおそれが類型的に存するため、会社法は、取締役が会社に対しこのようなおそれのある利益相反取引をしてはならない任務を負うと定め、そのような任務を怠って損害を生じさせたことを、個別法令違反行為及び善管注意義務違反と並ぶ任務懈怠の１類型（あるいは善管注意義務違反による任務懈怠の１類型）とし${}^{-13}$、原則として、利益相反取引により会社に損害が生じれば、任務を怠ったと評価するとともに、例外的に、取引の性質上、取締役が会社に損害を及ぼすおそれがない取引であるなどの事情があれば、結果的に（その取引と相当因果関係のある）損害を生じさせても、任務を怠ったと評価しないとしたのであり、これを主張立証責任の分配として、任務懈怠の推定とこれを破る抗弁として構成した、ということになろう。要件事実論の視点でみると、もともと、会社法423条１項の任務懈怠という要件自体が評価的要件であり${}^{-14}$、同条３項は、利益相反取引で会社に損害が生じたことを、任務懈怠という評価的要件の評価根拠事実とし、

9―取締役の善管注意義務違反の要件事実については、吉原・前掲注８・35頁、同「利益相反取引にもとづく取締役の責任――取締役会の承認を受けた場合と受けない場合」法学67巻６号（2004年）99頁、潮見・前掲注３・32頁、菅原・前掲注８・196頁、重田麻紀子「取締役の会社に対する責任法理――過失責任化の意義」山本爲三郎編・前掲注８・220頁を参照。不完全履行の要件事実一般については、潮見佳男「債務不履行の構造と要件事実論――債務不履行を理由とする損害賠償請求における要件事実論と民法学」大塚直＝後藤巻則＝山野目章夫編著『要件事実論と民法学との対話』（商事法務、2005年）229頁、齋藤隆「債務不履行に基づく損害賠償請求」『民事要件事実講座第３巻』（青林書院、2005年）63頁を参照。なお、永石一郎「株主代表訴訟における主張・立証責任の構造」金融法務事情1552号（1999年）14頁は、伝統的な説に立ちつつ、本旨不履行（注意義務により求められる行為と実際の行為との不一致）は請求原因にはならず、請求原因としては特定の義務に違反したことを主張すれば足り、注意義務により求められる行為をしたことが帰責事由不存在の抗弁になる、という。

10―この点に関連して、新谷勝『会社訴訟・仮処分の理論と実務〔第２版〕』（民事法研究会、2011年）328頁は、利益相反取引による任務懈怠責任は不完全履行責任であり、被告である取締役が過失その他自己に帰責事由がないことを抗弁として主張立証しなければならないから、任務懈怠の推定は当然のことであり、会社法423条３項は、解釈上の主張立証責任の所在を明確にしたものにすぎないとする。佐々木・前掲注３・209頁も同旨か（なお、東京地方裁判所商事研究会編・前掲注３・199頁を参照）。しかし、この考え方では、確認的な規定であるとはいっても、会社法が任務懈怠のうち利益相反取引のみについて推定規定を設けたことを合理的に説明できないように思われる。

11―重田・前掲注９・226頁は、任務懈怠責任を手段債務違反として本旨不履行と帰責事由の立証内容は重複するとしつつ、会社法423条３項は手段債務の本旨不履行の立証責任を転換したものであるとするが、要件事実論の観点からは、転換される立証責任の対象が立証命題となるべき事実といえるのかが問題であるように思われる。

12―相澤＝石井・前掲注３・118頁参照。

かつ、その要件事実の主張立証のみで、（推定を破る抗弁が成立しない限り）任務懈怠の評価が成立することを法定したものと解することができるのであって、法律上の事実推定とはその性質が異なるものであると考えられる[15]。

Ⅳ　取締役の抗弁その１──任務懈怠の推定を破る抗弁

(1)　会社法423条3項は任務懈怠を推定すると規定する以上、推定を破る特段の事情を抗弁として主張立証できると解されるところ、会社法423条3項の推定を任務懈怠の評価根拠事実の法定とその評価の成立であるとしては、ここでいう推定を破る抗弁は、任務懈怠の評価障害の性質を有することになるが、具体的にはどのような事実を抗弁として主張立証できるのであろうか。

　前記Ⅲ(5)のとおり、会社法423条3項が任務懈怠を推定したのは、利益相反取引が、利益相反関係という構造であるが故に、取締役が会社に損害を及ぼすおそれが類型的にある取引であり、取締役にはこのような取引をしてはならない任務があると定めたからであったというのであるから、利益相反取引が、利益相反関係という構造であるにもかかわらず、その取引の性質などからみて、取締役が会社の利益を犠牲にして自己の利益を図ることにより会社に損害を及ぼすおそれがないといえる特段の事情がある場合には、取締役がそのような取引をし、結果的に（相当因果関係のある）損害が生じたとしても、推定の前提が覆る。したがって、取締役は、推定を破る抗弁として、当該取引の性質などからみて取締役が会社に損害を及ぼすおそれのないものであることを主張立証できる。そして、このような特段の事情があるといえることも、評価であるから、その評価根拠事実が抗弁の要件事実であり、その評価障害事実が再抗弁の要件事実となる。その攻撃防御方法の構造は、通常の評価的要件での〈請求原因：評価根拠事実←抗弁：評価障害事実〉とは異なり、〈請求原因：任務懈怠の推定の前提事実←抗弁：推定を破る評価の根拠事実＝任務懈怠の評価の障害事実←再抗弁：推定を破る評価の障害事実＝任務懈怠の評価の根拠事実（請求原因事実を除く）〉となる[16]。推定を破る評価の根拠事実であれば広く抗弁の要件事実となり、さらに再抗弁が主張立証できる点でも、推定事実が存在しなかったという事実しか抗弁とならない法律上の事実推定（例えば、民法186条2項の占有の継続の推定であれば、推定される継続期間内のいずれかの時点で占有が

されていなかったという事実のみが、推定を破る事実となる。）とは異なる。

(2) そこで、その性質などからみて取締役が会社に損害を及ぼすおそれのな

13—佐々木・前掲注3・210頁は、責任行為である任務懈怠行為は、利益相反取引をすることそれ自体ではなく、承認を得たとしても利益相反取引を行うことについて善管注意義務違反行為のあることであり、利益相反取引を行うについて尽くすべき注意義務を尽くしていなかったことを意味するとするが、これは、任務懈怠＝善管注意義務違反＝過失という理解を前提としているものと推察される。利益相反取引についての責任を、個別法令違反行為や善管注意義務違反と並ぶ任務懈怠の1類型ではなく、善管注意義務違反の1類型と整理することも、理論上の整理としては可能であろう。すなわち、利益相反取引によって会社に損害を生じさせない「任務」を、端的に、会社法が取締役に課した任務と解すれば（相澤＝石井・前掲注3・117頁を参照）、善管注意義務違反とは別の任務懈怠の1類型と位置づけられるが、この任務を、会社と取締役との間の任用契約（委任契約）に基づく善管注意義務（会社法330条、民法644条）に基づくものと解すれば、善管注意義務違反の1類型と位置づけられることになろう。後者のように解すれば、任務懈怠の推定が破れるということは、後に述べるところによれば、善管注意義務違反という法定の評価が障害されることを意味することになろう。ただしこれは、あくまでも「任務」の根拠の説明あるいは「任務」のネーミングにとどまるものであって、善管注意義務の1類型とみても、会社法423条1項の任務懈怠の前提となる善管注意義務とは異なるものと解すべきことは、本文の(4)で述べたとおりである。

14—いわゆる評価的要件について、伊藤・前掲注4・113頁は、事実と評価の区別は相対的、連続的なものであるとし、何を事実と扱い、何を評価と扱うことが、民事訴訟による適正迅速な解決に最適かというところに据えなければならないとし、難波・前掲注6・206頁も、評価的要件か否かは、具体的な訴訟の場で訴訟の関係者が共通のイメージを持つことができるか否かによって決めるのが相当であるとする。このような見解によれば、任務懈怠（「任務を怠った」）は、通常は、その評価自体に共通のイメージを持つことができる要件であるとは言い難く、評価的要件に分類されるべきものであろう。具体的法令違反行為がそのまま任務懈怠に該当するといっても（前掲注8）、任務懈怠の評価根拠事実として具体的法令違反行為を主張立証すれば足りるということにすぎず、評価根拠事実が1つで足りるということは、必ずしも評価的要件であることを否定する理由にはならないであろう（後掲注28を参照）。なお、任務懈怠のうち、善管注意義務違反については評価障害事実の抗弁が観念できると思われる一方で、具体的法令違反行為について評価障害事実の抗弁が観念できるかは議論の余地がありそうであるが、この点は大杉謙一教授のご報告に委ねたい。

15—「推定」という用語が用いられる場合に、規範的評価を導くものとして、いわゆる「一応の推定」という概念がある。伊藤滋夫『事実認定の基礎』（有斐閣、1996年）140頁は、過失についての「一応の推定」は、過失という事実の推定ではなく、規範的評価としての過失があることを価値判断の問題として擬制したものとみるべきであるとし、過失ではなくその評価根拠事実が主要事実であるとする。また、同「裁判規範としての民法に関する一考察——製造物責任法を題材として」小野幸二教授還暦記念論集『21世紀の民法』（法学書院、1996年）3頁、高橋宏志『重点講義民事訴訟法上〔第2版〕』（有斐閣、2011年）557頁を参照。

16—任務懈怠という評価的要件の判断であるから、任務懈怠の推定を破る抗弁事実を受けて、推定の前提事実に加え、推定を破る評価の障害事実を請求原因事実として主張立証する（一種の予備的請求原因）という構成（往復型）も考えられなくはないが、法が利益相反取引と損害という前提事実で任務懈怠を推定することとした趣旨からみれば、任務懈怠の推定を破る評価の評価根拠事実＝抗弁、その評価の評価障害事実＝再抗弁、との構成（一本型）の方が、攻撃防御方法の構造が明確となり相当であろう。賃貸借の無断転貸し（民法612条）について、背信性という要件の判断ではあるが、請求原因＝無承諾転貸し、抗弁＝非背信性の評価根拠事実、再抗弁＝非背信性の評価障害事実、とされる構造（司法研修所『民事訴訟における要件事実第2巻』（法曹会、1992年）92頁、伊藤滋夫『要件事実・事実認定入門〔補訂版〕』（有斐閣、2005年）111頁）と同じである。

い利益相反取引（その評価根拠事実）とは、具体的にはどのような事実なのであろうか。

　この点、学説には、内容が公正でない利益相反取引をしないことを取締役の任務とし、任務懈怠の推定を破る抗弁として、取引当時の取引内容が公正であったことを主張立証できるとする考え（公正取引義務説）がある[17]。この説は、取引の性質などからみて取締役が会社に損害を及ぼすおそれのあるような利益相反取引をしないことを取締役の任務とするものと解され、卓見であると思われる。もっとも、要件事実論の視点でみると、推定を破る抗弁事実は、請求原因である利益相反取引により会社に損害が生じた事実と両立すべきところ[18]、利益相反取引による損害は、本設例のような場合には、取引当時の時価＝公正な評価額（1,000万円）と実際の代金額（2,000万円）の差額分（1,000万円）となるが、公正取引義務説でいう取引内容が公正であったとの主張が、実際の代金額（2,000万円）が時価＝公正な評価額（2,000万円）であったとの主張であれば、実質的には、損害の主張（時価1,000万円）に対する積極否認（時価2,000万円）にしかならないように思われる[19]。このように、公正取引義務説をそのまま採用すると、前記注1での第2や第3の損害の場合は、推定を破る抗弁を構成できるかもしれないが、本設例のような第1の損害の場合は、取引の公正性が推定の前提事実である損害の発生と両立せず、推定を破る抗弁として構成できないように思われる。

　(3)　公正取引義務説の発想は傾聴に値するが、問題となる取引だけを切り取ると、実際に会社が取引自体からそのまま損害を被っている第1の損害の事案を前提とすれば、その性質などからみて取締役が会社に損害を及ぼすおそれがない取引に当たると評価することは難しいように思われる。しかし、当該取引を取り巻く状況をより広く観察し、取引の効果などからみて、実質的には会社に損害（不利益）を及ぼすものでなかったなら、その取引は、その性質などからみて取締役が会社に損害を及ぼすおそれがないものであったと評価できるのではないか。旧商法において、実質的にみて利益相反関係にない場合には、法の定める利益相反取引に当たらないとの解釈がされていたが[20]、このような実質的にみて利益相反でないことを基礎づける事実を、推定を破る抗弁事実と

考えられないか。

　具体的には、取締役が会社の全株式を保有し、会社の営業が実質上当該取締役の個人経営のものにすぎないこと（最判昭和45・8・20民集24巻9号1305頁）、相手方が会社の完全子会社であること[21]、などが考えられる（もっとも、これらについては、任務懈怠の推定を破る以前に、利益相反取引の評価障害が成立する場合であると解するのが相当であるように思われる。後記(4)参照）。大阪地判平成14・1・30判タ1108号248頁（ロイヤルホテル事件）は、形式的には利益相反

17—田中亘「利益相反取引と取締役の責任——任務懈怠と帰責事由の解釈をめぐって（上）（下）」商事法務1763号（2006年）4頁、1764号（2006年）4頁は、利益相反取引の局面における取締役の「任務」を、公正な取引を行うために善良な管理者の注意を尽くすことではなく、客観的にみて公正な条件・内容において利益相反取引を行うことであるとし、このような任務は、善管注意義務違反による規律とは異なる会社法上の特別の責任であるとした上で、利益相反取引によって会社に損害が生じた場合であっても、取締役は、取引を行った時点において、当該取引が公正な条件・内容の下に行われていたことを主張・証明すれば、「任務を怠らなかったこと」を主張・証明したこととなり、責任を負わず、他方、このような主張・立証ができない場合でも、公正な取引が行われるように善良な管理者の注意を尽くしたことを主張・証明できれば、任務懈怠が帰責事由（過失）によるものではなかったものとして、責任を免れる、とする。

18—伊藤・前掲注4・150頁の抗弁の定義（請求原因と異なり、かつ、請求原因と両立する具体的事実であって、請求原因から発生する法律効果を排斥するに足りるもの）を参照。

19—公正取引義務説に対して、吉原和志「会社法の下での取締役の対会社責任」江頭憲治郎先生還暦記念『企業法の理論上』（商事法務、2007年）544頁は、利益相反取引により会社に損害を受けたかどうかは、当該取引の必要性及び取引条件等が通例的であったか否かにより判断され、会社の損害額は、取引時を基準として、独立当事者間取引で用いられるであろう取引条件との比較によって算定され、経済情勢の変動による事後の価格変動は原則として考慮されないから、事後変動のリスクの問題は損害賠償額の算定とその基準時の問題として対処できるという。また、北村・前掲注1・234頁は、事後に価格が下がっても取引当時に公正な取引をしていれば損害が発生せず任務懈怠推定規定による推定すら行われないことに加えて、このような公正取引義務説は取締役の利益相反取引への関与の形態（会社側で決定承認するか相手方として取引をするか）の違いを反映できないとする。これに対し、山田泰弘『専門訴訟講座⑦　会社訴訟』（民事法研究会、2013年）142頁は、取締役の承認を受けている利益相反取引による会社の損害については、第1に、損害を利益相反取引の契約時において独立当事者間で交渉がされた状態（当該利益相反取引が締結されなかった場合を含む。）と実際の状況とを比較してその差額とする立場と、第2に、損害を利益相反取引の締結時と現在の経済状況とを比較してその差額とする立場（例えば利益相反取引によって会社が得た土地の値下がり分）が考えられるとし、第1の立場では任務懈怠は利益相反取引時の取締役の行為態様により構成されるが、第2の立場では任務懈怠は相手方である（相手方を代表する）取締役に相手方の利益を優先させてはならず会社の損害発生を絶対的に回避すべき忠実義務の違反と構成することになり、任務懈怠の認定は損害の予見可能性が決め手になる、とするが、ここでいう第1の立場が、従前の損害の一般的な捉え方ではないかと思われる。

20—東京地方裁判所商事研究会編・前掲注3・193頁を参照。

21—ただし、完全子会社との取引が実質的にみて利益相反取引に当たらないといえるか否かについては見解が分かれている。加美和照編著『取締役の権限と責任』（中央経済社、1994年）175頁〔野田博〕を参照。

取引に該当しても、実質的にみて、当該取引が会社の利益を図る目的でされたものであり、かつ、当該取引の内容、効果等その客観的な性質に照らし会社と取締役等との間に利益相反をもたらさないと評価される場合には、旧商法266条1項4号の「取引」に当たらないとした上で、関連会社に対する金融支援としての債権放棄等について、会社の利益を図るためにされたものであり、かつ、会社が被るおそれのある直接損失を回避するとともに、会社の信用を維持し金融機関からの融資残高を維持する等の効果を有していたなど、その客観的な性質に照らし利益相反をもたらさないから、4号の「取引」に当たらないとした。旧商法では、企業グループ内の取引で無過失責任の規律をそのまま適用すると過酷な結果が生じると指摘され[22]、これを受けて、会社法で、無過失責任が原則として廃止され、任務懈怠の推定が定められたという経緯に照らしても、このような実質的にみて利益相反に当たらないことを基礎づける事実を、推定を破る抗弁事実と解するのが相当であろう。

　本設例では、推定を破る抗弁として、例えば、X社が土地開発事業を進め、購入した土地がその事業の対象地域にあって、これを早期に取得しなければ事業を進めることができず、1,000万円を超える損失を被るおそれがあったが、A社は、この土地を他から2,000万円で購入していたため、時価の1,000万円で売却することを承諾せず、2,000万円でなければ売らないという態度を示していたことを主張立証できる[23]。これに対し、再抗弁として、当該土地を取得しなくても、その隣接する土地をC社から時価相当額で購入すれば、縮小した形で事業を進め、損失を1,000万円未満に抑えることができる状況にあったことを主張立証できる。あるいは、抗弁として、子会社であるA社に1,000万円の利益を計上させてその財務状況を改善しなければ、企業グループ全体の金融機関等からの融資枠を維持できなくなり、その結果X社を含むグループ全体が経営危機に陥るおそれがあったことを主張立証できる。これに対し、再抗弁として、A社を非子会社化して企業グループから切り離せば、企業グループ全体の融資枠を維持することができる状況であったことを主張立証できる[24]。

　(4)　このような考え方に対し、推定の前提である利益相反取引＝会社法356

条1項2号の要件自体を評価的要件と解した上で、客観的な性質に照らし利益相反をもたらさないことをその評価障害の抗弁と構成し、これにより利益相反取引＝会社法356条1項2号の取引の成立が排斥されれば、推定そのものが成立しない、との考えもあり得る（このような考え方を「取引障害説」と呼び、前記(3)の考え方を「懈怠障害説」と呼ぶこととしたい。）[25]。ロイヤルホテル事件大阪地裁判決が、「客観的な性質に照らし利益相反をもたらさない」として、利益相反関係にないことを免責の根拠としていることからみれば、抗弁となるべき事情を、端的に、利益相反取引という要件のみについての評価障害であると位置づける取引障害説が妥当であるように思われる。また、会社法423条3項の推定は任務懈怠の評価であるから、その推定を破る評価障害事実は、任務懈怠という評価一般を障害するものであり、個別法令違反行為や善管注意義務違反の場合にも共通して評価障害となるべきものであるとすれば、懈怠障害説のように、利益相反取引固有の事情を、推定を破る事実とすることは論理的でな

22—ロイヤルホテル事件大阪地裁判決の評釈である黒沼悦郎・私法判例リマークス2003年（下）（2003年）87頁は、問題となった債権放棄がグループ企業間の利益相反をもたらさないとは到底評価できないとして、無過失責任についての利益相反取引を限定する解釈は難しく、グループ会社間の利益相反取引の規制を新設する等の立法措置が必要であり、それまでの間は、会社が被った損害額の算定を工夫し、例えば、利益相反取引を含む再建計画全体を1つの取引とみて、利益相反取引によって会社に損害が発生していないと評価して、取締役に過酷な責任を負わせる事態を避けるのが賢明である、という。

23—もっとも、このようなケースでは、任務懈怠の推定を破る抗弁として構成しなくても、損益相殺の抗弁（売買契約の締結によって1,000万円を超える損失の発生を回避できたこと）として構成すれば足りるように思われる。このように、1つの会社でのケースであれば、損益相殺で対処できる場合が多いであろう。推定を破る抗弁として、グループ企業における損害（不利益）の実質的な判断以外のケースで、どのようなものが想定されるかは、今後の検討課題である。

24—なお、要件事実論的にみて、推定を破る抗弁に似て非なるものとして、取引の性質上、会社の利益の犠牲において取締役の利益を図る余地のないもの、例えば、取締役の会社に対する無利息無担保での金銭の貸付け（最判昭和38・12・6民集17巻12号1664頁）や無償贈与（大判昭和13・9・28民集17巻1912頁）がある。これらの取引も、利益相反取引に当たらないとされてきたが（龍田節『会社法大要』（有斐閣、2007年）75頁、川畑正文『会社法大系第3巻』（青林書院、2008年）220頁、東京地方裁判所商事研究会編・前掲注3・192頁）、これらは、その取引自体が性質上利益相反取引に当たらないと解釈されるものであるから、これらの取引を請求原因として主張しても、会社法423条3項の推定の前提事実である利益相反取引に当たらず、請求原因が主張自体失当となると解される。本文の後記(4)のとおり、会社法356条1項2号の利益相反取引を評価的要件と解する見解によれば、これらの場合は、評価障害事実の避けられない不利益陳述により主張自体失当になると説明することになると思われる。

25—東京地方裁判所商事研究会編・前掲注3・194頁は、取引障害説を前提とした記述のようにも読めるが、旧商法における利益相反取引の限定解釈をそのまま会社法の条文に当てはめただけであるように思われる。

く、これを利益相反取引についての評価障害と解する取引障害説の方が理屈に適っていることになる。

　しかし、取引障害説を前提に、会社法423条3項の利益相反取引＝356条1項2号の取締役会の承認が必要な利益相反取引が同じであると解するとすれば、取締役の承認の要否を検討するにあたり、取引の性質などについての実質的な判断をしなければならず、実務的に耐え難いとの批判が考えられる（ただし、このような批判を回避する解釈論を考えることはできる。）[26]。また、ロイヤルホテル事件大阪地裁判決は、その判断の中身をみると、関連会社に対する金融支援としての債権放棄等は会社が被るおそれのある直接損失を回避し金融機関からの融資残高を維持する等の効果を有していたというのであって、グループ全体に不利益（損害）を生じさせない取引であったことが決め手となっていることから[27]、必ずしも取引障害説にのみ整合的であるとはいえない。加えて、任務懈怠責任は、個別法令違反行為や善管注意義務違反といった類型ごとに個別化されると考えれば[28]、懈怠障害説のように、利益相反取引固有の事情を、推定を破る抗弁事実と解することもできる。

　いずれの説が相当か、なお検討したいが[29]、現時点の私見は、次のとおり

26—任務懈怠の推定の前提となる利益相反取引と、取締役会の承認が必要な利益相反取引とを別異に解し、前者は実質判断、後者は形式判断とする解釈論もあり得ないことはないが、会社法423条3項は、推定の前提となる利益相反取引を「第356条第1項第2号の取引」と規定し、356条1項が同項2号所定の取引について取締役会（365条1項）の承認を受けなければならないと規定している以上、任務懈怠の推定の前提となる利益相反取引と、取締役会の承認が必要な利益相反取引は、会社法の規定の文理上は、同じであると解さざるを得ないように思われる。もっとも、取引障害説に立っても、コンプライアンスの観点から、結果的には取締役会の承認が不要な取引についても、広めに取締役会の承認を得ておけばよい、ともいえる。また、取引障害説を前提に、後に本文で述べるとおり、利益相反取引の評価障害事実を、実質的にみて利益相反関係にないことが明らかな場合に限定する（実質判断はしない。）、あるいは、取締役会の承認との関係では、事前の行為規範として、取引を評価根拠事実のみで判断し、損害賠償責任すなわち任務懈怠の推定の前提要件との関係では、事後の評価規範として、取引を評価障害事実も含めて判断する、という解釈をすれば、ここでいうような実務的な問題は生じない（この点については、伊藤滋夫教授からご教示をいただいた。）。

27—ロイヤルホテル事件大阪地裁判決は、取引の性質から会社に損害を及ぼすおそれがないことを免責の実質的な根拠としながら、当時の旧商法266条1項4号が無過失責任を定めていたため、同号の「利益相反取引」を限定解釈する必要があったことから、利益相反関係にないという形式的なリーズニングを付したものと思われるのであって、当該取引に係る取締役と会社の関係そのものを実質的に分析して判断しているわけではないように思われる。黒沼・前掲注22も、このような実質を踏まえて、利益相反取引の限定解釈ではなく損害論で対応すべきであったと指摘しているものと理解できる。

である。まず、会社法423条3項の前提要件である利益相反取引＝会社法356条1項2号の取引該当性の要件が評価的要件といえるのかが問題となるが、要

28―松田亨「近時の取締役責任追及をめぐる実務上の留意点」『日弁連研究叢書・現代法律実務の諸問題 平成23年度研修版』（第一法規、2012年）251頁も、具体的法令違反の類型と善管注意義務違反の類型とでは攻撃防御方法の構造が異なることを前提としているように思われる。山本和彦「総合判断型一般条項と要件事実」伊藤滋夫先生喜寿記念『要件事実・事実認定論と基礎法学の新たな展開』（青林書院、2009年）65頁は、一般条項の分類として、不法行為法上の「過失」のように要件の行為の多様性に着目して一般条項が構成されている選択型、借地借家法上の「正当事由」のように要件の考慮要素の多様性に着目して一般条項が構成されている総合判断型、行為態様の多様性を前提としながら選択される各個の行為態様のそれぞれについての考慮要素に多様性が認められる折衷型があるとし、選択型では、1つ1つの行為態様それ自体を取り出せば一般の判断枠組み（要件効果型規範）に近いのではないか、とする。これによれば、任務懈怠は、具体的法令違反行為、善管注意義務違反、利益相反取引による推定という3つの類型の選択型（あるいは善管注意義務という総合判断型を含む選択型である折衷型）であり、それぞれの類型ごとに固有の攻撃防御方法があり得ると考えることもできるように思われるが、この点の詳細は大杉謙一教授のご報告に委ねたい。

29―取引障害説と懈怠障害説で結論としての相違がどこにあるのかを考えるに、懈怠障害説に立っても、本文の後記(5)で述べるように、取締役会の承認を受けていない利益相反取引について任務懈怠の推定を破る抗弁により損害賠償責任が免れると解すれば、損害賠償責任の面では、取引障害説と懈怠障害説で結論に違いはないことになる。取締役会の承認を受けていない取引の有効、無効との関係で、取引の性質などからみて取締役が会社に損害を及ぼさないものについて、2号の取引に当たらないから有効とするのか（取引障害説）、2号の取引には当たるから（任務懈怠にならないから損害賠償責任は生じない）無効とするのか（懈怠障害説）、という点で、結論が異なることになる。この点、旧商法下の学説として、北沢正啓『会社法〔第6版〕』（青林書院、2001年）423頁は、公正かつ合理的で事実上会社を何ら害さない取引については取締役会の承認を要しないという考えは取引障害説に親和的であると思われる。これに対し、森本滋「取締役の利益相反取引」石田喜久夫・西原道雄・高木多喜男先生還暦記念論文集『金融法の課題と展望下』（日本評論社、1990年）318頁も、公正かつ合理的であり、実質的に会社を害しない取引は、実質的に違法でなく、取締役会の承認がなくても（立証責任は転換されるが）当該取引について取締役の損害賠償責任は生じないが、会社があえて追認をしないとき、悪意ないし重過失ある相手方の請求に基づいて裁判所が公正かつ合理的であると認定して積極的に取引の効力を認める必要はなかろう、という。また、前田雅弘「取締役の自己取引――商法265条の適用範囲の再検討」『企業の健全性確保と取締役の責任』（有斐閣、1997年）300頁も、旧商法265条の適用範囲については取引安全のために適用範囲の明確化が要請されるが、取締役の責任を問題とする場面では取引安全を考慮する必要はないから実質的判断をより徹底した解釈を採り得るのではないかと指摘しつつ、公正な取引についても取締役会の承認を要求し、承認がなければ会社が無効を主張できる選択肢を残しておくべきであるという。さらに、会社法下では、北村雅史『会社法コンメンタール8』（商事法務、2009年）78頁がこれと同旨である。これらの考えは、公正かつ合理的で損害賠償責任を生じない取引でもその効力との関係では取締役会の承認が必要であるとするものであり、懈怠障害説に親和的である。この場合の無効は相対的無効であって最初から無効になる入口を絞る必要はなく、無効を主張するか追認するかの選択肢を会社に与えることが合理的であると考えれば、懈怠障害説の構成がより妥当と解すべきか。もっとも、前記注26でみたとおり、取引障害説を前提にしても、取締役会の承認の対象とすべき取引と、損害賠償における任務懈怠の推定の前提となる取引とを、別異に解することができれば、取引障害説でも会社の選択肢を確保できる解釈が可能である。しかし、このような見解を前提にすると、後に本文で述べるように、取締役会の承認を受けていない場合の具体的法令違反による損害賠償責任の問題が生じ得る。

件事実論の視点からみると、この要件は、事実的要件ではなく、評価的要件であると解さざるを得ないように思われる。確かに、同号は「取締役が第三者のために株式会社とした取引」と規定し、その個々の構成要件は、解釈の余地があるにせよ、具体的な訴訟の場で共通のイメージを持つことができないとまではいえないように思われ（前記注14を参照）、この構成要件を評価的要件であるということはできないであろう。また、立法の経緯からみても、昭和56年商法改正による改正前の旧商法265条は、取締役会の承認を要する利益相反取引としては、文言上は直接取引しか規定されていなかったが、最大判昭和43・12・25民集22巻13号3511頁が、同条の取引に間接取引である保証も含むと判示したことを受けて、昭和56年商法改正により、旧商法265条に保証を例示とする間接取引も文言として書き込まれ[30]、これがそのまま会社法356条1項2号、3号に引き継がれていることから考えると、条文上は直接取引の規定から間接取引を法改正でいわば外に出した以上、現在の直接取引の規定は、評価的な要素のない事実的要件となったと解することが自然であるようにも思われる。また、利益相反取引に当たらないとされる定型的行為（前記注24で掲記したもの）についても、評価的要件の評価障害という説明をしなくても、単に事実的要件の解釈（限定解釈）として説明すれば足りるように思われる。しかし、会社法356条1項3号の規定は、保証が例示されているとはいえ、「取締役以外の者との間において株式会社と当該取締役との利益が相反する取引」と規定され、利益が相反するか否かという評価的な要素が含まれることは否定できず、これは評価的要件であるというほかはないように思われる。解釈論としても、間接取引はその外延が不明確であるから、立法趣旨から外延を確定しなければならず、実質的、評価的な判断が避けられないであろう[31]。そうすると、立法趣旨を同じくする利益相反取引に関する規制について、2号の直接取引については事実的要件として例外（評価障害）を求めず、3号の間接取引については評価的要件として例外（評価障害）を認めるというのは、バランスが悪いように思われる。さらに、2号の直接取引に限ってみても、前記(3)でみた、取締役が会社の全株式を保有し、会社の営業が実質上当該取締役の個人経営のものにすぎない場合や、相手方が会社の完全子会社である場合を、2号の直接取引に該当しないと解するのであれば、これらの事情は、請求原因の段階では明

らかにならず、抗弁として初めて明らかになるものであるから、このような2号の限定解釈は、要件事実論の視点からは、評価的要件の評価障害事実によると解するほかはないように思われる。したがって、2号も、3号と同じく、利益相反取引のうち直接取引の評価的要件を定めたものであり、条文の構成要件である「取締役が第三者のために株式会社とした取引」は、その評価根拠事実を法定したものと解される。

このように解すると、次に、会社法356条1項2号の利益相反取引該当性の評価障害事実とはどのようなものか、同法423条3項の任務懈怠の推定を破る事実（任務懈怠の評価障害事実）との棲み分けをどのように考えるのかが問題となる。この点については、利益相反取引の形式的な要件に該当する取引が、取引の当事者の関係に着目して利益相反取引にならないか否か、取引の性質自体に着目して会社に損害（不利益）を及ぼすおそれがないか否かについて、取締役会の判断を経させることにより、会社の選択肢を確保することが、会社法356条1項（365条1項）の趣旨であるから、このような実質的な考慮事情は、取締役会の判断を経させるべく、基本的には、利益相反取引該当性を否定する事実（評価障害事実）には当たらないと考えられる。しかし、取引の当事者の関係に着目して利益相反取引にならないことが明らかである場合や、取引の性質自体に着目して会社に損害（不利益）を及ぼすおそれのないことが明らかである場合は、取締役会の判断を経させる必要はないから、このような明らかで

30——昭和56年法律第74号による改正前の旧商法265条は、「取締役ガ会社ノ製品其ノ他ノ財産ヲ譲受ケ会社ニ対シ自己ノ製品其ノ他ノ財産ヲ譲渡シ会社ヨリ金銭ノ貸付ヲ受ケ其ノ他自己又ハ第三者ノ為ニ会社ト取引ヲ為スニハ取締役会ノ承認ヲ受クルコトヲ要ス」と規定し、その文言上は直接取引のみを対象にしていたところ、本文で掲記した昭和43年の最高裁大法廷判決は、この規定の取引には、取締役と会社との間に直接成立すべき利益相反取引のみならず、取締役個人の債務についてその取締役が会社を代表して債権者に対し債務引受をする等取締役個人の利益となり会社に不利益を与える行為も包含されるものと解すべきであるとし、間接取引も含まれ得るとした。しかし、このような解釈は、法文の文理解釈の面ではかなり無理があるといわざるを得ないとされ、昭和56年商法改正により、旧商法265条に、「会社ガ取締役ノ債務ヲ保証シ其ノ他取締役以外ノ者トノ間ニ於テ会社ト取締役トノ利益相反スル取引ヲ為ストキ亦同ジ」という文言が付け加えられた。以上の経緯について、本間輝雄『新版注釈会社法』（有斐閣、1987年）228頁、元木伸『改正商法逐条解説』（商事法務研究会、1981年）129頁、竹内昭夫『改正会社法解説〔新版〕』（有斐閣、1983年）146頁を参照。

31——北村・前掲注29・82頁は、会社が第三者との間で行う取引によって生じ得る会社と取締役との利益相反は、程度の大小を問わなければ無限にあり得るので、間接取引としてどこまで規制対象とするかが問題となり、直接取引と同程度の危険性があるか否かが1つの基準となる、という。

あるという事情は、利益相反取引該当性を否定する事実（評価障害事実）となると考えられる。そして、会社法423条3項の任務懈怠の推定との関係では、次のように解することになろうか。すなわち、同法356条1項2号の利益相反取引の形式的要件に該当する取引について、取引の当事者の関係に着目して利益相反取引にならないことを示す事情や、取引の性質自体に着目して会社に損害（不利益）を及ぼすおそれがないことを示す事情があることが明らかであるとまではいえないが、実質的な考慮の結果、これらの事情があることが判明すれば、これらの事情は、任務懈怠の推定を破る抗弁事実となり、この抗弁が認められれば、取締役会の承認の有無にかかわらず（後記(5)）、取締役は損害賠償責任を免れることになる（ただし、取締役会の承認を受けなかった取引は原則として無効となり、会社が追認できる。）（懈怠障害説的構成）。これに対し、取引の当事者の関係に着目して利益相反取引にならないことが明らかであることを示す事情や、取引の性質自体に着目して会社に損害（不利益）を及ぼすおそれのないことが明らかであることを示す事情は、前記のとおり、会社法356条1項2号の利益相反取引該当性を否定する評価障害の抗弁となり、この抗弁が認められれば、会社法423条3項の推定の要件である利益相反取引が成立しないこととなる結果、損害賠償責任は生じないことになる（併せて、取締役会の承認を受けなかった取引も当然に有効になる。）（取引障害説的構成）。このように考えると、前記(3)でみた、取締役が会社の全株式を保有し、会社の営業が実質上当該取締役の個人経営のものにすぎない場合や、相手方が会社の完全子会社である場合は、これらの事情は、取引の当事者の関係に着目して利益相反取引にならないことが明らかであることを示す事実であるから、会社法356条1項2号の利益相反取引該当性の評価障害事実となり、また、定型的な非該当取引（前記注24で掲記した、会社に対する無利息無担保貸付けや無償贈与）は、取引の性質自体に着目して会社に損害（不利益）を及ぼすおそれのないことが明らかであることを示す事実であるから、これらも会社法356条1項2号の利益相反取引該当性の評価障害事実となり、これが請求原因の避けられない不利益陳述となる（貸付けの場合は利息の合意をしたことや担保を設定したこと、贈与の場合は負担付きであることを、それぞれ請求原因で主張しなければ主張自体失当になる。）。これらはいずれも、取引障害説的構成が妥当することになる。これに対

し、ロイヤルホテル事件のような事案においては、企業グループ全体の状況を実質的に考慮して、初めて取引の性質から会社に損害（不利益）を及ぼすおそれのないことが判明するのであって、そのような事情が明らかであるということはできないから、そのような事情について取締役会の判断の機会を設けるべく、その承認が必要であると解しつつ、損害賠償責任は生じないと解するために、懈怠障害説的構成が妥当する場面であるということになる。なお、会社法423条3項の利益相反取引について取引障害説的構成を貫徹し（「明らかであるといえない」場合も取引障害説的構成を採用し、懈怠障害説的構成は一切採用しない。）、一方で会社法423条3項の利益相反取引が成立しない場合でも取締役会の承認を必要とする場合があることを認める見解（前記注26の行為規範と評価規範を区別する見解を参照）に立つと、ロイヤルホテル事件のような事案で取締役会の承認を受けていなかった場合、会社法423条3項の利益相反取引にはならないが、任務懈怠の推定が破れるわけではないから、取締役会の承認を受けていなかったという具体的法令違反による会社法423条1項の損害賠償責任が生じることとなり（この場合の賠償責任の対象となる損害は、当該取引と因果関係にある損害であって、取締役会の承認を受けなかったことと因果関係にある損害に限られるわけではない。後記注43を参照）、このような事案の場合、取引の有効、無効との関係では取締役会の承認が必要であるとしつつ、損害賠償責任は取締役会の承認を受けていない場合も含めて生じさせないことが相当であると考えれば（後記(5)及び前記注29を参照）、このような見解は妥当でないということになろう。

(5) 任務懈怠の推定を破る抗弁は、取締役会の承認を受けていない利益相反取引についても免責の抗弁になるか、抗弁の射程が問題となる。会社法では、取締役会の承認を受けていなかったか否かにかかわらず、会社法423条3項により任務懈怠の推定が及ぶ以上[32]、推定を破る場合も、取締役会の承認を受

32—黒沼悦郎「株式会社の業務執行機関」ジュリスト1295号（2005年）69頁は、規定の文言上は必ずしも明らかではないが、現代化要綱が取締役会の承認の有無にかかわらず特別の規定を設けるとされていたことから、任務懈怠の推定が働くのは取締役会の同意の有無によらないと解される、という。

けていたか否かを問わないと解するのが素直であるし、実質的に考えても、任務懈怠の推定が破れるような取引について、取締役会の承認を受けなかったとして損害賠償責任というペナルティーを取締役に課すのは相当でないように思われる。したがって、任務懈怠の推定を破る抗弁は、取締役会の承認を受けていなかった場合にも、免責の抗弁となると解される[33]。

V　取締役の抗弁その2 ——帰責事由不存在の抗弁

(1)　民法の債務不履行に関する伝統的な見解では、債務者は、債務不履行に対する抗弁として、「責めに帰すべき事由」(帰責事由)(民法415条)がないことを主張立証できるとされ、ここでいう帰責事由とは、故意過失又は信義則上これと同視できる事情(履行補助者の故意過失)であるとされる[34](以下では、帰責事由＝過失に絞って検討を進めたい。)。取締役の任務懈怠責任は債務不履行責任の特則と解されるところ、会社法428条1項の反対解釈からも、任務懈怠の推定が及ぶ場合、取締役は、帰責事由不存在(無過失)の抗弁を主張立証できる[35]。

この場合の無過失の対象をどのように考えるか。会社法428条1項が「任務を怠ったことが」「責めに帰することができない事由によるものであること」と規定していることから、無過失の対象は、任務懈怠であると解される[36]。そして、会社法423条3項の場合、任務懈怠は、利益相反取引による損害の発生により推定されるから、無過失の対象は、推定の前提である利益相反取引による損害の発生、すなわち、当該取引が利益相反取引に当たること、及び、当該取引により損害が生じたこと、になると考えられ、そのいずれかについて無過失であれば免責されると解される。

このうち、後者の損害の発生についての無過失は、取締役において取引の時点で当該取引により会社に損害が発生することを予見(回避)できなかったことを意味する[37]。これも評価的要件であるから、その評価根拠事実が抗弁となり、その評価障害事実が再抗弁となる。本設例では、土地の時価が1,000万円であったことを予見できなかった(売買契約締結を回避できなかった)ことが無過失の対象であり、抗弁として、例えば、Yが取引当時に見た当該土地の時価が2,000万円であるとの記載がある鑑定評価書があることを主張立証できる。

これに対し、再抗弁として、当該土地の時価が1,000万円であるとの記載がある別の鑑定評価書がX社にあり、Yが取引当時この鑑定書を見ることができたことを主張立証できる。

一方、前者の利益相反取引該当性についての無過失は、後記(3)のとおり、その主張立証が成功することは希であろう。

このように、無過失の抗弁は、推定を破る抗弁とはその判断対象が異なる別

33—森本・前掲注29、前田・前掲注29、北村・前掲注29は、取締役会の承認を受けなかった利益相反取引について実質的な判断により損害賠償責任が生じない場合があり得ることを前提としているようにも読めることから、取締役会の承認を受けなかった利益相反取引について任務懈怠の推定が破れる場合には損害賠償責任は生じないとする本文の考え方と整合するように思われる。また、弥永真生『リーガルマインド会社法〔第13版〕』（有斐閣、2012年）178頁は、取引が公正かつ合理的であれば取締役会の承認を要しないとする見解に対し、取引が公正かつ合理的であるかを判断することが取締役会に期待されているから、このような見解は適当でないとするが、この見解は、損害賠償責任をも想定したものか否かは明らかではない。これに対し、青竹正一「取締役・執行役の会社に対する責任」岩原紳作＝小松岳志編『ジュリスト増刊会社法施行5年　理論と実務の現状と課題』（2011年）19頁、同『逐条解説会社法第5巻』（中央経済社、2011年）365頁は、利益相反取引について取締役会の承認を受けなかった場合には任務懈怠がないことを証明することにより責任を免れることはできないと明言し、本文の考え方とは反対の見解を唱えている。

34—民法の債務不履行による損害賠償請求の要件事実については、潮見・前掲注9・229頁を参照。なお、民法415条は、「債務者の責めに帰すべき事由」と規定するが、契約の解除に関する民法543条は、「債務者の責めに帰することができない事由」と規定し、会社法428条1項も民法543条と同様の文言を用いていることから、正確にいえば、帰責事由不存在の抗弁ではなく、非帰責事由の抗弁とでもネーミングすべきであるが、従来の用語法に倣い、帰責事由不存在の抗弁と表記する。

35—なお、本設例では、取締役は相手方会社を代表して取引をしているから、自己のために取引をした場合には当たらないと一応は解してよいと思われるが、田中・前掲注17・商事法務1763号12頁、1764号11頁は、会社法428条1項の趣旨が、取引により利益を得た取締役が無過失を理由に責任を免れるのはおかしいということになるとすれば、取締役が自己の名義ではなくても自己の計算で取引をした場合や、相手方を代表した取締役が相手方の全株式を有する場合などは、この規定の適用を受けると解する余地もある、とする。北村・前掲注29・80頁も、会社法428条1項の「自己のために」について名義説ではなく計算説が妥当であるとする。このような見解を要件事実論からみれば、帰責事由不存在の抗弁（無過失の評価根拠事実）に対して、当該取引が当該取締役の計算でされたことや、当該取締役が相手方の全株式を保有していることを、無過失の評価障害事実とは別個の会社法428条1項に基づく再抗弁として主張立証できることになろう。

36—齋藤・前掲注9・64頁は、不完全履行における過失の内容を、履行が不完全であることを認識することが可能であり、その認識に基づき不完全な事態を避けることができたのにしなかったことを指すとする。

37—厳密に考えると、会社法423条3項による損害賠償請求においては、請求原因として、利益相反取引と損害との間の因果関係を主張立証しなければならないはずであり、これに民法416条の規律が適用され、特別の事情によって生じた損害については、取締役がその事情を予見することができたことが必要であって（同条2項）、請求原因でその予見可能性を主張立証しなければならなくなると解すると（齋藤・前掲注9・57頁）、この予見可能性の主張立証と、損害の発生についての無過失の抗弁との関係が問題となりそうであるが、本設例における損害は、通常生ずべき損害（同条1項）に当たると解されるから、このような問題は生じないと解してよかろう。

個の抗弁であると位置づけられる。

　(2)　なお、前記Ⅲ(3)のとおり、結果債務・手段債務2分説から、不完全履行では、請求原因での債務の発生と本旨不履行が、客観化された過失と重複するとし、取締役の任務懈怠責任も同様であるとの見解がある。いわゆる一元説と二元説の問題であるが[38]、取締役の任務懈怠責任について、伝統的な考え方に立って、善管注意義務違反の場合も含め無過失の抗弁が成り立つとする見解、2分説に立って、個別法令違反行為の場合を含め無過失の抗弁は主張自体失当となるとする見解、個別法令違反行為の場合は無過失の抗弁が成り立つが、善管注意義務違反の場合は無過失の抗弁は主張自体失当になるとする見解[39]があり得る。これを要件事実論からみると、一元説的な考えは、請求原因として任務懈怠＝過失の評価根拠事実を、抗弁として任務懈怠＝過失の評価障害事実を主張立証できるが[40]、二元説的な考えは、請求原因として任務懈怠の評価根拠事実を、抗弁として任務懈怠の評価障害事実及び無過失の評価根拠事実を、再抗弁として無過失の評価障害事実を主張立証できることになろう。

　この点についてどのような見解によるにせよ、利益相反取引の場合は、会社法423条3項の推定が働くため、請求原因の任務懈怠（の評価根拠事実）が過失（の評価根拠事実）と重なるか、あるいは、無過失の抗弁が主張自体失当となるか、という問題は生じない。また、任務懈怠の推定を破る抗弁と、無過失の抗弁は、前記(1)のとおり、判断の対象が異なる別個の抗弁である。任務懈怠の推定が、任務懈怠という評価の充足であり、善管注意義務の内容となる個別具体的な注意義務（その発生原因事実）を推定するものではないから、善管注意義務違反＝過失と解する立場に立っても、任務懈怠の推定を破る抗弁と無過失（＝義務違反がないこと）の抗弁は別個の抗弁であると説明できよう[41]。

　(3)　以上の無過失の抗弁の検討は、取締役会の承認を受けた利益相反取引を想定しているところ、取締役会の承認を受けなかった利益相反取引については、無過失の対象となる任務懈怠は、取締役会の承認を受けなかったという具体的法令違反であるから、この場合の無過失の対象は、会社に損害が生じることを知らなかったことではなく、取締役会の承認を受けなかったことである。した

がって、損害の発生についての無過失の主張は、失当となる。また、取締役会の承認を受けなかったことについての無過失の立証は、実際に成功することは希であるといわれている[42-43](この無過失は、通常は、前記(1)の当該取引が利益

38――いわゆる一元説と二元説については多義的であるとされ、潮見佳男教授の提唱に係るもの(潮見・前掲注3・32頁)は、取締役の任務懈怠責任の判断構造において、具体的法令違反とそれ以外の善管注意義務違反との間で、両者を分けずに捉える考え方が一元説、分けて捉える考え方が二元説であり、二元説では法令違反=任務懈怠≠過失となり、無過失の抗弁を主張することができるが、一元説では善管注意義務違反=任務懈怠=過失となり、無過失の抗弁は主張できないとされるところ、会社法の立案担当者が説くものは(相澤=石井・前掲注3・117頁)、債務を結果債務と手段債務に2分することを前提に、取締役の債務を手段債務と捉え、任務懈怠と過失を一元的に把握する立場を一元説、両者を別の要件とする立場を二元説と理解しているという(吉原・前掲注19・528頁、北村・前掲注1・204頁、青竹『逐条解説会社法第5巻』前掲注33・354頁)。なお、落合誠一「新会社法講義第13回 第3章 株式会社のガバナンス8」月刊法学教室321号(2007年)46頁は、任務懈怠責任は取締役の会社に対する委任事務処理上の債務の不完全履行による責任であって、その成立のためには「責めに帰すことができない事由」でないことも必要であるとして、任務懈怠を一元的に理解しつつ、任務懈怠責任の立証責任の分配問題は、このような任務懈怠の理解と当然に連動するものではなく、不完全履行を基礎づける要件事実の中から「責めに帰すことができない事由」に関係する事実とそうでない事実とを切り分けた上で、後者は責任を追及する側がその立証責任を負担し、前者は取締役が立証責任を負担すると解すべきである、とする。実体法の要件論と主張立証責任を別異に解することを強調する点はともかく、その趣旨は、任務懈怠の推定を破る抗弁と帰責事由不存在の抗弁が区別できるとする本文の見解と整合的であるように思われる。
39――潮見・前掲注3・37頁、吉原・前掲注19・525頁、北村・前掲注1・206頁、青木・前掲注3・301頁を参照。民法の不完全履行について、齋藤・前掲注9・64頁も同旨か。青竹「取締役・執行役の会社に対する責任」前掲注33・26頁は、会社法428条1項の「責めに帰すことができない事由」は無過失ではなく不可抗力であり、この規定は取締役会の承認を受けないで自己のために直接取引をした取締役には不可抗力免責も認めないことを定めたものとする。これに対し、黒沼・前掲注32・70頁は、会社法428条1項は、会社の損害が立証されても取締役が利益を保持し続けるのはおかしいので無過失責任とすることとしたことから(江頭憲治郎「会社法制の現代化に関する要綱案の解説Ⅲ」商事法務1723号(2005年)6頁)、取締役会の承認の有無にかかわらず適用されると解されている、という。
40――潮見・前掲注3・36頁、松田・前掲注28・251頁を参照。
41――任務懈怠の推定が善管注意義務違反に係る義務の発生原因事実を推定すると解すると、推定を破る抗弁の内容は、このような発生原因事実が存在しないこととなり、過失=善管注意義務違反ならば、無過失の抗弁(無過失の評価根拠事実)の内容も、このような発生原因事実が存在しないこととなって、2つの抗弁は同じものになる可能性があるが、任務懈怠の推定をこのように解し得ないことは、本文で述べたとおりである。なお、別個の抗弁として観念できるか否かをめぐる議論の状況については、注3を参照。
42――前田・前掲注29・311頁、矢尾渉・最高裁判所判例解説民事篇平成12年度(下)(2003年)871頁(889頁の注10)、吉原「利益相反取引にもとづく取締役の責任」前掲注9・102頁、谷口安史『会社訴訟の基礎』(商事法務、2013年)87頁参照。
43――なお、取締役会の承認を受けていない利益相反取引の法令違反行為と損害との因果関係について、吉原・前掲注42・103頁は、取締役会の承認を受けなかったという手続違反があったことから直ちに会社に損害が生じたのではなく、取引内容・条件が不当だったからこそ損害が生じたのであって、手続違反(取締役会の承認を受けなかったこと)がなかったならば会社に損害が生じなかったであろうとは必ずしもいえないが、承認を受けるべきであったのに受けなかった取締役にこのような主張を許すべきではない、という。

相反取引に当たらないと考えたことについての無過失と同じものと解されよう-44。)。

VI　取締役会の承認を受けなかった利益相反取引による損害について

　利益相反取引による取締役に対する損害賠償請求の訴訟物及び攻撃防御方法の構造を検討する前提として、取締役の承認を受けなかった利益相反取引による損害の捉え方が取締役の承認を受けた場合と同じか否かを検討する。

　(1)　利益相反取引により会社に生じる損害の捉え方を、取締役会の承認がある場合とない場合で同じであるとの考え方があり得る。これまでの実務では、必ずしも明確に意識しないまま、このような考え方を前提としてきたように思われる-45。

　これに対し、取締役会の承認を受けていない利益相反取引は、個別法令違反により違法、無効であり、そのような違法、無効な取引に基づく財産の流出自体が損害であって、取締役会の承認を受けた利益相反取引とでは損害の捉え方が異なるとの考え方があり得る。取締役会の承認を受けていない利益相反取引についてそのような考え方を明示した裁判例や文献は見当たらないが、東京地判平成6・12・22判時1518号3頁（ハザマ株主代表訴訟）は、個別法令違反行為である贈賄について、贈賄額を損害とした-46。

　(2)　この点をどのように考えるか。会社法423条3項所定の利益相反取引は、前記Ⅳ(5)のとおり、取締役会の承認を受けた場合と受けなかった場合の双方を含むというのであるから、同項の「損害」＝損害賠償請求の請求原因事実である損害についても、双方の場合で同じように解することが素直な解釈である。また、個別法令違反行為は、その違法性の程度が様々であって、ハザマ株主代表訴訟のような刑罰法規に抵触する行為は、その違法性の程度が大きく、抑止的効果を考えて一種の懲罰的な賠償という発想もあり得るところであり-47、また、ハザマ株主代表訴訟の東京地裁判決は、不法原因給付（民法708条）で流出財産の返還を請求できないことが、流出額全額を損害として認めることの前提となっている。これに対し、利益相反取引で取締役会の承認を受けなかったことは、手続規制違反であって、不法原因給付となる強度の違法性があると

まではいえず、会社に実質的な損害が生じていない場合にまで、取締役に流出財産の名目額を賠償させることは相当でないように思われる。

(3) 取締役会の承認を受けなかった場合の損害を、承認を受けた場合と同じであると考えるとしても、取締役会の承認を受けなかった利益相反取引の効力との関係で、損害の捉え方が変化する余地がある。取締役会の承認を受けなかった利益相反取引は無効であるが、会社が追認（取締役会の事後の承認）できるとされ（無権代理と同じ効果不帰属）、また、利害関係を有するに至った第三者に対しては、当該第三者が悪意であることを立証しなければ、無効を主張することができないとされている（相対的無効、最大判昭和43・12・25民集22巻13号3511頁、最大判昭和46・10・13民集25巻7号900頁）[48]。

取締役会の承認を受けなかった利益相反取引が有効か無効かで、損害額やその算定過程が異なり得るとすると[49]、本設例ではどのようになるのであろうか。取締役会の承認を受けなかったことにより売買契約が無効となれば、土地の所有権は相手方にとどまり、会社は相手方に対し代金相当額2,000万円の不当利得返還請求権を有することになる。そうすると、会社は、2,000万円を支出した代わりに同額の金銭債権を有し、金銭債権は履行不能で消滅することは

44—厳密にいえば、利益相反取引であることは認識していたが、取締役会の承認を受ける必要がなかったと考えた場合も想定されるが、これは単なる法の不知であって、原則として、無過失の対象とはならない。なお、野村證券事件最高裁判決によれば、違法性の意識を欠いていたことについて無過失であれば免責されるが、会社法356条1項の規律を知らなかったことについて過失がないことは、通常は想定できないし、すべきでもないであろう。

45—森本・前掲注29・318頁、龍田・前掲注24・81頁、川畑・前掲注24・227頁、菊地雄介・金融商事判例1115号（2001年）66頁を参照。公刊されている裁判例として、大阪地判昭和43・6・26判タ226号179頁は、取引の両当事会社の代表取締役を兼ねる者が取締役会の承認を受けないで相手方を代表して会社から在庫商品を買い受けた事案で、その売買価格が相当な価格の範囲内にあって代金も支払われたから、会社に損害が発生したとはいえないとした。

46—個別法令違反行為による会社財産の流出が直ちに会社の損害になるとするものとして、島袋哲男・私法判例リマークス1994年（下）（1994年）115頁、河野玄逸「会社関係事件と要件事実」伊藤滋夫編『民事要件事実講座第2巻』（青林書院、2005年）243頁、菅原・前掲注8・197頁を参照。

47—座談会「取締役の責任——わが国における経営判断原則の具体化」民商法雑誌109巻6号（1994年）1頁の38頁以下の議論を参照。

48—効果不帰属無効で追認（取締役会の事後の承認）が可能なことについては、奈良次郎・最高裁判所判例解説民事篇昭和43年度（下）（1969年）1094頁、本間・前掲注30・248頁、北村・前掲注29・85頁を参照。

49—東京地方裁判所商事研究会編・前掲注3・212頁を参照。

ないから、相手方の倒産等によりその回収ができないような場合を除き、損害は発生していないようにも思えるが[50]、支出された金員が現実に回復されたわけではないから、支出に係る損害は発生している（不当利得返還請求権に係る代金相当額を会社が回収したことが損害賠償請求に対する抗弁となる）と解すべきであろう。この点、いわゆる代償請求の場合に、本来の給付請求が履行不能とならなくても、執行不能の場合の将来請求としての填補賠償が認められると解されているところ[51]、本設例でも、会社が支出した代金相当額を相手方から回収するまでは、不当利得債権の執行不能に準じて、取締役に対し、填補賠償的な損害賠償請求ができると解することができるのではないか。

　一方で、売買契約が無効であれば、相手方は土地の所有権を有するから、会社に対し物権的返還請求権（引渡し、登記手続等）を行使できることになる。したがって、会社の損害額は、2,000万円から引渡し等までの間の土地の用益、運用等による相手方の逸失利益相当額を控除した額になる。そして、会社が、相手方に対して売買契約の無効を主張しないまま、取締役に対して2,000万円の損害賠償を請求できるとすると、会社は、事実上土地の所有権を確保しつつ、その代金の負担を免れることとなり、相当でないように思われる。このような場合には、2,000万円から控除すべき相手方の逸失利益相当額を、土地の時価である1,000万円と解し、会社は取締役に対し残額1,000万円を請求できるにとどまると解すべきであろう。この場合の損害額から控除すべき逸失利益相当額は、相手方の会社に対する物権的請求権の履行遅滞による損害賠償請求権の額であると解されるが（物権的請求権は履行不能にならない。）、これを土地の時価である1,000万円とすることは、履行遅滞による填補賠償を裏から認めるに等しいことになる。しかし、前記のとおり、代償請求において、履行不能でなくとも執行不能を条件とする将来請求としての填補賠償が認められているのであって[52]、会社が無効を主張せず、相手方も物権的請求権を行使しない場合には（相手方からは無効を主張することができないと解されているから[53]、会社が無効を主張しない限り、相手方は物権的請求権を行使することができない。）、物権的請求権が執行不能である場合と同視して、代金額から土地の時価を控除することができると考えてよいのではないか。あるいは、端的に、会社が売買契約の無効を主張しない限り、相手方は無効を主張できないから、売買契約は有効

であるという前提で、取締役会の承認を受けていた場合と同じく、損害額は1,000万円であると解してよいとも思われる[54]。

VII 損害賠償請求訴訟の訴訟物と攻撃防御方法について

(1) 本設例で、取締役の承認を受けていた場合の請求原因は、次のとおりになる。

① Yが、A社を代表してX社（代表取締役B）との間で、土地を代金2,000万円で売ったこと

② ①の売買契約の当時、YがX社の取締役であったこと

③ ①の売買契約の当時、①の土地の時価が1,000万円であったこと

④ ①の売買契約に基づき、X社がY社に代金2,000万円を支払ったこと

50―山田・前掲注19・142頁は、利益相反取引が無効になれば、会社は損害を被ったと評価できるとは限らず、任務懈怠責任を追及することは難しくなるから、利益相反取引の規律を離れて会社が無効主張しない状況を任務懈怠とする方がよいとするが、これは、本文で述べたような理解によるものなのであろうか。

51―いわゆる代償請求については、羽柴隆「予備的代償請求」兼子一編『実例法学全集民事訴訟法上巻』（青林書院新社、1963年）203頁、瀬戸正二「いわゆる代償請求について」宮川種一郎=賀集唱編『民事実務ノート第1巻』（有斐閣、1969年）241頁を参照。大判昭和15・3・13民集19巻530頁は、株式の給付請求に併合して執行不能の場合の填補賠償を請求することができるとした。

52―大判昭和15・3・13前掲注51は、代償請求における填補賠償を、履行遅滞による損害賠償であると判示している。なお、代償請求における填補賠償については、本来の給付請求と併合しないで訴訟提起できるかなど、訴訟法上の問題があるが（中野貞一郎「将来の給付の訴え」『民事訴訟法の論点Ⅰ』（判例タイムズ社、1994年）134頁、高橋・前掲注15・354頁を参照）、本設例のように損害額の算定（控除）を考える上では、実体法上の問題を検討すれば足りよう。

53―本間・前掲注30・256頁、北村・前掲注29・89頁を参照。最判昭和48・12・11民集27巻11号1529頁は、会社が取締役に貸し付けた金員の返還を求めた場合に、その取締役は、取締役会の承認を受けていなかったことを理由として当該貸付けの無効を主張することができないとした。

54―これを要件事実論の視点で整理すると、請求原因としては、原則として、代金額と時価の差額の1,000万円の損害の限度でしか請求できず、これを超えて2,000万円を上限とする請求をするためには、取締役会の承認を受けなかったことに加えて、会社が、相手方に対し、取引の無効を主張し、土地の占有を返還し登記手続を済ませるなどして物権的請求権に係る義務を履行して、土地の使用収益をしなくなったことまで主張立証しなければならないということになろう。これに対し、抗弁（一部抗弁）として、契約が有効であることを示す事実、すなわち、会社が土地を第三者に売却した事実を主張立証することができるし（ただし、土地を相手方に返還しているとすると、会社による第三者への売却の事実は通常は想定できないであろう。）、さらに、再抗弁として、第三者が利益相反取引であること及び取締役会の承認を受けなかったことについて悪意であること（司法研修所・前掲注4・86頁を参照）を主張立証することができることになろうか（相対的無効）。実務上は、本設例のような場合には、当初から1,000万円の限度で損害賠償を請求することが多いように思われる。

①②が利益相反取引、③④が損害であり、これにより Y の任務懈怠が推定される（会社法 423 条 3 項）。

この場合、

○ X 社の取締役会が①の売買契約を承認する旨の決議をしたこと
を、請求原因として主張立証することが必要であろうか。

この点、旧商法では、無過失責任（旧商法 266 条 1 項 4 号）の対象となる利益相反取引は、取締役会の承認を受けたものとされていたから、無過失責任の請求原因として、取締役会の承認を受けたことを主張立証する必要があると解する余地があった[55]。しかし、会社法では、前記Ⅳ(5)のとおり、同法 423 条 3 項の任務懈怠の推定を受ける利益相反取引は、取締役会の承認を受けたものと受けなかったものの双方が含まれる。そして、要件事実論の観点からみると、利益相反取引の事実と、取締役会の承認を受けた事実は、事実として可分であって、会社法 423 条 3 項の推定の前提となる利益相反取引の主張として、取締役会の承認を受けた利益相反取引であると主張しなければ、要件事実としての利益相反取引の主張として特定できていないことにもならない[56]。そうすると、①から④までの事実を主張立証すれば、任務懈怠が推定され、損害賠償請求を理由あらしめるために必要かつ十分であって、取締役会の承認を受けたことを請求原因として主張立証する必要はないと解される[57]。

(2) 利益相反取引（本設例では売買契約）及び損害（本設例では代金額と時価との差額である 1,000 万円）が同じである場合に、取締役会の承認を受けていた場合と受けていなかった場合で、損害賠償請求の訴訟物は異なるであろうか。

この点、旧商法では、取締役会の承認を受けていた場合の無過失責任と、承認を受けていなかった場合の法令違反責任とでは、責任の性質（無過失責任か過失責任か）や根拠法条も異なることなどから、訴訟物は異なると解する余地があった[58]。

そして、会社法でも、取締役会の承認を受けていなかった場合は、そのこと自体が具体的法令違反としての任務懈怠と評価される点で、取締役の承認を受けた場合とは攻撃防御方法が異なり得る。しかし、要件事実論の観点からみると、取締役の承認を受けなかった利益相反取引による損害賠償を請求する場合

でも、利益相反取引及び損害の発生という要件事実のみで、会社法423条3項により任務懈怠が推定される。本設例でいえば、前記(1)の①から④までの事実のみで、請求を理由あらしめる事実として必要かつ十分である。したがって、取締役会の承認を受けなかったという事実（具体的法令違反の主張）は、請求原因としてはいわゆる過剰主張（「a＋b」）となる[59]。そうすると、取締役会の承認を受けていなかった場合も、受けていた場合と請求原因事実が全く同じになり、識別できない。債権的請求権の訴訟物は請求原因で特定されるから[60]、請求原因が識別できないということは、すなわち、訴訟物が同じであることを意味するものと思われる。

　このように、取締役会の承認を受けていなかったことは、訴訟物を特定する事実ではなく、攻撃防御方法としての事実の主張にすぎないと解されるところ、この主張は、どのような機能を有する攻撃防御方法なのか。前記V(3)のとおり、取締役会の承認を受けていなかった場合には、利益相反取引により会社に損害が生じることを知らなかったことについての無過失を主張立証して免責を得ることはできないと解される。これを攻撃防御方法の体系で考えると、取締役会の承認を受けていなかったことの主張は、（利益相反取引に当たることを知らなかったこと又は）利益相反取引により会社に損害が生じることを知らなかったことについての無過失の抗弁の法的効果を排斥する再抗弁であると位置づけら

55—東京地方裁判所商事研究会編・前掲注3・200頁は、旧商法266条1項4号の無過失責任について、取締役会の承認決議を得たことは、訴訟物の特定に関するから、4号責任の請求原因になるとする（同書187頁の請求原因の記載から、会社法の下でも同じ見解に立つものと推察される。）。また、佐々木・前掲注3・209頁も、会社法下においても、取締役会の承認を受けたことを請求原因として主張立証する必要があるとする。

56—事実の可分・不可分、要件事実の特定性については、司法研修所・前掲注4・43頁及び52頁、伊藤・前掲注4・137頁及び245頁を参照。

57—大江・前掲注5・699頁も同旨か。

58—東京地方裁判所商事研究会編・前掲注3・200頁は、旧商法266条1項の責任について、取締役会の承認を得たことは訴訟物の特定に関する事実であるとし、4号の無過失責任と5号の取締役会の承認を受けていなかったことによる法令違反責任とでは訴訟物が異なることを前提としているように思われる。また、佐々木・前掲注3は、会社法の下においても、取締役会の承認を受けていないことを請求原因として主張立証する必要があるとするところ、この見解も、訴訟物が異なることを前提としているように思われる。

59—いわゆる過剰主張（「a＋b」）については、司法研修所・前掲注4・58頁及び284頁を参照。

60—司法研修所監修『4訂民事訴訟第一審手続の解説』（法曹会、2001年）4頁及び司法研修所『改訂問題研究要件事実』（法曹会、2006年）4頁は、訴訟物の特定方法としての請求原因として、債権は、権利義務の主体、権利の内容、発生原因によって特定されるとする。

れる（あるいは、後記注65のとおり、予備的請求原因との考え方もあろう。）。さらに、前記Ⅵ(3)でみたとおり、取締役会の承認を受けなかった利益相反取引は、追認（事後の承認）があれば有効になると解されるところ、事前の承認と事後の承認を同一視して、事後の承認に任務懈怠による損害賠償責任を免責する効果があると解すれば[61]、取締役会の事後の承認を受けたことが、取締役会の承認を受けなかったという再抗弁から生じる法的効果を排斥する再々抗弁になるものと思われる。なお、取締役会の承認を受けなかったことについての無過失≒利益相反取引に当たらないと信じたことについての無過失の主張は、前記Ⅴ(1)のとおり、通常は、抗弁として機能するものであり、再々抗弁にはならないと考えられる。

(3) なお、本設例のような過大対価購入の事案において、利益相反取引による任務懈怠責任とは別に、会社法423条1項の善管注意義務違反による任務懈怠責任が成立する余地があるであろうか。旧商法においては、取締役は、旧商法266条1項4号に基づく無過失責任を負い、これについては同条6項により会社の総株主の議決権の3分の2以上の多数で免除できるとされていたが、最判平成12・10・20民集54巻8号2619頁（ネオダイキョー事件）は、利益相反取引により会社に損害を被らせた取締役は、旧商法266条1項4号の責任を負うほか、当該取引をするにつき故意又は過失により同法254条3項（民法644条）、254条ノ3に定める義務に違反したときは、同法266条1項5号の責任を負うとした[62]。会社法においても、別途、善管注意義務違反による損害賠償責任自体は観念できると考えられるが[63]、このような別途の請求を構成することについて実務上どのような実益があるのかについては、検討を要するで

61—北村・前掲注29・85頁は、利益相反取引では、競業取引と異なり、事前開示によって会社に取引機会が提供されるという関係にはなく、また、損害賠償に関し会社法356条1項違反については同法423条2項のような特別な規定がないことなどから、取締役の責任との関係でも、事後の承認を事前の承認と基本的に同一視してもよいとしつつ、事前に承認を得なかったことが任務懈怠や過失の有無の判断において取締役に不利に働くことがあり得るとする。しかし、要件事実論的には、取締役会の事前の承認を受けていなかったことは、損害の発生についての無過失の抗弁が認められることを前提として初めて機能する攻撃防御方法であるから、事前に承認を得ていなかったことが無過失の評価障害事実や任務懈怠の推定を破る評価を障害する再抗弁事実になるという関係にはないように思われる。
62—A社が関連会社であるB社から不動産を購入し、当該取引は両者の代表取締役を兼ねる被告が双

方を代表して行い、A社の取締役会はこれを承認する決議をしたところ、A社の株主である原告が、当該取引はB社の救済のために不当に高額で購入したものであるとして、被告らに対し、旧商法266条1項4号、5号等に基づきA社に対して賠償をするよう求めた事案である。第一審は、請求を一部認容する判決をし、被告らが控訴したところ、A社の臨時株主総会は、発行済株式総数の3分の2以上の株主の賛成により被告らの責任を免除する旨の決議をしたが、控訴審は、4号責任と5号責任は併存し、旧商法266条6項で免除されるのは4号責任だけであるとして、控訴棄却等の判決をした。被告らは上告し、4号責任は承認を得た取引の責任であり5号責任は承認を得なかった取引の責任であって競合せず択一関係に立つなどと主張したが、上告審は、4号責任が無過失責任であることを前提に、利益相反取引により会社に侵害を被らせた取締役は、4号責任を負うほか、当該取引を行うにつき故意又は過失により旧商法254条3項、254条ノ3に定める義務に違反したときには、5号責任を負うものと解するのが相当であるとして、上告を棄却した。

63─ネオダイキョー事件最高裁判決を前提に、利益相反取引により会社に損害を生じさせたこと自体を善管注意義務違反と構成し、これについて過失があれば（無過失でなければ）会社法423条1項（旧商法266条1項5号）の責任が生じ得ると解すると、会社法においては、同法423条3項の推定を破る抗弁の主張立証が成功した場合（正確にいうと、推定を破る抗弁事実と、これに対する再抗弁事実とを総合判断して、〈推定を破る〉という評価に到達する場合を意味する。松田・前掲注28・253頁を参照）であっても、利益相反取引による損害の発生の主張立証により、同条1項の任務懈怠＝善管注意義務違反が成立し、これに対する無過失の抗弁が成立しなければ、取締役は免責されないことになる。確かに、旧商法において、実質的にみて利益相反に当たらないとして責任が否定されたのは、無過失責任の文脈であって、善管注意義務違反については、必ずしもこのような理由で責任が否定されたわけではなかった（ロイヤルホテル事件大阪地裁判決でも、善管注意義務違反の有無は別途検討されている。この点、黒沼・前掲注22・87頁は、ネオダイキョー事件最高裁判決が旧商法266条1項4号の責任とは別に取締役に善管注意義務・忠実義務の違反があったときは同項5号の責任が成立することを認めているので、4号の取引の範囲を限定しても取締役会の承認を得た利益相反取引に関する取締役の責任を一切否定することにはならないとする。）。しかし、このように解すると、本文のⅢ(4)で述べたとおり、会社法が423条1項とは別に3項を設けた理由が説明できないし、推定を破る抗弁は、常に主張自体失当などにより機能しないこととなり、会社法が推定を破る余地を認めたことに整合しない。ネオダイキョー事件最高裁判決は、旧商法の無過失責任で総株主の議決権の3分の2以上という緩和された免責（旧商法266条6項）が認められていた場合を前提にした規律を示したものであって（矢尾・前掲注42・884頁参照）、総株主の議決権の3分の2以上による免責の決議がされても、無過失の抗弁が認められなければ、賠償責任を免れないという形で機能するものであったが（河本・前掲注46・259頁は、旧商法の無過失責任は、会社からの資金流出に対する法定補てん責任として制度設計されておらず、あくまでも非通例的取引条件等に基づく損害賠償責任という構成をとっているから、無過失責任が認められる事案では、善管注意義務違反責任も比較的認定されやすいと思われ、旧商法266条6項の抗弁が実務上どの程度有効に機能するものか疑問なしとしないと指摘していた。また、菊地・前掲注45・66頁も、ネオダイキョー事件最高裁判決のように、旧商法266条1項4号責任と5号責任を併存させることは、責任免除の面からみる限り、利益相反取引による責任を5号責任に一本化したも同然というほかない、という。星明男・法学協会雑誌119巻5号（2002年）984頁も、ネオダイキョー事件最高裁判決は取締役に過失のある利益相反取引について事実上総株主の同意によらない免責の道を閉ざしたものと評価できる、とする。）、このような緩和された免責の規定が廃止された会社法では、改めてその射程を検討する必要があろう。損害を生じさせた利益相反取引につき過失の有無にかかわらず任務懈怠を推定することとした会社法では、推定が破られれば、〈利益相反取引＋損害〉という同じ事実について、善管注意義務違反が成立する余地はないと解すべきであろう。ネオダイキョー事件最高裁判決は、請求原因として〈利益相反取引＋損害〉とは別の善管注意義務違反（経営判断の原則違背等）の発生原因事実を主張立証した場合に、利益相反取引による任務懈怠責任とは別に善管注意義務違反による任務懈怠責任が生じると解する限度で、先例価値が認められると解すべきであろう。

あろう-64。

(4) 以上の検討によれば、本設例における損害賠償請求訴訟の攻撃防御方法の構造は、次のようになる。

(請求原因)
① Yが、A社を代表してX社（代表取締役B）との間で、土地を代金2,000万円で売ったこと
② ①の売買契約の当時、YがX社の取締役であったこと
③ ①の売買契約の当時、①の土地の時価が1,000万円であったこと
④ ①の売買契約に基づき、X社がY社に代金2,000万円を支払ったこと
← (抗弁1──①の売買契約が行為の性質からみて取締役が会社に損害を及ぼさないものであったことの評価根拠事実)
　← (再抗弁1──①の売買契約が行為の性質からみて取締役が会社に損害を及ぼさないものであったことの評価障害事実)
← (抗弁2──（①の売買契約が利益相反取引に当たること又は）①の売買契約が会社に損害が生じること（土地の時価が1,000万円であったこと）を知らなかったことについての無過失の評価根拠事実)
　← (再抗弁2──（①の売買契約が利益相反取引に当たること又は）①の売買契約が会社に損害が生じること（土地の時価が1,000万円であったこと）を知らなかったことについての無過失の評価障害事実)
　← (再抗弁3── X社の取締役会が①の売買契約を承認する旨の決議をしていなかったこと)-65
　　← (再々抗弁── X社の取締役会が①の売買契約を事後に承認する旨の決議をしたこと)

Ⅷ （補遺）平成26年会社法改正について

(1) 平成26年6月20日、第186回国会（常会）において、会社法の一部を改正する法律案が可決成立し（平成26年法律第90号）、公布の日（平成26年6月27日）から起算して1年6月を超えない範囲内において政令で定める日に

施行される予定である（平成26年法律第90号附則1条）（平成27年5月1日と定められた（平成27年政令第16号）。）。

(2) 今回の改正で、新たに監査等委員会制度が導入されるとともに、会社法423条に、「前項の規定は、第356条第1項第2号又は第3号に掲げる場合において、同項の取締役（監査等委員であるものを除く。）が当該取引につき監査等委員会の承認を受けたときは、適用しない。」という4項が新設された[66]。

(3) 改正法の下では、会社法423条3項の請求原因（前記Ⅷ(4)の①から④まで）に対し、新4項に基づき、
　○X社の監査等委員会が①の売買契約を承認する旨の決議をしたことを抗弁として主張立証することができる。

64—会社の資産を廉価処分し又は他から過大な対価で財産を購入して会社に損失が生じた場合、それが経営判断として許容される裁量の範囲を逸脱すれば、善管注意義務違反になると解される（東京地方裁判所商事研究会編・前掲注3・248頁、谷口・前掲注42・94頁）。利益相反取引による廉価処分や過大対価購入の事案で、原告があえて会社法423条3項ではなく1項の善管注意義務違反による損害賠償を請求する場合、請求原因として経営判断の原則に係る善管注意義務違反の評価根拠事実（経営判断の過程及び内容の不合理性を基礎づける事実）を主張立証しなければならないと解すると（齋藤毅「関連会社の救済・整理と取締役の善管注意義務・忠実義務」佐々木茂美編『民事実務研究Ⅰ』（判例タイムズ社、2005年）246頁参照）、1項の請求原因と3項の請求原因は重複しない部分があり識別できるので、1項の請求も許容され、その限度でネオダイキョー事件最高裁判決の射程が及ぶといえよう。しかし、1項の請求原因において被告取締役の取引への関与を主張すれば、利益相反取引であることが判明してしまうことが多いと思われるから、実務上は、1項による責任追及を選択する実益は乏しい。3項の請求で任務懈怠の推定が破れる場合に備えて1項の請求を立てることも考えられるが、任務懈怠の推定が破れる場合は、通常は、経営判断の原則における善管注意義務違反も成立しない（任務懈怠と善管注意義務違反で判断が事実上重なることが多い。）と考えられる（松尾健一・商事法務1739号（2005年）112頁は、ロイヤルホテル事件大阪地裁判決における実質的にみて利益相反に当たらないとする要件の判断においては、善管注意義務違反の有無に関する考慮要素と同じものが考慮されているという。）。森本滋「会社法の下における取締役の責任」金融法務事情1841号（2008年）10頁が、趣旨は異なるが、公正取引義務違反の構成と善管注意義務違反の構成とで実質的な相違はないとするのも、実務的な感覚として首肯できる。

　なお、本設例では、Yは、相手方Aの代表取締役として売買契約を締結しているのであって、Xのための職務執行として契約を締結したものではないから、そもそも会社法423条1項の善管注意義務違反を認める前提を欠くとの見解もあり得る。矢尾・前掲注42・888頁を参照。

65—取締役会の承認を受けなかったことは、会社に損害が生じることを知らなかったことについての無過失の抗弁による請求権の発生障害の効果を排斥する再抗弁であると考えたが、取締役会の承認を受けなかったこと自体が別個の法令違反としての任務懈怠となり、同じ訴訟物の中での別の攻撃防御方法としての請求原因を構成すると考えれば、取締役会の承認を受けなかったことは、利益相反取引による任務懈怠の推定による請求原因及び無過失の抗弁を前提とする予備的請求原因と考えることになろう。予備的請求原因については、司法研修所・前掲注16・181頁を参照。

この抗弁が認められる場合、別途、取締役会の承認を受けていなかったことを主張立証して、個別法令違反による損害賠償請求（会社法423条1項）をすることができるであろうか。

　任務懈怠の推定が及ぶ利益相反取引は、取締役会の承認を受けなかったものも含まれるから、任務懈怠の推定を破る抗弁は、取締役会の承認を受けなかった利益相反取引についても、免責の抗弁となると解されることとなり（前記Ⅳ(5)）、別途、個別法令違反による損害賠償責任が認められる余地はないことになる。これに対し、新4項は、任務懈怠の推定規定を「適用しない」というだけであって、任務懈怠の推定が破れる場合＝任務懈怠であると評価できない場合と異なり、別途、任務懈怠が成立する余地はあると解される[67]。そうすると、善管注意義務違反による損害賠償責任はもちろん[68]、取締役会の承認を受けなかったという個別法令違反による損害賠償責任も認められる余地があると解される[69]。

　そして、前記Ⅶ(2)でみたとおり、取締役会の承認の有無は、利益相反取引による損害賠償請求を特定する要素ではなく、承認のある場合とない場合で訴訟物は異ならないとすると、個別法令違反の主張は、新4項の効果を排斥し3項の請求原因の効果を復活させるものではないが、任務懈怠の推定による損害賠償請求と訴訟物を同じくする、別の攻撃方法としての請求原因であり、新4項の抗弁を前提とする予備的請求原因であると解される。

66―今回の会社法改正で利益相反取引に関係するものとしては、423条4項の新設のほか、親子会社間の利益相反取引に関する情報開示の充実がある。現行の会社計算規則112条は、会社と関連当事者との間の利益相反取引について、計算書類の個別注記表に記載する旨を定めているところ、今回の改正に伴い、子会社株主の保護の観点から、個別注記表等に表示された親会社等との利益相反取引に関し、会社の利益を害さないように留意した事項、当該取引が会社の利益を害さないかどうかについての取締役(会)の判断及びその理由を事業報告の内容とし、これらについての意見を監査役(会)の監査報告の内容とするものとされ(会社法制の見直しに関する要綱(平成24年9月7日法制審議会答申)の第2部の第1の後注)、今後、所要の省令改正がされる予定である。現行規則の注記の対象を含め、ここでいう利益相反取引該当性の判断構造も、会社法356条1項2号、3号の場合と同様の問題があるように思われる。
67―新4項の新設に関して、今回の法改正の過程では、任務懈怠の推定が外れた場合でも、裁判所による任務懈怠の認定に関する判断を信頼できる、という指摘がされ、新4項が適用されても別途任務懈怠が成立し得ることが前提とされている。岩原紳作「『会社法制の見直しに関する要綱案』の解説[Ⅰ]」商事法務1975号(2012年)8頁、法制審議会会社法部会第19回(平成24年4月18日)議事録15頁及び同第21回(平成24年6月13日)議事録15頁の田中亘幹事の発言、同第21回議事録16頁の岩原紳作部会長の発言を参照。
68―前記注64でみたとおり、ネオダイキョー事件最高裁判決を前提に、任務懈怠の推定に基づく会社法423条3項の請求と、同条1項に基づく善管注意義務違反に基づく請求は、両立し得るが、3項の請求での任務懈怠の推定を破る抗弁の判断と、1項の請求での善管注意義務違反の判断は、実質的には重なり、任務懈怠の推定を破る抗弁が成立する場合には、善管注意義務違反も成立しないことが通常であり、両方の請求(特に1項の善管注意義務違反による請求)を立てる実益はないように思われるが、これに対し、3項の請求が新4項の抗弁で排斥される場合には、善管注意義務違反に関する事情は全く判断の対象となっていないので、この場合は、別途、1項の善管注意義務違反による請求を立てる実益があるように思われる。
69―その他、改正法の下での解釈として、新4項と428条1項の適用関係が問題となる。現行法の下では、本文で述べたとおり、利益相反取引による損害賠償請求の請求原因はすべて会社法423条3項の推定に基づくものであると解されるから、同法428条1項所定の直接取引で任務懈怠が認められる場合も、同法423条3項の推定に基づくものしか想定されない。しかし、改正法の下では、取締役会の承認を受けなかった場合の予備的請求原因である個別法令違反に基づく請求や、善管注意義務違反(経営判断の原則違背等)に基づく請求も、会社法428条1項の任務懈怠に含まれるのかが問題となる(後者の論点は現行法でも問題となり得るが、前記注62でみたとおり、問題が顕在化することはなかったように思われる。)。同項は、「356条1項2号の取引(自己のためにした取引に限る。)をした取締役の423条1項の責任」と規定しているから、個別法令違反や善管注意義務違反も、規定の文言上は同項の対象に含まれると解されよう。

報告論文 4

裁判例からみた「他人の行為の放置・看過」に関する取締役の任務懈怠責任[1]の要件事実

角田大憲

I 本稿の目的

　①古くから最高裁判決[2]によって認められてきた取締役の監視・監督義務や、②平成12年の大和銀行事件判決[3]を契機として裁判例上[4]認められるようになっていった取締役の内部統制システム構築義務は、いずれも、他人の行為の放置・看過に関する取締役の任務懈怠責任[5]を肯定する根拠となる。実際にも、大和銀行事件判決以降、他人の行為の放置・看過に関する取締役の任務懈怠責任が追及される裁判例では、監視・監督義務違反及び内部統制システム構築義務違反の双方が主張されているものがある[6]。

　他方、ヤクルト事件控訴審判決などにみられる信頼の原則[7]や、大和銀行事件判決及びダスキン事件控訴審判決などにみられる経営判断の原則[8]は、いずれも、他人の行為の放置・看過に関する取締役の任務懈怠責任を否定する根拠となる。実際にも、他人の行為の放置・看過に関する取締役の任務懈怠責任が追及される裁判例では、任務懈怠責任を追及される取締役（以下「被告取締役」という。）から信頼の原則や経営判断の原則による免責が主張されているものがある[9,10]。

　本稿では、主に大和銀行事件判決以降の裁判例の検討を通じて[11]、ある取締役や従業員の行為が法令又は善管注意義務に違反する場合において、（作為は行っていない）他の取締役の任務懈怠責任の有無を判断するための要件事実的な整理を目指したい。

以下では、次のとおり論じていく。
(1) 他人の行為の放置・看過に関する取締役の任務懈怠責任を肯定する根拠となる、監視・監督義務及び内部統制システム構築義務の内容
(2) 他人の行為の放置・看過に関する取締役の任務懈怠責任を否定する根拠となる、信頼の原則及び経営判断の原則の内容
(3) 上記(1)及び(2)を踏まえた監視・監督義務、内部統制システム構築義務、信頼の原則及び経営判断の原則の要件事実的関係[12]

1―本稿では、取締役会設置会社(会社法2条7号)かつ監査役設置会社(同条9号)であり、監視・監督義務のみならず、内部統制システム構築義務も問題となり得る(一定の規模を有するため会社の実情として直接の監視・監督が困難である)株式会社における取締役の責任を念頭に置いて論じる。

2―最判昭和48・5・22民集27巻5号655頁(以下「昭和48年最判」という。)。このほか、最判昭和44・11・26民集23巻11号2150頁、最判昭和55・3・18集民129号331頁もいわゆる監視・監督義務を認めたものとされているが、これら3つの最高裁判例のいずれも取締役の第三者に対する責任(会社法429条に相当する旧商法266条の3)に関するものである。

3―大阪地判平成12・9・20判例時報1721号3頁。

4―学説上は、神崎克郎「会社の法令遵守と取締役の責任」法曹時報34巻4号(1982年)867〜869頁において、「内部統制組織」として触れられていた。

5―江頭憲治郎『株式会社法〔第5版〕』(有斐閣、2014年)465頁は、「取締役の善管注意義務違反は、他の取締役・使用人に対する監督(監視)義務違反を含む取締役の不作為(懈怠)につき問題となるケースが多い」とする。

6―大和銀行事件のほか、三菱商事事件判決(東京地判平成16・5・20判例時報1871号125頁)、雪印食品事件判決(東京地判平成17・2・10判例時報1887号135頁)、ダスキン事件控訴審判決(大阪高判平成18・6・9判例時報1979号115頁)、ヤクルト事件控訴審判決(東京高判平成20・5・21判例タイムズ1281号274頁)に係る各事件。

7―信頼の原則(信頼の権利)については、落合誠一編『会社法コンメンタール8 機関(2)』(商事法務、2009年)228頁〔落合誠一〕、岩原紳作編『会社法コンメンタール9 機関(3)』(商事法務、2014年)239頁・257〜258頁〔森本滋〕など参照。

8―経営判断の原則(経営判断原則)については、江頭・前掲注5・462〜464頁、『会社法コンメンタール9 機関(3)』前掲注7・239〜249頁〔森本滋〕など参照。

9―信頼の原則による免責が主張されたもの(融資判断に係るものを除く。)として、ヤクルト事件のほか、大和銀行事件判決、ダスキン事件控訴審判決及び石原産業事件判決(大阪地判平成24・6・29資料版商事法務148号64頁)に係る各事件。

10―経営判断の原則による免責が主張されたものとして、大和銀行事件及びダスキン事件のほか、ヤクルト事件。

11―本稿執筆時点(平成26年10月)の直前にされた、西松建設事件判決(東京地判平成26・9・25資料版商事法務369号72頁)及びシャルレ事件判決(神戸地判平成26・10・16資料版商事法務368号68頁)については、本稿における検討対象に含めていない。

12―この点については、氏本厚司裁判官から多くのご示唆・ご教示をいただいた。

Ⅱ　監視・監督義務及び内部統制システム構築義務の内容

1　監視・監督義務の内容

　取締役が他人の行為の放置・看過についていわゆる監視・監督義務を負っていることは一般的に認められていると思われる。しかし、これらにつき明文の規定はなく[13]、その内容は必ずしも明らかではない[14]。

　以下では、①監視・監督義務の対象となる行為（以下「対象行為」という。）は誰（他の取締役、従業員）の行為か、②監視義務と監督義務の違いは何かについて、まず簡単に整理しておきたい。

（1）　監視・監督義務の対象となる行為は誰の行為か

　昭和48年最判の判示は、「株式会社の取締役会は会社の業務執行につき監査する地位にあるから、取締役会を構成する取締役は、会社に対し、取締役会に上程された事柄についてだけ監視するにとどまらず、代表取締役の業務執行一般につき、これを監視し、必要があれば、取締役会を自ら招集し、あるいは招集することを求め、取締役会を通じて業務執行が適正に行なわれるようにする職務を有する」というものである。

　すなわち、直接的には、対象行為の行為者が代表取締役である場合に限って取締役の監視・監督義務を認めているだけである。

　もっとも、下級審の裁判例では、次のとおり、対象行為の行為者が代表取締役以外の取締役や従業員にすぎない場合にも、取締役の監視・監督義務があることが前提とされている。

　　A　代表取締役以外の取締役の行為に関する監視・監督義務

　（ア）　石原産業事件判決は、「取締役会を構成するにすぎない取締役といえども、他の取締役を監視する責務自体は免れない。」と判示している。

　　　　セイクレスト事件判決[15]も、「取締役は、健全な会社経営を行うために、会社の規模の大小を問わず、善管注意義務の一環として、他の取締役等が法令・定款に違反することなく適法・適正に職務を行うことについて監視する義務がある」とそれぞれ判示している。

　　　　これらはいずれも、対象行為の行為者が代表取締役以外の取締役である場合にも、取締役の監視・監督義務があることを前提とするものである。

（イ）　また、大和銀行事件判決は、「財務省証券の保管残高の確認については、これを担当する検査部、ニューヨーク支店が設けられており、この両部門を担当する業務担当頭取あるいは副頭取は、各業務担当取締役にその担当業務の遂行を委ねることが許され、各業務担当取締役の業務執行の内容につき疑念を差し挟むべき特段の事情がない限り、監督義務懈怠の責を負うことはない」と判示している。

　ダスキン事件控訴審判決も、担当専務取締役及び本部長取締役の行為に関し、「この点に関する限り、……業務担当取締役又は使用人兼務取締役としての善管注意義務違反は認められない。したがって、当時代表取締役会長兼社長であった一審被告……について、監督義務の懈怠は認められ……ない。」と判示している。

　これらも、対象行為の行為者が代表取締役以外の取締役である場合にも、取締役の監視・監督義務があることを前提とするものである。

B　従業員の行為に関する監視・監督義務

　さらに、大和銀行事件判決は、従業員の行為に関し、頭取・副頭取・国際部長（いずれも代表取締役）が「指揮系統の上位者としての監督責任を負う」と判示している。

　商品先物取引業者事件判決[16]も、従業員の違法行為（いわゆる適合性原則違反、断定的判断の提供、一任売買、無断売買、過当売買等）に関し、「取締役が会社に対して負う善管注意義務又は忠実義務には、従業員の違法、不当な行為を発見し、又はこれを未然に防止するといった従業員に対する指導監督についての注意義務……も含まれる」と判示して、代表取締役社長及び取締役管理部長の任務懈怠行為を認めている。

　これらはいずれも、対象行為の行為者が従業員である場合にも、取締役の監視・監督義務があることを前提とするものである。

13—会社法上、「監視」という用語は使用されていない。「監督」という用語は、取締役等に関連するものとしては「取締役（執行役等）の職務の執行の監督」として使用されているが（会社法362条2項2号、416条1項2号）、これは取締役会の権限・職務であって取締役の権限・職務ではない。
14—このことを指摘するものとして、松本伸也「取締役の監視義務（上）」旬刊商事法務1971号（2012年）34頁。
15—大阪地判平成25・12・26金融・商事判例1435号42頁。ただし、社外監査役の責任に関するもの。
16—東京地判平成25・3・25判例秘書ID06830281。

(2) 監視義務と監督義務の違いは何か

監視義務と監督義務の違いについても、必ずしも明らかではない[17]。

平成11年ころまでには、①監視義務（責任）は「取締役会のヒエラルヒーの問題とはかかわらないところから出てくる、全取締役が負う基本的な責任、取締役会の一員であるということから生ずる責任」である一方、②監督義務（責任）は「取締役会によって指定される職務の内容によってその有無程度が非常に違ってくるもの」であるなどとする区分が示されるようになり[18]、最近の裁判例では、このような区分に従った使用がなされている例が多いとの指摘もある[19]。

確かに、裁判例では、①前記(1)A（ア）の石原産業事件判決やセイクレスト事件判決のようにいわば業務執行権限に基づかない義務（取締役会の監督権限に由来する義務）を監視義務と呼ぶ一方[20]、②前記(1)A（イ）及びBの大和銀行事件判決、ダスキン事件控訴審判決、商品先物取引業者事件判決のように[21]、いわば業務執行権限に基づく上司の部下（業務執行取締役、使用人兼務取締役、従業員）に対する義務を監督義務と呼んで[22]、使い分けている例が多い[23]。東京地方裁判所商事部もそうであると思われる[24]。

特に、ダスキン事件控訴審判決は、業務担当取締役・使用人兼務取締役の行為に関し、「この点に関する限り、……業務担当取締役又は使用人兼務取締役としての善管注意義務違反は認められない。」とした上で、代表取締役会長兼社長については監督義務の懈怠が（②）、その余の取締役らについては監視義務の懈怠が（①）、それぞれ認められないと判示しており、上記のような使い分けが明確に意識されているように見受けられる。

結局は用語法の問題であるが、本稿では、多くの裁判例と同様に、①業務執行権限に基づかない義務（取締役会の監督権限に由来する義務）を監視義務と呼び、②業務執行権限に基づく上司の部下（業務執行取締役、使用人兼務取締役、従業員）に対する義務を監督義務と呼んで、使い分けることとする[25]。

2 監視義務及び監督義務の関係

(1) 監督義務を負う取締役及び対象行為の各範囲

監視義務（①）と監督義務（②）を以上のとおり理解すると、②監督義務を

負う取締役は、業務執行権限を有する取締役に限られることになる。

また、その対象行為は、当該業務執行権限の下にある部下である取締役及び従業員の行為に限られることになる。

そして、監督義務は、当該業務執行権限を有する取締役が、自己がそれを行使することができる権限の下にある部下の行為を対象とするものであるから、他人の行為に関する義務であると同時に、自己の権限の行使という自己の支配可能領域における行為に関する義務（会社との委任契約上合理的に期待されている義務）であるともいうことができ[26]、他人の行為に対する責任を「負わされる」というよりも、本来自らが負うべき責任を負う場合であるともいえる。

(2) 監視義務を負う取締役及び対象行為の各範囲

他方、①監視義務を負う取締役は、業務執行権限の有無にかかわらずすべて

17—新村出編『広辞苑〔第6版〕』（岩波書店、2008年）によれば、①監視とは「（悪事が起こらないように）見張ること」、②監督とは「目をくばって指図をしたり取り締まったりすること」とされる。

18—阿部一正ほか「条解・会社法の研究9　取締役(4)」別冊商事法務219号（1999年）55頁〔稲葉発言〕。江頭憲治郎＝門口正人編集代表『会社法大系第3巻（機関・計算等）』（青林書院、2008年）236～237頁〔松山昇平・門口正人〕も「取締役会設置会社の取締役は、取締役に対して監視義務を負う取締役会の構成員として、監視義務を負う」、「業務担当取締役は、業務執行ラインの上位者として下位の取締役及び従業員を監督する義務を負う」とする。

19—澤口実編『新しい役員責任の実務〔第2版〕』（商事法務、2012年）122頁。

20—雪印食品事件判決、ダスキン事件控訴審判決、昭和48年最判を引用するヤクルト事件控訴審判決も、その一例である。

21—監督義務が問題とされた取締役は、大和銀行事件判決では「業務担当取締あるいは副頭取」、ダスキン事件控訴審判決では「代表取締役会長兼社長」、商品先物取引業者事件判決では「代表取締役社長及び取締役管理部長」であり、いずれもその業務執行権限に基づく義務が問題とされている。

22—三菱商事事件判決も、その一例である。また、日本経済新聞事件判決（東京地判平成21・10・22判例時報2064号139頁）も、取締役は、従業員による不正行為につき、個別リスクの発生を防止するために指導監督すべき善管注意義務を負う、と判示している。

23—ただし、三菱石油事件控訴審判決（東京高判平成14・4・25判例時報1791号148頁）は、担当常務取締役の従業員の行為に対する監督を監視責任と呼んでいる（もっともこれは、原告が「一般取締役の監視義務」（本稿でいう監視義務）と「特別の権限を持った取締役らの監視責任」（本稿でいう監督義務）とを併せて「監視義務違反に基づく責任」として主張したことによると思われる。）。また、ヤクルト事件控訴審判決は、「会社の業務執行を全般的に統括する責務を負う代表取締役や個別取引報告書を確認し事後チェックの任務を有する経理担当の取締役については、デリバティブ取引が会社の定めたリスク管理の方針、管理体制に沿って実施されているかどうか等を監視する責務を負う」と判示している。

24—東京地方裁判所商事研究会編『類型別会社訴訟Ⅰ〔第3版〕』（判例タイムズ社、2011年）250～251頁・257～258頁。

25—河合正二「グループ運営における内部統制システムの構築と運用(I)」金沢星稜大学論集45巻1号（2011年）14頁は、本稿でいう監視義務を「取締役会の構成員としての監視・監督義務」、本稿でいう監督義務を「業務執行者としての監視・監督義務」と呼んでいる。

の取締役であることになる。

　また、監視義務が取締役会の監督権限に由来する義務であり、取締役会による監督の対象が取締役の職務執行である以上、その対象行為に少なくとも取締役の行為が含まれることは明らかであるが、さらに従業員の行為まで含まれるかは問題となり得る。取締役会には、少なくとも「支配人その他の重要な使用人の選任及び解任」に係る権限・職務があるが（会社法362条4項3号）、取締役会が行うべき取締役の職務の執行の監督とは従業員も含めた会社の事業全体の監督を意味するとすれば[27]、さらに従業員の行為まで含まれることがあり得ることになる[28]。東京地方裁判所商事部も、「個々の従業員に対する監督責任を負うものではないが、何らかの事情で従業員の不正行為を知り又は知り得べきであった場合には、取締役会の招集権限や支配人の選任・解任権限を用いて、不正行為を阻止するために必要な措置をとる義務がある」とする[29]。確かに、「支配人その他の重要な使用人」でもない従業員の不正行為であっても、当該従業員に関する業務執行権限を有しない取締役がこれを知りながら放置した場合にまでそれが一切任務懈怠責任の対象とならないのは不合理であると思われ[30]、本稿でも、監視義務の対象行為には取締役のみならず従業員の行為がすべて含まれるものとして、以下論じる[31]。

　そして、監視義務は、監督義務とは異なり、すべての取締役が、自己が行使することができる業務執行権限とは無関係に負うものであり、自己の権限の行使という自己の支配可能領域における行為に関する義務であるという側面はほとんどなく[32]、まさに他人の行為に関する義務であり、他人の行為に対する責任を負うべき場合（会社との委任契約上、他人の行為であってもなお義務を果た

	監視・監督義務の対象となる行為は誰の行為か	
	当該業務執行権限の下にある取締役・従業員	左記以外の取締役・従業員
業務執行権限のある取締役	監督義務[33]	監視義務[34]
業務執行権限のない取締役	——	監視義務

すことが合理的に期待されている場合）であるといえる。

26—自己の支配可能領域における行為に関する義務（会社との委任契約上合理的に期待されている義務）であるかどうかという視点については、伊藤滋夫教授からご教示をいただいた。この視点は、旧商法266条2項に相当する規定が設けられなかった（法務省民事局参事官室「会社法制の現代化に関する要綱試案補足説明」旬刊商事法務1678号86頁参照）会社法の下ではより重要であるほか、監査役（取締役よりも法的な権限はむしろ広い）の責任や、子会社の管理に関する責任を考えるにあたっても重要な視点の1つとなると思われる。

27—龍田節『会社法大要』（有斐閣、2007年）114頁、『会社法コンメンタール8 機関(2)』前掲注7・218頁〔落合誠一〕。

28—松本「取締役の監視義務（上）」前掲注14・38頁は、「取締役の監視義務も従業員の業務遂行の監督まで含意していないと解すべきである」とするが、取締役の「監視」義務に従業員の行為の「監督」が含まれないとしても、従業員の行為の「監視」は含まれると解する余地はあると思われる。

29—『類型別会社訴訟Ⅰ〔第3版〕』前掲注24・257～258頁。

30—もっとも、このような任務懈怠責任については、監視義務違反であるという整理のほか、当該放置した取締役固有の善管注意義務違反であるという整理もあり得るところである。

31—もっとも、当該従業員に関する業務執行権限を有しない取締役が、これを知り得べきであったと評価される場合は、実際上は稀であると思われる。なお、商品先物取引業者事件判決は、前記1(1)Bのとおり判示しており、一見、すべての取締役が他の取締役のみならず従業員の行為についても一般的な監視義務を負うかのようにも読めるが、そもそも同事件で被告となり責任が問われていたのは当該従業員の違法行為に関し業務執行権限を有する代表取締役社長及び取締役管理部長だけであり、当該業務執行権限を有しない取締役まで念頭に置いていない判示ではないことも思われる。

32—監視義務との関係で、監査役（会）への報告（会社法357条）のほか、業務執行権限とは無関係に個々の取締役が行使できる法的な権限として問題なく認められるのは、取締役会における出席・議決権行使以外には、せいぜい取締役会招集請求（会社法366条2・3項）くらいである。業務・財産調査（会社法381条2項参照）や会計帳簿等閲覧謄写請求（会社法433条）については争いがある（『会社法コンメンタール8 機関(2)』前掲注7・219頁〔落合誠一〕、弥永真生「社外取締役と情報収集等」旬刊商事法務2028号（2014年）6～8頁、江頭・前掲注5・410～411頁、『会社法コンメンタール9 機関(3)』前掲注7・260～261頁〔森本滋〕）。

33—理論的には、業務執行権限を有する取締役も取締役である以上、当該業務執行権限の下にある取締役・従業員の行為につき、監督義務のみならず監視義務も負っていることになるかもしれないが、実際上は、監督義務違反が認められなければ監視義務違反も認められないであろう。

34—業務執行権限を有する取締役の監視義務も取締役会の監督権限に由来する義務である以上、業務執行権限を有しない取締役のそれと異なることはない。この点につき、「業務執行者としての地位ゆえに平取締役と比べて会社の業務執行の状況に関する情報を入手しやすい」ことから「監視義務違反の責任を問われる可能性が事実上大きくなることはある」との指摘があるが（山田純子「取締役の監視義務」『企業の健全性確保と取締役の責任』（有斐閣、1997年）239頁、寺田昌弘ほか「不祥事に関与していない取締役・監査役の責任（上）」旬刊商事法務1998号（2013年）49頁）、本稿でいう監視義務は、ある業務執行権限を有する取締役にとってその有する業務執行権限の範囲外に関するものであるので、情報の入手しやすさから監視義務違反の責任を問われる可能性が事実上大きくなることがあるとしても、それは業務執行者としての地位ゆえというよりも、常勤者・社内出身者であることによる場合が多いと思われる。

3 内部統制システム構築義務の内容

(1) 内部統制システム構築義務は誰が負う義務か

いわゆる内部統制システム構築義務を認めた最高裁判例としては、日本システム技術事件最高裁判決[35]が著名であるが、同事件はもともと代表者の行為についての会社の損害賠償責任（会社法350条）に関するものであり、同判決が、従業員の不正行為を防止するためのリスク管理体制[36]を構築すべき義務を負っていることを前提としたのは、明示的には代表取締役だけである。

もっとも、下級審の裁判例では、次のとおり、代表取締役以外の取締役もいわゆる内部統制システム構築義務を負うものとされている。

大和銀行事件判決は、「健全な会社経営を行うためには、（中略）会社が営む事業の規模、特性等に応じたリスク管理体制（いわゆる内部統制システム）を整備することを要する。そして、重要な業務執行については、取締役会が決定することを要するから（商法260条2項[37]）、会社経営の根幹に係わるリスク管理体制の大綱については、取締役会で決定することを要し、業務執行を担当する代表取締役及び業務担当取締役は、大綱を踏まえ、担当する部門におけるリスク管理体制を具体的に決定するべき職務を負う。この意味において、取締役は、取締役会の構成員として、また、代表取締役及び業務担当取締役として、リスク管理体制を構築すべき義務を負い、さらに、代表取締役及び業務担当取締役がリスク管理体制を構築すべき義務を履行しているか否かを監視する義務を負うのであり、これもまた、監査役としての善管注意義務の内容をなすものと言うべきである」と判示している。

高裁レベルでも、ヤクルト事件控訴審判決は、昭和48年最判を引用しながら、「各取締役は、取締役会等の会社の機関において適切なリスク管理の方針を立て、リスク管理体制を構築するようにする注意義務を負うというべきである。」と判示している。

以上のとおり、まず、①すべての取締役は、取締役会の構成員として、内部統制システムの大綱・基本方針を決定・構築する義務（以下「基本方針決定義務」という。）を負う。また、②業務執行権限を有する取締役（代表取締役及び業務担当取締役）は、当該大綱・基本方針を踏まえ、担当する部門における内部統制システムを具体的に決定・構築するべき義務（以下「具体的構築義務」と

いう。）を負う。さらに、③すべての取締役は、業務執行権限を有する取締役が上記②の義務を履行しているか否かを監視する義務を負う[38]。
　(2)　各取締役が負う内部統制システム構築義務の内容
　　A　すべての取締役が負う義務
　上記を言い換えると、まず、すべての取締役は、取締役会の構成員として、①基本方針決定義務を負うとともに、③業務執行権限を有する取締役が具体的構築義務を履行しているか否かを監視する義務を負う。
　これらのうち、①の義務は、すべての取締役が、取締役会における出席・議決権行使という自己の参加可能領域における行為に関する義務（会社との委任契約上合理的に期待されている義務）であるともいうことができ、他人の行為に対する責任を「負わされる」というよりも、本来自らが負うべき責任を負う場合であるともいえる。
　これに対し、③の義務は、自己の権限の行使という自己の支配可能領域における行為に関する義務であるという側面はほとんどなく、まさに他人の行為に関する義務であり、他人の行為に対する責任を負うべき場合（会社との委任契

35—最判平成 21・7・9 集民 231 号 241 頁。
36—なお、日本システム技術事件最高裁判決は、明示的には従業員の不正行為を防止するためのリスク管理体制について判示しただけで、「他の取締役の不正行為」を防止するための体制については明示的には言及していないが、内部統制システム構築義務が「従業員の不正行為」の防止体制に関するものを含むのであれば、それが「他の取締役の不正行為」の防止体制に関するものも含むことは、会社法 362 条 4 項 6 号と会社法施行規則 100 条 1 項 4 号との対比からもほぼ自明であろう。ダスキン事件控訴審判決、ヤクルト事件判決、セイクレスト事件判決も、内部統制システム構築義務が「他の取締役の不正行為」の防止体制に関するものも含むことを前提としている。
37—会社法 362 条 4 項に相当する。会社法 362 条 4 項 6 号・5 項に相当する規定は、旧商法には存在しなかった。
38—なお、会社法 362 条 4 項 6 号・5 項は、大会社である取締役会設置会社につき「取締役の職務の執行が法令及び定款に適合することを確保するための体制その他株式会社の業務の適正を確保するために必要なものとして法務省令で定める体制の整備」を決定しなければならないと規定しているが、同条項の法文上は「整備の決定」が義務づけられているだけであって「整備」そのものが義務づけられているわけではない。会社法立案担当者も、「『当該システムを設けない』という内容の決定であっても、決定義務との関係では問題がない」とするが、他方で「ただし、取締役が、会社の性質や規模に応じた内部統制システムを整備していない場合には、別途善管注意義務（330 条）違反として任務懈怠責任（423 条 1 項）を問われる可能性はある」とする（相澤哲ほか『論点解説　新・会社法』（商事法務、2006 年）333〜334 頁）。さらに東京地方裁判所商事部は、「大会社にあっては内部統制システムの構築が具体的な法令上の義務であることは明らかである」、「内部統制システムの構築は、少なくとも会社の実情が規模的に直接の監視・監督を困難とするものになっていれば、会社の種類を問わず取締役に課された義務である」とする（『類型別会社訴訟Ⅰ〔第 3 版〕』前掲注 24・259〜260 頁）。

約上、他人の行為であってもなお義務を果たすことが合理的に期待されている場合）であるといえる。

　B　業務執行権限を有する取締役だけが負う義務

　加えて、業務執行権限を有する取締役は、当該業務執行権限を有する事項につき、②具体的構築義務を負う。

　この具体的構築義務は、当該業務執行権限を有する取締役が、自己がそれを行使することができる権限を有する事項についてのものであるから、他人の行為に関する義務であると同時に、自己の権限の行使という自己の支配可能領域における事項に関する義務（会社との委任契約上合理的に期待されている義務）であるともいうことができ、他人の行為に対する責任を「負わされる」というよりも、本来自らが負うべき責任を負う場合であるともいえる。

(3)　内部統制システム構築の二面性

　ところで、内部統制システム構築義務には二面性があると指摘されることがある[39]。神崎教授は、「取締役は、会社の業務執行が法令に従って適法に行われることを一般的に確保するための合理的な体制が会社内に設けられており、かつそれが機能していることに合理的に満足すべきであり、そのような体制が機能していることに合理的に満足し、かつ業務執行が法令に違反することを疑うべき事情が存しないときは、たまたま違法な業務執行が行われても、監視義務の違反による責任を追及されることがないが、そのような体制が会社内に設けられていない場合は、たとえ具体的な業務執行が法令に違反することを疑うべき事情を知らないときにおいても、監視義務の違反による責任を問われるものと解される」と指摘していた[40]。

　A　取締役の監視・監督義務違反を拡張する側面

　もともと、内部統制システム構築義務は、「ある程度の規模を有する会社の取締役が、自ら直接に他の取締役の業務執行や従業員の行動について監視・監督を尽くすことが困難であるとして何らの責任を負わないとすることは適切でない」[41]という価値判断の下、「従業員の不正、違法行為を阻止するためのシステムを構築すべき義務があると考えることができれば、取締役の『組織が大きく、個々の従業員の監督まで取締役に要求することは取締役に不可能を強いることになる』との抗弁を防ぐことができる」ので[42]、「取締役責任追及の帰

	内部統制システム構築義務の内容	
	当該業務執行権限を有する事項	左記以外の事項
業務執行権限のある取締役	具体的構築義務	監視義務
業務執行権限のない取締役	―	監視義務

＋

すべての取締役	基本方針決定義務

責原因として浮上・考案された」[43]ものであるということができる。

この意味で、内部統制システム構築義務には、従来の取締役の監視・監督義務違反を拡張し、他人の行為の看過に関する取締役の任務懈怠責任を認めやすくする側面があるといえる。

B　取締役の監視・監督義務違反を縮減する側面

他方、神崎教授が指摘するように、取締役が一定の内部統制システムを構築し、それが機能していれば、他に違法・不正を疑うべき事情がない限り、たま

---

[39]―山口利昭弁護士は、「内部統制システムの構築責任を会社法のなかで議論する実益は、取締役の自由保障機能（誠意をもってコンプライアンス経営に努力する取締役は、むやみに監視義務違反に問われない）と、監視義務の補完機能（たとえ情報が、取締役に届いていない場合であっても、重要情報が届くようなシステムを構築することを怠るのは任務懈怠である）にある」と指摘する（同弁護士のブログ「ビジネス法務の部屋」2006年6月22日の記事「内部統制システム構築と取締役の責任論（前編）」）。また、仮屋広郷「リスク管理と取締役の責任──会社法学から見た福島第一原発」一橋法学12巻2号（2013年）518頁は、「内部統制システムの整備についての決定義務から、コインの両面というべき、次の2つの機能が導かれる。ラフに言うと、取締役の言い逃れをなくす機能と、負担を軽減する機能である。言い換えると、①リスク情報が取締役に届いていなくても、そのような情報が届くシステムの整備を怠ることを任務懈怠とする機能と、②合理的な内容のシステムを整備していた取締役を免責する機能である。」とする。

[40]―神崎・前掲注4・870頁。

[41]―『類型別会社訴訟Ⅰ〔第3版〕』前掲注24・259～260頁。

[42]―大和銀行事件判決は、「事業規模が大きく、従業員も多数である会社においては、効率的な経営を行うため、組織を多数の部門、部署等に分化し、権限を部門、部署等の長、さらにはその部下へ委譲せざるを得ず、取締役が直接全ての従業員を指導・監督することは、不適当であるだけでなく、不可能である。そこで、取締役は、従業員が職務を遂行する際違法な行為に及ぶことを未然に防止するための法令遵守体制を確立するべき義務があり、これもまた、取締役の善管注意義務及び忠実義務の内容をなすものと言うべきである。」と判示する。

[43]―永石一郎「内部統制システム構築義務とその主張・立証の構造」一橋法学3巻2号（2004年）368頁。永石弁護士は、「俗っぽくいえば、取締役の責任逃れを防ぐためである」とする。

たま他人により違法・不正な行為が行われても、これにつき監視・監督義務違反による責任を追及されない、という側面もある[44]。

　この意味で、内部統制システム構築には、取締役が他人の行為の看過に関する任務懈怠責任を免れやすくする側面もあるといえる。

4　監視義務、監督義務及び内部統制システム構築義務の関係

　以上を前提とすると、まず、①問題となる対象行為や問題となる内部統制システム（以下「対象システム」という。）につき業務執行権限を有する取締役（代表取締役及び業務担当取締役）は、当該業務執行権限の範囲内において、監督義務と具体的構築義務を負う。これらは、本来自らが負うべき責任を負う場合であるともいえる点で共通する。

　他方、②問題となる対象行為や対象システムにつき業務執行権限を有しない取締役は、対象行為に対する監視義務と、対象システムにつき担当業務執行取締役が具体的構築義務を履行しているか否かを監視する義務を負う。これらは、まさに他人の行為に関する義務であり、他人の行為に対する責任を負うべき場合であるともいえる点で共通する。

　以上のほか、すべての取締役は、基本方針決定義務を負っている。

(1)　問題となる対象行為や対象システムにつき業務執行権限を有する取締役が当該業務執行権限を有する範囲において負う義務（監督義務と具体的構築義務の関係）

　監視・監督義務については、「代表取締役の業務全てについてその監督権限を行使することは事実上不可能であるから、代表取締役の任務違反行為の全てにつき取締役が監視義務違反の責任を問われるわけではない。取締役会の非上程事項については代表取締役の業務活動の内容を知り又は知ることが可能であるなどの特段の事情があるのに、これを看過したときに限って監視義務違反が認められる」[45]などとされている。この記述は、対象行為の行為者が代表取締役である場合の監視義務についてのものであるが、それが代表取締役以外の取締役や従業員である場合及び監督義務の場合についても妥当すると考えられる。

　そうすると、監督義務違反の場合には、被告取締役が、①問題となる対象行為を個別具体的に知っていた場合と、②知ることが可能であった場合があり、

	義務の内容	
	当該業務執行権限を有する範囲	左記以外の範囲
業務執行権限のある取締役	監督義務　具体的構築義務	監視義務　具体的構築義務の履行を監視する義務
業務執行権限のない取締役	——	監視義務　具体的構築義務の履行を監視する義務

＋

すべての取締役	基本方針決定義務

　被告取締役の任務懈怠責任を追及する株式会社やその株主（以下「原告」という。）としては、①と②を選択的に主張することができる。

　他方、③具体的構築義務違反の場合も、一定の内部統制システムが構築されていれば問題となる対象行為を知ることが可能であった、という主張であるとも考えられるので、②との関係が問題となる。この点、一見すると、(i)対象行為を知ることが可能であったのであればすなわち監督義務違反である一方、(ii)知ることができなかったのであれば、それは当該内部統制システムに不備があったことにほかならないから具体的構築義務違反であることになり、いずれにしても被告取締役の責任が認められるようにも思われるが、もちろんそうではない。なぜなら、取締役が具体的構築義務を負う内部統制システムの程度は、通常想定される対象行為を防止し得る程度で足り[46]、対象行為を必ず知ることができる程度というわけではないからである。

　したがって、原告としては、①から③までを選択的に主張することができるが、被告取締役にとってみれば、①のみならず②・③の両者の主張とも排斥さ

44—『会社法コンメンタール9　機関(3)』前掲注7・258頁〔森本滋〕は、「内部統制システムは、業務に係る不測の事態に備える事前の安全装置（セーフガード）、取締役の監視・監督義務違反の危険を減少させる危機管理システムなのである。」とする。
45—『類型別会社訴訟Ⅰ〔第3版〕』前掲注24・250頁。
46—日本システム技術事件最高裁判決。この点に関し、同判決と同事件第一審・控訴審判決の結論の差違の理由を指摘するものとして、中村直人『判例に見る会社法の内部統制の水準』（商事法務、2011年）66〜69頁、松本伸也「内部統制システムは何のためにあるのか」NBL971号（2012年）10〜15頁。

れ、責任を問われないことも十分あり得ることになる。

(2) 問題となる対象行為や対象システムにつき業務執行権限を有しない取締役が負う義務（監視義務と具体的構築義務の履行を監視する義務の関係）

監視義務についても、上記監督義務と同じく、原告は、被告取締役が、①問題となる対象行為を個別具体的に知っていた場合と、②知ることが可能であった場合について選択的に主張することができる。

他方、具体的構築義務の履行を監視する義務の違反の場合も、被告取締役が、③具体的構築義務違反を知っていた場合と、④知ることが可能であった場合について選択的に主張することができる。

①と③では、知っていたとされる対象が異なる。①の認識の対象が個別具体的な対象行為そのものであるのに対し、③の認識の対象は個別具体的な対象行為そのものではなく、通常想定される対象行為を防止し得る程度の内部統制システム（以下「一定水準の内部統制システム」という。）が具体的に構築されているかどうかである。

②と④も、知ることが可能であったとされる対象が上記と同様に異なる[47]。

したがって、原告としては、①から④までを選択的に主張することができるが、被告取締役にとってみれば、いずれの主張も排斥され、責任を問われないことも十分あり得る。

以上のとおり、監視義務と具体的構築義務の履行を監視する義務の違いは、認識又は認識可能性の対象が、個別具体的な対象行為そのものか、一定水準の内部統制システムが具体的に構築されているかどうかであるという点にあるにすぎないので[48]、以下、本稿では、両者を併せて監視義務と呼ぶこととする[49]。

(3) 基本方針決定義務とその実際

以上のほか、すべての取締役が基本方針決定義務を負っていることは前記3(2)Aのとおりである。

もっとも、会社法では、大会社である取締役会設置会社は「取締役の職務の執行が法令及び定款に適合することを確保するための体制その他株式会社の業務の適正を確保するために必要なものとして法務省令で定める体制の整備」を決定しなければならないとされ（会社法362条4項6号・5項）、その事業報告

や監査報告における開示も求められていることからすれば（会社法施行規則118条2号、130条2項2号、131条1項2号）[50]、内部統制システム構築義務が問題となり得る（一定の規模を有するため会社の実情として直接の監視・監督が困難である）株式会社において、基本方針決定義務違反が認められる場合は、極めて稀であろう。

したがって、以下、本稿では、取締役の基本方針決定義務は尽くされていることを前提に論じることとする。

Ⅲ 他人の行為の放置・看過に関する取締役の任務懈怠責任を否定する根拠となる信頼の原則及び経営判断の原則の内容

1 信頼の原則

(1) 信頼の原則の内容

信頼の原則につき正面から言及した最高裁判例は現在までないが、ヤクルト事件上告審決定[51]は、業務担当取締役（取締役副社長管理本部長）の善管注意義務違反行為（デリバティブ取引）の放置・看過に関する他の取締役の任務懈怠責任を信頼の原則を適用して否定した原判決を維持している。

その原判決であるヤクルト事件控訴審判決は、①業務執行権限を有する取締役（代表取締役及び業務担当取締役）につき、「会社の業務執行を全般的に統括

47―このことを指摘するものとして、松本「取締役の監視義務（上）」前掲注14・38頁、同（下）旬刊商事法務1972号（2012年）39〜40頁。
48―『新しい役員責任の実務〔第2版〕』前掲注19・140頁は、「監視・監督義務の一般論としては、対象の違法（この場合は善管注意義務違反）行為について認識しているか認識し得たことが前提となる訳であるが、あるべき内部統制システムの内容は少なくとも現時点では大企業の経営者といえども一般に明らかとはいえず、その構築は専門的知識を要するものといえる。したがって、内部統制システム構築義務の違反の認識はなおさら容易ではない。」とする。
49―用語法の問題にすぎないが、具体的構築義務を履行しているか否かを監視する義務をも内部統制システム構築義務に含めて論じるものとして、例えば清水毅「取締役の監視・監督義務と内部統制システム構築義務」ジュリスト増刊『実務に効くコーポレート・ガバナンス判例精選』（2013年）142頁。
50―なお、「会社法の一部を改正する法律」（平成26年法律第90号）による会社法の改正に伴う会社法施行規則の改正では、内部統制システムについて、監査を支える体制等に係る規定の充実・具体化を図るとともに、その運用状況の概要を事業報告の内容に追加することが予定されているが（法制審議会会社法制部会「会社法制の見直しに関する要綱」第一の後注）、これによって改正前の内部統制システムに関する義務（基本方針決定義務、具体的構築義務、具体的構築義務の履行を監視する義務）の内容や関係が変わることはないであろう。
51―最決平成22・12・3資料版商事法務323号11頁。

する責務を負う代表取締役や個別取引報告書を確認し事後チェックの任務を有する経理担当の取締役については、デリバティブ取引が会社の定めたリスク管理の方針、管理体制に沿って実施されているかどうか等を監視する責務を負うものであるが、ヤクルトほどの規模の事業会社の役員は、広範な職掌事務を有しており、かつ、必ずしも金融取引の専門家でもないのであるから、自らが、個別取引の詳細を一から精査することまでは求められておらず、下部組織等（資金運用チーム・監査室、監査法人等）が適正に職務を遂行していることを前提とし、そこから挙がってくる報告に明らかに不備、不足があり、これに依拠することに躊躇を覚えるというような特段の事情のない限り、その報告等を基に調査、確認すれば、その注意義務を尽くしたものというべきである。」と判示するとともに、②業務執行権限を有しない取締役については、「相応のリスク管理体制に基づいて職務執行に対する監視が行われている以上、特に担当取締役の職務執行が違法であることを疑わせる特段の事情が存在しない限り、担当取締役の職務執行が適法であると信頼することには正当性が認められるのであり、このような特段の事情のない限り、監視義務を内容とする善管注意義務違反に問われることはないというべきである。」と判示している。

　上記①については、大和銀行事件判決も、代表取締役である頭取・副頭取につき、「大和銀行のような巨大な組織を有する大規模な企業においては、頭取あるいは副頭取が個々の業務についてつぶさに監督することは、効率的かつ合理的な経営という観点から適当でないのはもとより、可能でもない。取締役がその責任において適切な業務執行を行うことを予定して組織が構成されているのであって、財務省証券の保管残高の確認については、これを担当する検査部、ニューヨーク支店が設けられており、この両部門を担当する業務担当頭取あるいは副頭取は、各業務担当取締役にその担当業務の遂行を委ねることが許され、各業務担当取締役の業務執行の内容につき疑念を差し挟むべき特段の事情がない限り、監督義務懈怠の責を負うことはないものと解するのが相当である。」と判示している。

　また、上記②についても、石原産業事件判決が、担当取締役（取締役副工場長）の犯罪行為（産業廃棄物の処理及び清掃に関する法律違反）の放置・看過に関する他の取締役の監視義務違反の有無の判断にあたり、「監視義務について

信頼の原則を覆す特段の事情の有無」と明示した上、「特に担当取締役の職務執行が違法であることを疑わせる特段の事情が存在しない限り、担当取締役の職務執行が適法であると信頼すれば足り」る、と判示している。

なお、前記Ⅱ4(1)・(2)のとおり、監視・監督義務違反には、個別具体的な対象行為あるいは一定水準の内部統制システムが具体的に構築されているかにつき、①これを知っていた場合と、②知ることが可能であった場合があるが、信頼の原則との関係が問題となり得るのは②の場合だけである。

(2) 内部統制システムの構築は、信頼の原則の前提条件か

ところで、前記(1)のとおり、ヤクルト事件控訴審判決は、①業務執行権限を有する取締役（代表取締役及び業務担当取締役）の監督義務とは異なり、②業務執行権限を有する取締役の監視義務については、「相応のリスク管理体制に基づいて職務執行に対する監視が行われている以上、特に担当取締役の職務執行が違法であることを疑わせる特段の事情が存在しない限り、担当取締役の職務執行が適法であると信頼することには正当性が認められる」と判示している。これは、少なくとも監視義務については、内部統制システムの構築が、それがされていない限り信頼の原則が適用される余地はないという意味で、信頼の原則が適用される前提条件となることを意味しているのだろうか[52]。仮に、そのような意味で内部統制システムの構築が信頼の原則が適用される前提条件であるとすれば、被告取締役が信頼の原則の適用を主張するためには、併せて「適正な内部統制システムが構築されていたこと」も主張しなければならないことになる。

確かに、客観的には適正な内部統制システムが構築されておらず、かつ、被告取締役が主観的にもそう考えていたような場合にまで、信頼の原則を適用す

---

[52] ─『会社法コンメンタール9 機関(3)』前掲注7・239頁〔森本滋〕は、ヤクルト事件控訴審判決を参照しつつ、信頼の原則の「前提として、リスク管理体制や情報伝達、稟議システム等の会社の意思決定に係る適切な内部統制システムが構築されている必要がある」とする。また、松本「内部統制システムは何のためにあるのか」前掲注46・18頁・23頁注46は、「適切な内部統制システムの構築・運用は、（中略）それによって信頼の原則を適用するための前提条件が整っているということができる」、「適切な内部統制システムの構築・運用は、信頼の原則適用の前提条件である」とする。もっとも、これらの見解の趣旨が「適切な内部統制システムが構築されていれば、信頼の原則が適用され得る」というものではあっても、「適切な内部統制システムが構築されていない限り、信頼の原則が適用される余地はない」という趣旨まで含むものかは定かではない。

ることは不合理である[53]。しかし、客観的には適正な内部統制システムが構築されていない（と事後的に判断された）ものの、被告取締役が主観的に適正な内部統制システムが構築されていたと信じることにつき客観的にも正当な事由が認められるような場合にまで、信頼の原則の適用を一切排除して監視義務違反があると評価するのは、監視義務違反として他人の行為に対する責任を負うべき場合の範囲を適正化するという、信頼の原則に期待される機能を損ねているのではないだろうか。このような場合に信頼の原則が適用されるかはケースバイケースであると思われ、少なくとも客観的に適正な内部統制システムが構築されていないという一事をもって信頼の原則の適用を否定するのは不合理であると思われる。なお、このような問題は当該被告取締役の過失の有無の問題にすぎないという考えもあり得ると思われるが、そもそも監視義務違反があるかどうかは、会社との委任契約上、他人の行為であってもなお義務を果たすことが合理的に期待されている場合であるかどうかの問題であり、過失の有無の問題以前に、義務違反かどうかの問題ではなかろうか[54]。

　その意味で、内部統制システムの構築は、必ずしも信頼の原則が適用される前提条件というわけではなく、内部統制システムが構築されていないからといって、信頼の原則が適用される余地が全くなくなるわけではないと思われる。

2　経営判断の原則

　いわゆる経営判断の原則についてはアパマンショップホールディングス事件最高裁判決[55]があるが、これは、当該事案を離れて一般的にいわゆる経営判断の原則につき判示したものとまではいえないほか、内部統制システム構築義務に関し、経営判断の問題として取締役の広い裁量を認めたものでもない。

　もっとも、下級審の裁判例では、大和銀行事件判決及びダスキン事件控訴審判決が「どのような内容のリスク管理体制を整備すべきかは経営判断の問題であり、会社経営の専門家である取締役に、広い裁量が与えられている」と判示しているほか、ヤクルト事件控訴審判決も、「デリバティブ取引から生ずるリスク管理の方針及び管理体制をどのようなものにするかについては、当該会社の規模、経営状態、事業内容、デリバティブ取引による資金運用の目的、投入される資金の性質、量等の諸般の事情に左右されるもので、その内容は一義的

に定まるようなものではないのであり、そこには幅広い裁量がある」と判示している。

このように、裁判例は、内部統制システム構築義務に関し、経営判断の問題として取締役の広い裁量を認めている[56]。

IV 監視・監督義務、内部統制システム構築義務、信頼の原則及び経営判断の原則の要件事実的関係

1 裁判例から認められる関係

大和銀行事件判決以降、裁判例上監視・監督義務及び内部統制システム構築義務の両者が主張された例としては、大和銀行事件のほか、三菱商事事件、雪印食品事件、ダスキン事件、ヤクルト事件がある。

紙幅の関係上詳細は割愛するが、これら、監視・監督義務及び内部統制システム構築義務の両者が主張された裁判例をみる限り、原告としては、監視・監督義務及び内部統制システム構築義務の両者を選択的に主張することができ、両者には論理的な先後関係などもないと考えられる。

信頼の原則については、前記Ⅲ1(1)のとおり、裁判例上、監視・監督義務違反を否定する根拠として、被告取締役からこれによる免責が主張されている。

経営判断の原則については、前記Ⅲ2のとおり、内部統制システム構築義務違反を否定する根拠として、被告取締役からこれによる免責が主張されている。

53—伊勢田道仁「会社の内部統制システムと取締役の監視義務」金沢法学42巻1号（1999年）83～84頁は、「業務執行者または従業員の違法行為が生じた場合、かかる内部統制システムの設置を要求せず、あるいは、かかるシステムが設置されていてもその実効性をチェックし維持する努力を払わなかった取締役は、信頼の権利を享受すべき資格を有しないものと考えられる。」とする。

54—中村・前掲注46・108～109頁は、「信頼の原則が、取締役の職務の範囲に関する委任契約の解釈の問題であるとすれば、それはそもそも何をする職務をその取締役が負担していたかということである。そうであれば、それは委嘱業務の内容を、委嘱した取締役会決議、職務分掌規程、権限分配規程、その他に従って解釈していく問題であり、適切な体制が採られなければ業務の範囲が拡大するというものではない。」と指摘する。

55—最判平成22・7・15集民234号225頁。

56—もっとも、合併や他事業への進出などに係る経営判断とは異なり、内部統制システムの構築に際しては不確実な状況で迅速な決断を迫られるなどということはなく、積極的にリスクを取ることは問題とならないから、会社の状況やコストベネフィット等に配慮する余地はあるとしても、その時々の合理的な内部統制システムとして最低限の要請はあると考えられる。野村修也「内部統制システム」別冊ジュリスト205号『会社法判例百選〔第2版〕』（2011年）113頁、『会社法コンメンタール9　機関(3)』前掲注7・256頁〔森本滋〕。

2 監視・監督義務、内部統制システム構築義務、信頼の原則及び経営判断の原則の要件事実的関係

以上のとおり、裁判例からみると、他人の行為の放置・看過に関する取締役の任務懈怠責任が追及される場合において、①監視・監督義務違反及び②内部統制システム構築義務違反はそれぞれ独立して選択的に原告から主張される攻撃方法である。

①と②に関しては、前記Ⅱ4のとおり、(i)業務執行権限を有する取締役については監督義務違反及び具体的構築義務違反が、(ii)業務執行権限を有しない取締役については監視義務違反がそれぞれ問題となる。

また、監視・監督義務違反には、(a)対象行為等を知っていた場合と、(b)知ることが可能であった場合がある。

これらに対して、③信頼の原則は監視・監督義務違反のうち(b)知ることが可能であった場合につき違反を否定する根拠として、④経営判断の原則は具体的構築義務違反を否定する根拠として、それぞれ被告取締役から主張される防御方法であると考えられる。

以上の関係を要件事実的に整理すると[57]、次のとおりである[58]。

(1) 問題となる対象行為や対象システムにつき、業務執行権限を有する取締役に対して

　A　請求原因その1：知っていたことによる監督義務違反

　（ア）被告取締役が、問題となる対象行為につき、業務執行権限を有することを基礎づける事実

　（イ）被告取締役が、問題となる対象行為を知っていたこと

「知っていたこと」は、事実的要件であり、これを基礎づける事実は間接事実であると考えられる。他方、「知らなかったこと」はその積極否認であり、これを基礎づける事実はその間接事実であると考えられる。

もっとも、実際上は、これが主要な争点となる場合よりも、知ることが可能であったことによる監督義務違反又は具体的構築義務違反が主要な争点となる場合の方が圧倒的に多いと思われる。

　B　請求原因その2：知ることが可能であったことによる監督義務違反[59]

　（ア）被告取締役が、問題となる対象行為につき、業務執行権限を有するこ

とを基礎づける事実

（イ）　被告取締役が、問題となる対象行為を知ることが可能であったことを基礎づける評価根拠事実[60]

「知ることが可能であったこと」は、評価的要件であり、これを基礎づける評価根拠事実が請求原因事実となると考えられる。他方、「知ることが可能であったこと」の評価障害事実が、その抗弁となると考えられる。

前記Ⅱ3(3)のとおり、内部統制システム構築には、取締役が他人の行為の看過に関する任務懈怠責任を免れやすくする側面（取締役の監視・監督義務違反を縮減する側面）があり、通常は、客観的に適正な内部統制システムが構築されていてもなお「知ることが可能であった」と評価することは不合理であるから[61]、「適正な内部統制システムが構築されていたこと」を基礎づける事実は、「知ることが可能であったこと」の評価障害事実（抗弁）となると考えられる。

---

[57] 任務懈怠責任の要件事実については大杉謙一教授のご報告に委ね、以下では、任務懈怠（任務を怠ったこと）に関する要件事実に限定して述べる。

[58] このほか、監視・監督義務違反については、同義務（是正措置を講じる義務）を尽くした（履行した）ことを基礎づける評価根拠事実も抗弁となり、その評価障害事実が再抗弁になると考えられるが、実務上、通常は「対象行為等を知らず、知ることもできなかった」かどうかが大きな争点となり、「対象行為等を知っていた又は知ることができたが、是正義務を尽くした」ことが大きく争われることは珍しいと思われる。もっとも、そもそも何をもって是正義務を尽くしたといえるのかは、それ自体が大きな問題である（山田・前掲注34・230頁、松本「取締役の監視義務（上）」前掲注14・36～37頁、寺田昌弘ほか「不祥事に関与していない取締役・監査役の責任（中）」旬刊商事法務1999号（2013年）20～21頁、江頭・前掲注5・465頁）。なお、セイクレスト事件は、社外監査役の責任に関するものであるが、是正義務を尽くしたかまで争われた事例であるといえる。ただし、取締役と監査役とでは法的な権限が異なるから、何をもって義務を尽くしたといえるのかも当然異なってくる。同様に、取締役の中でも、何をもって義務を尽くしたといえるのかは、その有する権限の有無・内容によって異なり得るであろう。また、知っていたことによる監視・監督義務の履行と、知ることが可能であったことによるそれとでも異なり得ると思われる（この点については、松井秀征教授からご教示をいただいた。）。

[59] この場合は、松本「内部統制システムは何のためにあるのか」前掲注46・22～23頁がいう「他の取締役や従業員の不正行為の監視義務違反を措定できる事案」の場合であると思われ、「請求原因は、不正行為を見逃した取締役の監視義務違反を根拠づける具体的事実であり、」「抗弁は、適切な内部統制システムを構築・運用したことを基礎づける具体的事実となり、再抗弁は、疑念を差し挟むべき特段の事情（信頼することができない特段の事情）ということになろう。」とされている。

[60] 三菱商事事件判決は、「原告らは、（中略）専ら取締役あるいは監査役であったことのみを根拠として善管注意義務違反を主張しており、当裁判所が再三にわたり、被告らの善管注意義務違反の内容を、その根拠となる違法行為の予見可能性及び回避可能性を具体的に特定して主張するよう釈明したにもかかわらず、これに応じようとしないことから、（中略）そもそも主張自体が失当であるというべきである」と判示している。これによれば、原告としては、他人の行為を知ることが可能であったことを基礎づける評価根拠事実として、他人の行為の予見可能性及び回避可能性を基礎づける具体的事実をも主張するべきことになろう。

また、信頼の原則の要件事実的位置づけは、抗弁として「知ることが可能であったこと」の評価障害事実を主張するにあたり、一定の職務分担がされており、当該分担に基づいてされた他人の職務行為を信頼したことを主張することができる、というものであると考えられる[62]。

　なお、ヤクルト事件控訴審判決は、前記Ⅲ1(1)のとおり、業務執行権限を有する取締役（代表取締役及び業務担当取締役）につき、「自らが、個別取引の詳細を一から精査することまでは求められておらず、下部組織等（資金運用チーム・監査室、監査法人等）が適正に職務を遂行していることを前提とし、そこから挙がってくる報告に明らかに不備、不足があり、これに依拠することに躊躇を覚えるというような特段の事情のない限り、その報告等を基に調査、確認すれば、その注意義務を尽くしたものというべきである。」と判示しているが[63]、この「特段の事情」の要件事実的位置づけは、理論的には、次の2つの場合があると考えられる。もっとも、実際上は、当該「特段の事情」が、「知ることが可能であった」という評価的要件の評価障害事実（抗弁）が主張されて初めて再抗弁として主張されることは稀で、当初からあたかも請求原因事実であるかのように主張されることが通常であろう。

①被告取締役が、問題となる対象行為を知ることが可能であったことを基礎づける評価根拠事実に当該「特段の事情」も含めなければ「知ることが可能であった」という評価的要件が認められない場合は、当該「特段の事情」は請求原因事実であり、

②被告取締役が、問題となる対象行為を知ることが可能であったことを基礎づける評価根拠事実に当該「特段の事情」を含めなくても「知ることが可能であった」という評価的要件が認められる場合は、当該「特段の事情」は再抗弁である。

C　請求原因その3：具体的構築義務違反

（ア）　被告取締役が、問題となる対象システムにつき、業務執行権限を有することを基礎づける事実

（イ）　被告取締役が、問題となる対象システムにつき一定水準の内部統制システムを構築していなかったことを基礎づける評価根拠事実[64]

「一定水準の内部統制システムを構築していなかったこと」は、評価的要件

であり、これを基礎づける評価根拠事実が請求原因事実となると考えられる。他方、「一定水準の内部統制システムを構築していなかったこと」の評価障害事実が、その抗弁となると考えられる[65]。

また、経営判断の原則の要件事実的位置づけは、抗弁として「一定水準の内部統制システムを構築していなかったこと」の評価障害事実を主張するにあたり、具体的構築義務に関して経営判断の問題として取締役に広い裁量があることを前提とした事実を主張することができる、というものであると考えられる。

なお、日本システム技術事件最高裁判決は、同社が通常想定される対象行為を防止し得る程度の管理体制は整えていたとした上で、本件以前に同様の手法による不正行為が行われたことがあったなど、対象行為の発生を予見すべきであったという特別な事情も見当たらないと判示している。このような「特別な事情」の要件事実的位置づけも、前記B（イ）で「特段の事情」の要件事実的位置づけとして述べたことと同様と考えられる。

(2) 問題となる対象行為や対象システムにつき、業務執行権限を有しない取締役に対して

A 請求原因その1：知っていたことによる監視義務違反

原告としては、被告取締役が、問題となる対象行為や対象システムの不備を

---

[61] ただし、取締役会による内部統制システムの構築・決定・運用に際し、取締役は当該会社の現状を適切に調査しなければならないが、これにより取締役には「知ることが可能であった」とされる機会が生じやすくなっている、という側面もある。中村・前掲注46・15～16頁。

[62] 仮に、内部統制システムの構築が信頼の原則が適用される前提条件である（内部統制システムが構築されていない限り、信頼の原則が適用される余地はない）とすれば、他人の職務行為を信頼したことを「知ることが可能であった」という評価的要件における評価障害事実（抗弁）として主張するためには、併せて「適正な内部統制システムが構築されていたこと」を基礎づける事実を主張しなければ、主張自体失当ということになる。

[63] 監督義務ではなく監視義務に関するものであるが、石原産業事件判決には、「監視義務について信頼の原則を覆す特段の事情の有無」との判示がある。

[64] 三菱商事件判決は、「原告らは、補助参加人内部の法令遵守態勢の構築義務の不履行を抽象的に指摘するのみであり、（中略）①補助参加人の法令遵守態勢についての具体的な不備、②本来構築されるべき体制の具体的な内容、③これを構築することによる本件結果（従業員による本件カルテルの関与）の回避可能性について何らの具体的主張を行わないから、原告らの主張はそもそも主張自体失当であると評価し得るものである。」と判示している。これによれば、原告としては、請求原因として、被告取締役が「一定水準の内部統制システムを構築していなかったこと」を基礎づける評価根拠事実のほか、結果の回避可能性を基礎づける評価根拠事実も主張するべきことになる。

[65] 具体的構築義務違反については、同義務を尽くした（履行した）ことを基礎づける評価根拠事実は、通常は、「一定水準の内部統制システムを構築していなかったこと」の評価障害事実と重なると思われる。

知っていたことを主張立証することになる。これについては、上記(1) A（イ）と同様である。

　B　請求原因その２：知ることが可能であったことによる監視義務違反[66]

　原告としては、被告取締役が、問題となる対象行為又は対象システムの不備を知ることが可能であったことを基礎づける評価根拠事実を主張立証することになる。これについては、上記(1) B（イ）と同様である。

　なお、監督義務違反と監視義務違反の場合を比較すると、前者は自己の権限の行使という自己の支配可能領域における行為に関する義務であるため、実際上は「知ることが可能であった」とされる機会が後者に比べて生じやすくなっている、と思われる[67]。

66ーこの場合は、松本「内部統制システムは何のためにあるのか」前掲注46・22～23頁がいう「他の取締役や従業員の不正行為の監視義務違反を措定できない事案」の場合であると思われ、請求原因は「業務担当取締役が担当部門の内部統制システムを具体的に決定しなかったことを見過ごした取締役の監視義務違反を根拠づける具体的事実」のほか、「実際にはこれに加えて、本来構築すべき内部統制システムの具体的内容と、これを構築することによる不正行為回避可能性が必要であろう。」とされている。

67ー中村・前掲注46・15～16頁は、「直属の上司である代表取締役は、単純な監視義務ではなく、指揮命令系統の上位者であるから、いわゆる監督義務といった重めの義務を負担している。」とする。

商事法要件事実研究会を終えて

伊藤　滋夫

松井　秀征

大杉　謙一

氏本　厚司

角田　大憲

商事法要件事実研究会を傍聴して

今出川幸寛

商事法要件事実研究会を終えて1

会社法356条1項2号と同法423条3項の規範構造
——利益相反行為と任務懈怠の推定の関係について

伊藤滋夫

I　はじめに

　まずもって、研究会に参加された各位の非常なご尽力と有益なご教示に深く感謝の意を表する次第である。

　さて、研究会資料として提出した2つの拙稿はいずれも不十分なものであるが、特に、「取締役の会社に対する責任に関係する民法の問題についての検討メモ——要件事実論の視点から考える」（以下「問題提起メモ」と略称する）は、もともと一種の「メモ」であって特に不十分なものである。その後、パネリストのご報告（特に氏本報告）や研究会でのご議論に照らし、ここで同メモについて若干の補充をしておきたいと考える。

II　要件事実論の視点から見た会社法356条1項2号と423条3項の規範構造

1　私見による基本的考え方

<u>利益相反行為の基本的性質</u>

　民法108条をその代表例とする利益相反行為というもの（会社法356条1項2号もこれに含まれる）に共通する基本的性質は、当該行為が本人の利益を害する危険が類型的に高い行為であるということであり、たまたまある具体的行為が利益相反行為の評価根拠事実を示すものとして条文において明示されている場合には、同評価根拠事実に基づく評価を覆すに足りる評価障害事実があるときには、同行為は、結局、そのような行為であるとはいえないこととなって、利益相反行為とはならないことになる。この点は、問題提起メモの「変則的評価的要件に関する参考説明」（A2—4頁〔本書103頁〕以下）においても説明し

たところであり、一般に承認されているところである、と考える[1]。

<u>会社法 356 条 1 項 2 号を念頭に置いての検討</u>

同項 3 号も 2 号と同様に変則的評価的要件であるが、ここでは、最も事例としてわかりやすく、氏本報告においても主たる検討対象となっている同項 2 号を念頭に置いて検討する。

356 条 1 項（同項の「株主総会」は、365 条 1 項により、取締役会設置会社では、「取締役会」と読み替えられており、以下、そのように読み替えられているとの前提で説明する）本文と 2 号は、「取締役が自己又は第三者のために株式会社と取引をしようとするとき」は、あらかじめ取締役会の承認を受けなければならない旨を規定する。他方、会社法 423 条 3 項は、「356 条第 1 項第 2 号又は第 3 号〔略〕の取引によって株式会社に損害が生じたときは」当該取引をした取締役は、その任務を怠ったものと推定する旨を規定し、同条 1 項は、任務を怠った取締役は、同損害を賠償する責任を負う旨を規定する。

356 条 1 項 2 号の行為の性質は、同条の柱書に「利益相反取引」とあることからも明らかなように、かつ、すでに「問題提起メモ」A2—5 頁（本書 104 頁）で説明したように、変則的評価的要件における利益相反取引（本稿では、利益相反の法律行為という意味で、利益相反「行為」という）という評価の評価根拠事実に該当する行為である。

<u>任務懈怠と推定される行為とそうでない行為</u>

利益相反行為であると評価される行為であって初めて、その評価を前提として、423 条 3 項における任務懈怠と推定されるのであるから、356 条 1 項 2 号の行為があって、それを根拠とする利益相反行為という評価を覆すに足りる評価障害事実がないときには、総合判断の結果も利益相反行為であると評価されて、任務懈怠の推定がされるのであるが、356 条 1 項 2 号の行為があっても、

1—後記注 3 及び同注の付された本文参照。
　氏本報告 D12〜13 頁（本書 170 頁）は、「取引当事者の関係から利益相反取引にならないことが明らかであることを示す事情や取引の性質から会社に損害を及ぼすおそれのないことが明らかであることを示す事情は、利益相反行為の評価障害事実となる」旨を述べるが、そのような「明らかであることを示す事情」は、取締役会の事前承認を受けなければならない必要性という評価に関する評価障害事実ではあっても、利益相反行為になるという評価の評価障害事実としては不要な事情である（会社に損害を及ぼすおそれがないのであれば、それで十分であり、そのことが明らかであることまでは不要である）、と考える。

それを根拠とする利益相反行為という評価を覆すに足りる評価障害事実があるときには、総合判断の結果、同行為は、結局、利益相反行為と評価はされないのであるから、任務懈怠を推定する前提となる評価がないことになり、423条3項の推定は働かないことになる（356条1項2号の行為が利益相反行為と評価されない場合であるのに、同行為がされたことから任務懈怠を推定するのは実質的にも不合理である）。そして、総合判断の結果、このように利益相反行為となるという評価がされるかされないかは、取締役会の事前承認の有無とは無関係の判断であることにも留意すべきである。

例えば、YがA会社の代表取締役として、Yが取締役を務めるX会社（代表取締役B）に、A会社所有の時価1,000万円の土地を代金2,000万円で売った（利益相反行為の評価根拠事実である）としても、同売買をすることによって、X会社と競業関係にある他社の特別高額の買値の提示による購入計画の実現を妨げ、それによって結果としてX会社がより大きな損害を免れ、むしろ利益を挙げることができた事実（利益相反行為の評価を覆すに足りる評価障害事実である）があるときは、両事実の総合判断の結果、当該行為は、利益相反行為とは評価されず、423条3項の推定の前提となる評価はないのであるから、任務懈怠の推定はされないことになる。

<u>取締役会の事前承認の必要な行為とそうでない行為</u>

ところで、356条1項が、取締役の同条1項2号の行為について、事前に取締役会の承認を受けなければならないとした趣旨は、同号の行為が、具体的にどのような結果を実際にもたらすことになるかはともかくとして、その性質上、会社の利益を害する危険が類型的に高い行為であることに照らし、その行為をするには、取締役会に事前審査をさせるのが相当であるとの理由で、その事前承認を受けなければならないとしたものと解される。そうだとすれば、取締役が同号の行為をしようとするときは、原則として、取締役会の事前承認を受けなければならない。しかし、実際に行われる、具体的な同号の行為が、その行為の性質に照らし、会社の利益を害する危険がないことが明らかであるという特段の事情がある場合には、取締役会の事前承認を受ける必要はない、と解すべきである。このような特段の事情がある場合としては、会社の普通取引約款所定の定型的行為（例えば、鉄道会社の取締役が自社の乗車券を購入する行為）、

取締役が会社の全株式を保有し、同会社が同取締役の個人経営といえるような場合又は取引の相手方が会社の完全な子会社であるような場合、さらには、取締役の会社に対する単純な贈与の場合などを挙げることができよう。この段落の説明の限りでは、私見は、氏本報告D12頁（本書168頁）とその実質において変わりはない。

この特段の事情の範囲の広狭については、人により判断が分かれうる、難しい問題である。上記よりさらに広く解していけばいくほど、取締役会の事前承認の要否の判断が難しくなり、上記よりさらに狭く解していけばいくほど、取締役会の事前承認を要する事例が増えることになり、いずれもその適切な限界を超えると、それぞれに実務上の困難を来たすことになるので、この範囲をどの程度に考えるかのバランスの取れた判断が重要であると考える。

小括

以上を要するに、356条1項2号の定める利益相反行為は、その変則的評価的要件という性質上、利益相反行為の評価根拠事実と評価障害事実から成り立っているのであって、423条3項の関係では、利益相反行為の評価根拠事実による評価を覆すに足りる評価障害事実があるとはいえないときには、利益相反行為と評価されて、任務懈怠の推定は働くが、利益相反行為の評価を覆すに足りる評価障害事実があるといえるときには、利益相反行為とは評価されず、任務懈怠の推定は働かないと考え、356条1項の関係では、基本的には、利益相反行為の評価根拠事実があるときには、利益相反行為に該当するものとして、取締役会の事前承認を受けなければならない（ただし、上記特段の事情があるときには、この限りではない）と考える、ということである。

2　上記私見に対する批判（及びありうる批判）[2]について

(1)　「356条1項2号の行為に関する要件は事実的要件である。」

この見解の根拠は、同号に具体的行為の遵守が書いてあるという以上に理由はなく、上記1の私見と問題提起メモⅡ「利益相反行為について」（A2―1頁〔本書99頁〕以下）、「変則的評価的要件に関する参考説明」（A2―4頁〔本書

2―以下では、上記私見に対する批判（及びありうる批判）を括弧「　」内に示す。

103頁〕以下）を覆すだけの理由は示されていない、と考える。同一の法律行為について相手方の代理人となるという具体的行為を禁じている、同旨の規定である民法108条について、内田貴氏は、「大判昭和7年6月6日（民集11—1115〔63〕）は、借家人が家屋の賃貸借契約を結ぶ際に、家主との間で紛争が生じた場合には家主に借家人の代理人を選任することを予め委任する旨の契約を結んでいた事案〔略〕について、108条の趣旨を援用して、このような委任を無効とした〔ここに注が付されているが、同判例を引用して説明している内田氏の基本的趣旨に影響はないと考える—伊藤注記〕。このように、108条は、形式的に自己契約・双方代理を禁じているというより、実質的な利益相反行為を禁じているとみることができる。」[3]と述べている。

　ちなみに、この点に関しては、氏本報告D12頁（本書169頁）（本研究会打ち合わせ会での資料も本研究会配付資料も同旨である）も、356条1項2号に関する要件が変則的評価的要件に関するものであることを認めている。

　(2)「356条1項の場合と423条3項の場合とでは、356条1項2号の取引という条文の定める用語の意味を同一に理解すべきである。そのように解して、当該行為が会社に損害を及ぼす危険が類型的に高いとはいえない事由がある場合も、同行為が利益相反行為になると考えた上で、同事由を任務懈怠の推定を覆す事由と考えれば、不都合はない。」

　この見解が、私見を批判する意見の根底にある最も強い根拠とされているものであると思われる。その理由としては、356条の関係で取締役会の事前承認を必要とする356条1項2号の行為と423条3項の行為とは、同一の表現が用いられているから同一に解するという以上のものはない、と考えられる（この論者の中には、356条1項2号の行為に関する要件は事実的要件であることを理由とする方もあるかもしれないが、そう考えるのが相当でないことは、直前の(1)で述べたとおりである）。

　しかし、法律の解釈というものは、その限界を合理的理由がある範囲に限って慎重に行う必要があることは当然であるが、制度趣旨に従って、ある文言について、具体的に妥当な判断をするため若干の変容をして解することは許されると考えなければなるまい（そうでなければ、基本的には、ある条文のある文言を具体的事案に応じて異なった解釈をする類推・反対解釈などをすることも、およ

そ許されないことになってしまう[4]）。

　前記1「私見による基本的考え方」において既述のように、356条1項2号に基づく利益相反行為の範囲は、同条の関係においては、取締役会の事前承認を必要とする制度趣旨に照らして形式的にある程度広く、423条3項の関係においては実質的にそれよりも狭く考えることに何の支障もないばかりか、そのように考えるのが、それぞれの制度趣旨に照らし相当であると考える。しかも、この場合においても、両条において、まったく別の行為を考えているのではなく、変則的評価的要件である利益相反行為の評価障害事実の範囲を広狭に解しているにすぎないことに留意すべきである。

　また、356条1項に当たる行為であっても、会社に損害を及ぼす危険がないことが明らかな行為については、取締役会の事前承認を受ける必要がないことに異論がないが、このことは、すでにしてこの場合において、ある行為が356条1項に当たる行為であるにもかかわらず、そのような事前承認を受ける必要性についての制度趣旨を考えて、その範囲を縮小する実質的解釈をしていることを意味し、その限りにおいて、法の解釈について、批判をしている私見と同様の解釈手法を容認しているといえる。

　次に、423条3項について考えると、利益相反行為になるからこそ、任務懈怠と推定する根拠となるのであって、利益相反行為にならない場合にも、任務懈怠を推定するというのは、理論的にも実質的にも相当ではないと考える。そして、利益相反行為の評価を覆すに足りる評価障害事実があるといえる場合には、当該行為は利益相反行為とは判断されず、任務懈怠と推定されることはないのであるから、このような場合に、利益相反行為と判断した上で、上記のような性質の評価障害事実を任務懈怠の推定を覆す事由となる事実と考えるべきではない。もしも、「結局、任務懈怠による損害賠償責任を取締役に負わせるのではなく、結果として同じであるから、構わないのではないか。」と考えるのであるとすれば、そうした考え方は、適正な結論を導きうる無理のない理論がある場合において、そのような理論の役割を無視するものではあるまいか。

3─内田貴『民法Ⅰ　総則・物権総論〔第4版〕』（東京大学出版会、2008年）143頁。
4─拙著『民事法学入門──法学の基礎から民事実務までの道しるべ』（有斐閣、2012年）174〜176頁参照。

そう考えるべきではなくて、具体的事案における実態を洞察し、そこで問題になっている真の争点は何かを考え、それを解決するための真に適切な理由を考えた法理論によって解決すべきものであろう。そして、ここでの真の争点は、当該行為が会社の利益を害する危険が類型的に高い行為であるか否かであるから、それについて適切な理由を考えた判断をすべき場合である、すなわち、まさに当該行為が利益相反行為であるか否かの判断をすべき場合なのであって、利益相反行為があると判断されたことによって推定される任務懈怠を覆す事由（そうした事由の適例としては、次の(3)参照）の存否を判断すべき場合ではないのである。

他方、私見のように考えれば、理論的にも実質的にも不都合はない、と考える。

(3)「423条3項の規範構造を私見のように考えた場合には、『任務懈怠』の推定を覆す事由が考えにくい。」

利益相反行為になって任務懈怠の推定がされても、「無過失」を理由にその推定を覆すことができるかについては、見解の分かれるところであるので、その点は別として、無過失というのではない（それが会社に損害を及ぼすかもしれないということは予測していた）のであるけれども、そうするほかはなかったというような事情が、任務懈怠の推定を覆す場合として考えられる。

その際の適例としては、民法720条1項の正当防衛（刑法の概念と異なり第三者に損害を負わせた場合でもよい）といえる行為がある場合を挙げることができる（大杉報告C14～15頁〔本書146頁〕参照）。その他、X社が経済的損害は受けるけれども、X会社の負う社会的責任を果たすためにやむを得ないと考えられる行為（社会的正当性がある行為）といえる場合が考えられる。

その具体例として、次のような例はどうであろうか（具体例の適否はなお検討の余地があるかもしれないが、私見のいおうとする趣旨をご理解いただきたい）。

保育所が極端に不足していて、それが大きな社会問題になっている地域において、Yが代表者を務めるA法人が保育園を経営し、Yが取締役を務めるX社（幼児用の図書出版業）が同地域に大きなビルを所有しているとしよう。管轄地方自治体の強い勧めもあり、X社は、A法人に対し時価相当額よりも、ある程度（その程度が問題ではあるが）安い賃料額で、認可保育所となりうる条

件に合ったスペースを貸した。このような場合にも、Yがした行為は、社会的正当性がある行為であるとして任務懈怠とはならないといえる、と考える。

東日本大震災で壊滅的打撃を受けた地域の住民を救うために、当該契約だけを見れば、利益相反行為として任務懈怠の推定がされるような場合であっても、社会的正当性がある行為であるとして任務懈怠とはならないといえる場合があると考えられる（具体的説明は、字数の制限があるため省略する）。

(4)「423条の規範構造を私見のように考えた場合には、判断の構造が複雑になりすぎる。」

研究会の席上であった発言に見られる見解であるが、同席上でも述べたように、そうした不都合はないと考える（議事録56〜57頁〔本書76頁〕参照）。

(5)「私見のような見解（氏本報告D13頁〔本書171頁〕(5)の直前の説明はそう明言はしていないがその趣旨と考える—伊藤注）に立つと、ロイヤルホテル事件のような事案で取締役会の承認を受けていなかった場合、会社法423条3項の利益相反取引にはならないが、任務懈怠の推定が破れるわけではないから、取締役会の承認を受けていなかったという具体的法令違反による会社法423条1項の損害賠償責任が生じることとなり（この場合の賠償責任の対象となる損害は、当該取引と因果関係にある損害であって、取締役会の承認を受けなかったことと因果関係にある損害に限られるわけではない。後記注43を参照）、このような事案の場合、取引の有効、無効との関係では取締役会の承認が必要であるとしつつ、損害賠償責任は取締役会の承認を受けていない場合も含めて生じさせないことが相当であると考えれば（後記(5)及び前記注29を参照）、このような見解は妥当でないということになろう。」

（上記は、氏本報告D13頁〔本書171頁〕(5)の直前の説明の述べるところである。まことに恐縮ながら、筆者にはその趣旨を理解して要約することが困難のように思われたので、誤りなきを期するため、その要約はせず、上記のように引用することにさせていただいた。）

まず、利益相反行為とならないのであれば、それを理由とする任務懈怠の推定（423条3項）は働かないはずであるのに、なぜ「任務懈怠の推定が破れるわけではない」ということになるのか疑問である。

仮に、「任務懈怠の推定が破れるわけではない」という趣旨を「取締役会の

承認を受けるべきであったのに受けなかった」ことを任務懈怠とし、かつ、それは個別法令違反であるから損害賠償責任が生じるという趣旨であるとしても、私見は、取締役に利益相反行為がなかった場合において、取締役会の承認を得なかったこと自体を理由とする損害賠償を考えることは、限られたものとして、理論的にはありえよう[5]が、実務的にはその立証は困難である、と考えているので、その点に関する氏本報告の上記説明にも賛成することができない。氏本報告注43の学説（その当否自体にも問題があろうが）は、取締役会の承認を受けなかった取締役に利益相反行為があった場合のものであるので、それを私見に対する批判として引用することは疑問ではあるまいか。

---

[5] 一例えば、取締役会の事前承認が必要であるのにそれを受けなかったような、不当な取締役がいる会社であるとの風評被害による会社の損害の賠償などが考えられなくはない。

商事法要件事実研究会を終えて 2

松井秀征

　商事法の要件事実を検討するにあたって、最も適切な主題を選択するにはどうすればよいか。それには、商取引の特徴、そして商事法の特徴を顕著に示した条文をその対象に据えるのがよいであろう。このような観点から選択した主題が、商法 504 条、すなわち非顕名代理の制度であった。

　そもそも本研究会に参加するにあたって、伊藤滋夫氏からは会社法以外の主題も検討対象にしたいとのご意向を頂戴していた。また、近年の私の研究関心は、会社法の分野だけでなく取引法の分野にも向いていた。以上のような事情も、今回の主題を選択させた背景となっている。

　そして、報告者のひそかな意図として、次のようなことを考えたりもしていた。それは、商法の定める非顕名代理の制度の構造を要件事実論の観点から検討する中で、商取引の特徴というのは何であるのか、そしてその特徴とされるものを商法上の制度とすることにどのような意味があるのかを浮き彫りにしたい、ということである。

　もっとも、報告者の能力の問題ゆえに、そのような大それた企てはとても実現しなかったのだが。

　商法の定める非顕名代理の制度というのは、民法の顕名代理の制度の例外をなすものであるから、そこには商取引に見られる特徴に対するさまざまな配慮が条文として結実しているはずである。しかし、非顕名代理の制度趣旨に充てられている説明と、過去の裁判例に現れた商法 504 条の事案とを比較したとき、この条文がおよそ制度趣旨に合致した用いられ方をしているとは思えなかった（本書 113 頁）。また、比較法的に見ても、わが国の非顕名代理の制度には、特殊な位置づけが与えられている（なぜか商行為にのみこの制度が存在する等）ことも明らかになった。そうなると、商法 504 条の趣旨として与えられた説明は

妥当性を有していないのではないか、と考えるのが自然な成り行きである。

むろん、世における制度の利用は裁判例に現れたものがすべてではない（むしろ、それはごく一部でしかない）。また、研究会に先立つ準備会合においても、商法504条が実際にどのように利用されているのかもう少し調べる必要がある、との指摘を受けていた。そこで報告者は、弁護士の先生と面会する機会ごとに、次のように尋ねることとした。これまでの弁護士生活で商法504条を利用したことはありますか、と。そして得られた答えは、例外なく、次のようなものであった。

「商法504条。利用した記憶はないですね。」

そして、これに付け加えて必ず出てくるのは、代理の場面で顕名をしないというのは弁護士として失格である、との発言であった。このような下準備をして臨んだ研究会において、松田亨氏から実務において商法504条が出てくる例は少ないとの指摘を得たこと、そして民法100条ただし書があれば問題は解決できるのではないかという議論に進んだことは、報告者にとって非常に心強いものであった。

商法504条をめぐる立法論には、その廃止論が非常に強く存在している。近時の商行為法WGの議論（本書126頁）ではもう少し慎重な立場がとられているが、それでも非顕名代理の制度が取引の実情において現実にどのように利用されているかを確認すべき必要性は認識されている。今回の研究会、そしてそこに至る過程においては、商法504条の利用例の乏しいことが明らかになり、この立法論を検討するための素材を多少は提供できたのではないかと考えているが、どうだろうか。

商法504条には、商取引の特徴、そして商事法の特徴を踏まえた制度趣旨が説明として与えられているように見える。しかしながら、その説明の妥当性には相当の疑問が残る、というのが今回の研究で得られた報告者の感触である。

ところで研究会の他の議論に目を向けると、問題提起である伊藤報告をひとまず措けば、いずれも会社法の問題、特に取締役の責任をめぐる問題が扱われている。なるほど、商事法といえばやはり会社法なのだ、取引法に目を向ける報告者のようなスタンスはトレンドから外れているのだと若干拗ねつつも、い

ずれの報告及び議論も興味深く拝聴した。とりわけ氏本報告をめぐる研究会参加者間の議論は——実は研究会に先立つ準備会合における議論も——非常に沸騰したので、ここで一言だけコメントを付しておきたい。

　研究会で特に議論の対象となったのは、利益相反取引（会社356条1項2号・3号）が評価的要件であることを前提として、その評価障害事実をどのように考え、位置づけるかということであった。報告者である氏本厚司氏は、従前の裁判例や学説の一般的な理解と同様、まず利益相反取引の概念を定型的に理解する。そして、形式的に利益相反取引に見えるが法律上の利益相反取引に該当しない場合については、取引当事者の関係から明らかに利益相反取引とならない場合（たとえば取締役が会社の全株式を保有する例）、あるいは取引の性質から会社に損害を及ぼすおそれが明らかにない場合（鉄道会社の取締役が一般乗客と同様に切符を購入するような例）として、非常に限定的にとらえる（本書169頁10行目）。つまり利益相反取引にかかる評価障害事実は、このような利益相反取引としての性格を否定する事情の「明白性」を前提に考えるべきものとされている。そして、以上の利益相反取引該当性を否定すべき明白性はないが、取引当事者の関係や取引の性質から会社に不利益がないと評価すべき事情があれば、利益相反取引を行った取締役につき任務懈怠の推定（会社423条3項）が破られる場合として考えるわけである（本書170頁下3行目）。そこには、利益相反取引に該当する取引を取締役会承認事項とした法の趣旨、そして現に承認の要否の判断を迫られる実務への配慮が垣間見られる（本書166頁3行目、169頁10行目参照）。

　これに対する伊藤氏の見解は、氏本氏に比して、利益相反取引にかかる評価障害事実をより広範に認めるものである。伊藤氏は、氏本氏のいう任務懈怠の推定を破る事情——取引当事者の関係や取引の性質から会社に不利益がないと評価すべき事情——があれば、当該取引はそもそも利益相反取引として評価すべきではないのであって、当該事情は利益相反取引にかかる評価障害事実として考えるべきだ、という（本書72頁下1行目）。そこには、ある取引が利益相反取引に該当するか否かは、取締役会の承認等とは論理的に無関係の議論であるという前提が存在する（本書216頁6行目）。

　私自身は、以上の点について定見を有しているわけではなく、それぞれの議

論について具体的な論評を行う能力はないし、その立場にもない。ただ、非常に興味深いと感じたのは、今回の議論、とりわけ伊藤氏の指摘が、わが国の利益相反取引規制をめぐる解釈の構造的な問題を浮き彫りにしていることである。というのもわが国の利益相反取引規制、つまりある取引の利益相反取引該当性については、裁判所が一貫してその「評価的要件」としての性質を追求してきた歴史がある。それは、会社の全株式を保有する取締役の取引や実質的に会社に不利益とならない取引の場合を利益相反取引規制から排除した例然り（前者につき、最判昭和45・8・20民集24巻9号1305頁、後者につき、たとえば最判昭和38・12・6民集17巻12号1664頁〔取締役の会社に対する無利息・無担保での金員貸付け〕）、そして間接取引を利益相反取引規制の対象とした例（最大判昭和43・12・25民集22巻13号3511頁。当時は、間接取引に関する規定は存在しなかった）然りである。これらはいずれも、ある取引の当事者や内容を前提として、「実質的に利益相反取引に該当するか否か」を評価する、という解釈態度をとっている。そして、利益相反取引該当性に対するこのような解釈態度を突き詰めれば、伊藤氏のような考え方は当然の論理的帰結ともいえる（学説として、北沢正啓『会社法〔第6版〕』（青林書院、2001年）423頁参照）。ともあれ、今回の研究会での議論が、現在の裁判例や学説の一般的理解が非常に不確かなバランスの上に成り立っていることを明らかにしたという点に、私自身は非常に強い興味を覚えたのである。

　今回の研究会に参加して、要件事実論を普段意識することのなかった報告者にとって、いかに基本的なことに無知であるかを認識させられた。それと同時に、現場の一線におられる方から新たな知見を授けていただけて、極めて有益な経験をすることができた。

　伊藤氏をはじめ、関係の皆様に改めてお礼を申し上げ、ここに筆をおくこととしたい。

商事法要件事実研究会を終えて 3

大杉謙一

1　報告論文の補足

　本書前掲の筆者（大杉）の報告論文について、研究会の冒頭で経営判断の定式について補足をした（本書8頁を参照）。

　そこで述べたところを敷衍すると、(1)積極的な経営上の意思決定と(2)消極的な経営判断の両方に通用するような経営判断の原則の定式を示すこと（たとえば立法化すること）は、不可能であり、またそのように試みることは適切でもない（本書44頁を参照）。経営判断原則については、厳密な定式化や要件事実論上の位置づけを論じることよりも、政策的な意義や「センス」を共有することが重要である、というのが私見である。

2　研究会を終えた感想

　筆者の報告論文について、研究会で戴いたご議論を踏まえて筆者の感想を述べる。一元説と二元説は、具体的法令違反行為をした取締役の対会社責任の判断構造を異にするが（Ⅲ3）、事実が確定していれば賠償責任の有無について両説で結論の差は生じず、つまり実体法上の解釈論としては等価である（自己のためにする利益相反取引については、任務懈怠と帰責事由の守備範囲が結論に差をもたらすが〔428条1項〕、ここではこの問題は措く）。

　それでは、事実が争われているという状況で、つまり主張立証責任を視野に入れると、両説は結論の違いをもたらしうるであろうか（得津晶「取締役法令遵守義務違反責任の帰責構造」北大法学論集61巻6号〔2011年〕1945頁は、立証責任の分配の観点から任務懈怠と帰責事由の区分が可能・有益であるとして二元説を支持する）。

　任務懈怠と帰責事由（の不存在）の要件はいずれも（複合型の）評価的要件であることから、その評価根拠事実と評価障害事実の主張立証責任が原告・被

告に分配される。そして、原告・被告はそれぞれ自己に有利に働く事実（群）の主張・立証を行わなければならないが、任務懈怠という評価、帰責事由の不存在という評価は、立証された事実（群）を総合して裁判所が判断する。そのため、「法令違反の認識を欠いたことについての過失の有無」を任務懈怠の要件の中で判断するか（一元説）、帰責事由の不存在の要件の中で判断するか（二元説）は、実際の訴訟においてある事実の主張立証責任に差をもたらすことにはならない。

一元説を支持する実務家がほぼ皆無である理由は、この点にあるのではないか。おそらく、実務家にとっては、事実に争いがあるという前提で、必要な主張・立証が双方の当事者から適時に行われ、不意打ちを防止しつつ効率的な審理がなされるために、どのような枠組みによるべきかを問い、これを共有することが重要なのであろう。

研究会および打ち合わせ会で先生方からさまざまな知見を戴いたことに、この場を借りてお礼申しあげる。特に、このような機会を戴けたこと、打ち合わせ会・研究会の段取りにつき細やかなご配慮を戴いたことにつき、伊藤滋夫教授および法科大学院要件事実教育研究所（創価大学）の皆様に厚くお礼申し上げる。さまざまな経歴・経験を有する実務家の知遇を得ることができたことは、何物にも代えがたい体験であった。

3　伊藤滋夫教授の問題提起論文についての感想

在澤論文（伊藤教授の問題提起論文の注12に引用されたもの）は、無因契約の是非を論じるのではなく、無因契約が議論可能な場面を見出すことを主眼としている（同132頁）。ドイツでは、無因意思の解釈により無因契約を認める場合と、銀行取引における入金記帳や有価証券法上の債務負担など、一定の類型にあたることによって無因契約が認められる場合とがある（在澤准教授は、前者を意思解釈アプローチ、後者を類型化アプローチと呼ぶ。134〜135頁）。それでは、無因契約を日本法上どのように位置づけるべきか（144頁）。「無因契約が認められるのは、当事者に訴え容易化の目的がある場合である。すなわち、債務者も権利の追求が容易になることを意図しているときに無因契約は認められる……。……書面の方式は不要とし、……無因意思があるかどうかで他の契約

と識別し、無因意思の解釈によって無因契約を認める処理が妥当」である（145頁）。このような無因契約への要請はわが国で高まっている（155頁）。他方、電子記録債権は、類型化アプローチによる無因契約として議論できる（156頁）。

これに対し、伊藤論文は、(1)振込取引により受取人と銀行との間に普通預金契約が成立し、受取人が振込金額相当の預金債権を取得すること、そのような効果が生じるために振込依頼人と受取人との間に振込みの原因となる法律関係は必要ではないこと、(2)銀行が保証状の発行によりした前払代金返還債務についての保証契約（英国法上のディマンド・ギャランティー）について、保証人は原因関係上の抗弁を主張することができないことは、これらの取引が「社会的に何らかの意味で制度化された行為」であることから正当化されるのであって、かかる要素を欠く無因の給付の合意には法的拘束力を認めるべきでないと主張する。すなわち、在澤論文と対照すると、伊藤論文は、類型から無因の契約が生じることは是認するが、意思解釈から無因契約が生じることは是認しない。

伊藤教授は無因の法律行為に法的効力を与える要素を「仕組み」「社会的に制度化された行為」と表現される。(1)(2)についての裁判例が無因性を認めた理由を筆者なりに一般化すると、《制度（類型）がある程度確立していること、または当該類型に経済合理性が認められること》と表現できるように思われる。

そして、次の理由から伊藤教授の見解を支持したい。

実務（要件事実論）が、契約の成立要件を民法第3編第2章各節の冒頭規定とし（冒頭規定説）、契約の拘束力の発生根拠をこの冒頭規定に求め（法規説）、冒頭規定に示された成立要件に係る合意以外の合意を付款として処理するのは、事実につき争いのある状況では、一定の内容の合意の存在を前提として議論を進めることができず、合意内容の確定には上記のような手順を踏むことが多くの場合に有益だからであろう（典型契約の意義につき、大村敦志『基本民法Ⅱ〔第2版〕』〔有斐閣、2005年〕巻末の「民法学習で大切なこと②」を参照）。換言すると、訴訟での攻撃防御には共有可能な認識の「型」が必要であり、実務も冒頭規定説を文字通り墨守しているわけではないのであろう（坂本慶一『新要件事実論』〔悠々社、2011年〕13頁以下、142頁以下を参照）。なおドイツでは、無因契約は民法典に規定された典型契約であり、わが国とは異なり法的認識枠組みとして存在することにも注意が必要である。

そうであれば、当事者がいかに真摯に「訴え容易化の目的」を持って無因契約を締結した（単純合意）としても、日本法の下では、それが社会的な類型として認識できず、また類型として経済合理性を有していることを第三者に説明できないのであれば、法が当該契約の実現に手を貸すことは難しい（法の役割を超える）。すなわち、法が手を貸す必要はないし、貸すべきでもない。他方、個別の類型において現れる無因性は、類型の中での無因性の意義として個別に考察されるべきである。「無因契約」なる類型を観念することは制度論としても解釈論としても有益ではない。

研究会では、社会的に制度化された「仕組み」がいつ・どのようにして成立するかが議論された（本書16頁以下）。難問であるが、類似の問題は商事法の領域に既に存在する。たとえば（商）慣習（法）はいかにして成立するのかという問題、ある会計ルールはどのような条件を満たせば「一般に公正妥当と認められる企業会計の慣行」（会社法431条）となるのかという問題などである（最判平成20・7・18刑集62巻7号2101頁、藤田友敬「規範の私的形成と国家によるエンフォースメント」ソフトロー研究6号〔2006年〕1頁を参照）。これらの議論は、ここでの「仕組み」の成立（あるいは類型の確立／経済合理性の認定）をめぐる議論においても参考となろう。

商事法要件事実研究会を終えて 4

氏本厚司

1　一昨年の秋、東京地裁商事部に在籍していた私は、松田亨判事を通じて、伊藤滋夫先生から、商事法要件事実研究会のパネリストのお話をいただいた。裁判所の大先輩であり、司法修習生時代から要件事実の大家として存じ上げていた伊藤先生からのお話ということで、大変光栄に思いながら、一方で、司法研修所教官の経験などもなく、要件事実論についてきちんとした知見も素養もない私が、このような研究会のパネリストにふさわしいとは思えなかった。お話を受けることには大変躊躇したが、伊藤先生の謦咳に接する絶好の機会を得ることができるという誘惑に駆られて、パネリストを引き受けた次第である。

2　研究会及びこれに先立つ打ち合わせ会では、当職の未熟な立論について、先生方から暖かい指導をいただいたおかげで、何とか研究会本番まで一応の体裁を整えることができたというのが実感である。とりわけ、伊藤先生からは、構想の段階から、大所高所からのアドバイスのみならず細かな間違いにまでご指摘をいただき、かつ、適宜のタイミングで報告論文の方向性について極めて有益な示唆をいただいた。研究会本番までに当職が報告論文をまとめ上げることができたのは、伊藤先生のきめ細かなご指導によるところが大きく、また、そのようなご指導を十分に生かせなかった点があるとすれば、それはもっぱら私の能力不足によるものである。この場をお借りして、伊藤先生に深い感謝の意を表することをお許しいただきたい。

　また、打ち合わせ会及び研究会では、先生方の精緻な理論的見地と実務感覚に裏打ちされたレベルの高い議論に、大いに刺激を受け、改めて商事法の実務と要件事実との関係について考えを巡らすことができた。昨年9月に東京地裁から現職に異動し、裁判実務を離れてからは、この打ち合わせ会で裁判実務に関連する議論に参加できることが、私にとって何よりの楽しみであった。

3　私が報告論文で取り上げたテーマは、当初の予測に反して、打ち合わせ会の段階から多くの議論を呼び、研究会でも私見に対し様々な観点からご発言をいただいた。もともと、私がこのテーマを選んだのは、旧商法下での無過失責任を会社法で過失責任化したとされる利益相反取引による損害賠償責任の規律の変化を、要件事実論の視点からフォローしたらどうなるのであろうか、という素朴なものであった。しかし、打ち合わせ会等で議論を進めていくと、「任務懈怠」の「推定」とは一体どういうことなのか、従前の要件事実論で語られている「推定」とは同じか違うのか、違うとすれば要件事実論の視点からどのように把握すべきなのか（伊藤先生の「変則的評価的要件」の考え方、また、今出川先生が打ち合わせ会の場で「法律上の評価推定」とネーミングされた。）、という、要件事実論の本丸とでもいうべき課題が潜んでいることを気付かされるに至った。そして、さらに議論を進めると、「利益相反取引」という要件自体が評価的要件（規範的要件）ではないか、という、会社法423条3項の評価的要件の二重構造とでもいうべきもの（「任務懈怠」の「推定」における「任務懈怠」が評価的要件であり、しかも、「任務懈怠」の「推定」の前提要件である「利益相反取引」も評価的要件である、という構造）に思い至った。正直に告白すると、私の報告論文でのこのような分析は、私にオリジナリティーがあるというよりは、論文執筆過程での伊藤先生からのご示唆によるところが極めて大きい。このように、私の選んだテーマが、私の予想を裏切り、要件事実論の視点から極めて興味深い議論を呼んだことは、私にとって怪我の功名とでもいうべきもので、パネリスト冥利に尽きるとともに、私の能力の限界を超えてしまったようにも感じられる。

　4　私の報告論文の関係で、以下で主要な論点について言及するが、いずれも私の能力不足のため要を得ていないことをあらかじめお詫びしたい。
　(1)　第1の論点は、「利益相反取引」の評価障害事実と「任務懈怠」の「推定」を破る事実（「任務懈怠」の評価障害事実）の仕訳の問題である。私見は、報告論文にあるとおり、試論ではあるが、取引の当事者の関係に着目して利益相反関係にならないことが「明らか」である事情や、取引の性質自体から会社に不利益を及ぼすおそれのないことが「明らか」である事情は、「利益相反取

引」の評価障害事実となり、「明らか」であるとまではいえないが、事案の実情を実質的に考慮した結果、利益相反関係にならない、あるいは、会社に不利益を及ぼすおそれがないことが判明した場合には、これらの事情は、「任務懈怠」の「推定」を破る事実となる、というものである。このような仕訳を試みる実質的な理由については、報告論文をご覧いただきたいが、簡単にいえば、「利益相反取引」に当たれば取締役会の承認が必要であるとの規律（会社法356条1項、365条）との兼ね合いを考慮して、「明らか」な場合は、「利益相反取引」の評価障害事実となる→「利益相反取引」が評価障害により成立しない→取締役会の承認は必要がなく、かつ、「任務懈怠」の「推定」もされない（前提要件を充足しない）から損害賠償責任も生じない、ということになり、「明らか」ではない場合は、「利益相反取引」の評価障害事実とはならないが、「任務懈怠」の「推定」を破る事実となる→取締役会の承認は必要であるが、「任務懈怠」の「推定」は破れるので損害賠償責任は生じない、と構成することで（取締役会の承認が必要な場合に承認を受けなかったという個別法令違反がある場合でも、「任務懈怠」の「推定」が破れる場合には損害賠償責任は生じない、という解釈論がセットになる。）、従前の解釈論、判例実務との折り合いを付けている。要するに、取締役会の承認が必要か否かという基準で機能的に仕訳をしているわけである。これに対し、伊藤先生は、「明らか」か否かで仕訳をすることの理論的な根拠がないことを鋭く指摘され、「明らか」である場合もそうでない場合も「利益相反取引」の評価障害事実と位置づけるべきである、と主張される。

伊藤説と私見は、利益相反取引を理由とする損害賠償責任が生じないという面では結論に違いはなく、そうであれば、要件事実論の視点では理論的に一貫している伊藤説を採ることが相当であるようにも思える。しかし、伊藤説は、従前の会社法の解釈論との関係で、克服すべき課題があるように思われる。

まず、伊藤説を前提とすれば、「明らか」ではない場合も、「利益相反取引」の評価障害事実となり、「利益相反取引」（423条3項＝356条1項）が成立しないこととなるため、取締役会の承認が不要となるように思われるが、このような場合に取締役会の承認を不要とすることに対しては、打ち合わせ会の場で、実務的な違和感が示された。これに対し、伊藤説は、会社法356条1項2号、

3号の「利益相反取引」と423条3項の「利益相反取引」(「第356条第1項第2号又は第3号の取引」) とを別異に解し、前者の評価障害事実を後者の評価障害事実よりも狭く解釈することによって、上記の実務的な違和感を解決される。もとより、法文の規定の同じ文言を異なる意味に解すること自体は解釈論として許容される場合があることに異論はないが、昨今の法制執務、とりわけ同じ文言を異なる意味で用いる場合にはその旨を法文上明記している現行の会社法の規定振り (例えば、「監査役設置会社」についての会社法2条9号、388条、911条2項17号) との整合性が問題となるように思われる。

次に、伊藤説では、423条3項の「利益相反取引」の評価障害事実はあるが356条1項の「利益相反取引」の評価障害事実はないという場合があり、そのような場合に取締役会の承認を受けなかったとすれば、それ自体が法令違反となり、423条1項の損害賠償責任が生じることは否定できないように思われる。私見によれば、このような場合は、「任務懈怠」の「推定」が破れると思われるから、前記のとおり、個別法令違反があっても損害賠償責任は生じないことになる。伊藤説と私見で結論が異なる場面であろう。伊藤説は、個別法令違反による損害賠償責任が理論的には成立するとしつつ、「取締役会の承認を受けなかったこと」による損害の立証は困難であるとする。伊藤説のこのような理解は、個別法令違反による損害賠償の対象を「取締役会の承認を受けなかったこと」と因果関係のある損害に限られることが前提とされているようである。民法の債務不履行理論から見ると、このような伊藤説の前提は当然のことのように思われる。しかし、旧商法下において、旧商法266条1項4号の無過失責任と個別法令違反の同項5号の過失責任との均衡を図る視点から、同項5号の責任において、利益相反取引をしなければ生じなかったであろう損害について、取締役会の承認を受けていなかったという手続違反により当該損害が生じたとはいえないという主張は許すべきではないとの指摘がされていた (吉原和志・法学67巻6号103頁以下)。このような考えによれば、利益相反取引の個別法令違反の場合、法令違反としての手続違反は、違法原因ではあるが、損害の範囲を限定するものではなく、利益相反取引自体と因果関係のある損害が賠償の対象となるということに帰着するであろう。私の報告論文でも、取締役会の承認の有無によって損害賠償責任における損害の把握が異なることは基本的には

ない（個別法令違反は攻撃防御方法の1つにすぎない）としているのも、同じ発想に基づくものであるといえる。伊藤説は、利益相反取引について、個別法令違反とそれ以外の任務懈怠とで損害を別異に解すると思われる点で、従前の解釈論、判例実務との連続性について課題が残るように思われる。

　(2)　第2の論点は、攻撃防御方法の構造に関する問題である。研究会の場で、松田判事、近藤判事が指摘されたように、評価的要件の総合判断と、いわゆる「評価推定」との関係をどのように理解するかが問題であろう。研究会でもお答えしたが、概念としては、次のように整理できるのではないか。すなわち、利益相反取引による「任務懈怠」について、例えば、ある事案での評価根拠事実が①（利益相反取引〔ただし厳密には「事実」ではない。〕）、②（損害）、③、④、⑤であり（これにより会社法423条1項の「任務懈怠」＝善管注意義務違反が成立する。）、評価障害事実が⑥、⑦であるとすると、会社法423条3項の推定により、請求原因は①、②で足り、抗弁として⑥、⑦が出れば、再抗弁として③、④、⑤が出る、ということになると思われる（⑥、⑦が推定を破る評価の根拠事実、③、④、⑤が推定を破る評価の障害事実）。そうすると、結局はプラス要素の①ないし⑤とマイナス要素の⑥、⑦との総合判断をしているので、推定といってもあまり意味はないように思われるが（実務で推定規定が問題となる事案が見当たらないのはそのような事情によるのであろう。）、要件事実論の視点からは、③、④、⑤、⑥、⑦が真偽不明の場合に、推定があれば認容、なければ棄却ということになる。また、「任務懈怠」とは別系統の抗弁、例えば弁済の抗弁などは、請求原因①、②に対する抗弁と位置づけることで問題はないように思われる（弁済に先立って「任務懈怠」の総合評価を先行させる理論的な要請はないように思われる。）。

　5　私が報告論文で選んだテーマは、要件事実論の視点からは大変興味深い議論を呼ぶこととなったが、実務的な観点から見ると、必ずしも訴訟運営上有益な枠組みを提供する類のテーマではなかったというのが正直な感想である。研究会で田中亘先生が指摘されたように、実務的なポイントは、例えば企業グループ間の取引についてどのような場合に「利益相反取引」になるのか、「任務懈怠」の「推定」が破れるのか、という実質的な解釈論の展開であり、要件

事実論的にいえば、何が評価根拠事実になり、何が評価障害事実になるか、という点の究明が今後の課題であろう。今回の議論は、そのような今後の展開のスタートラインを整理したという意味で、意義のあるものといえるのであれば、報告者として望外の喜びである。

　最後に、これまで親身にご指導いただいた伊藤先生、打ち合わせ会及び研究会で有益なアドバイスやご指摘をいただいた先生方に、改めて深く御礼申し上げる。

商事法要件事実研究会を終えて 5

角田大憲

1 はじめに

　私が本研究会にパネリストとして参加することができたきっかけは、本研究会の参加者でもある阿多博文先生を通じて、伊藤滋夫教授からお声掛けをいただいたことです。法曹の世界の大先輩であり、かねてから要件事実論の第一人者としてご高名を承っていた伊藤教授からのお誘いを大変光栄に思った一方で、伊藤教授をはじめ、氏本厚司裁判官、大杉謙一教授、松田秀征教授という他のパネリストの方々のお名前を伺い、会社法と訴訟を専門分野としているとはいえ、私がその末席を汚してもよいものかといったんは尻込みしました。しかし、お許しいただけるのであれば、自身の研鑽のため、そして何よりも伊藤教授から直接ご指導をいただくことができるまたとない機会であると考え、僭越にも参加を決意した次第です。

　平成26年3月から10月までの合計4回の打ち合わせ会では、伊藤教授をはじめ、氏本裁判官、大杉教授、松田教授のほか、今出川幸寛教授、黒木松男教授、鈴木美華教授、田村伸子准教授、若柳義朗教授からも、大変貴重なご教示を多々いただきました。打ち合わせ会でのハイレベルな議論は大変刺激的で、毎回あっという間に予定の時間が過ぎてしまうほど楽しみなものでした。また、伊藤教授からは、個別に電子メールでも、数々の有益なご指導をいただきました。

　さらに、研究会当日には、阿多先生、小塚荘一郎教授、近藤昌昭裁判官、田中亘准教授、永石一郎先生、松田亨裁判官にもご参加いただき、私の報告テーマに限らず、様々な視点から多くの鋭いご指摘をいただきました。

　私としては、まさに自身のためになる内容の濃い経験をさせていただくことができました。伊藤教授をはじめとする上記の方々のほか、ここに記すことができなかったご関係者にも、心からお礼申し上げます。

2　取締役の「不作為」責任を報告テーマに選んだ理由

　私が「裁判例からみた『他人の行為の放置・看過』に関する取締役の任務懈怠責任の要件事実」として、いわば取締役の「不作為」責任を報告テーマに選んだ理由は、次のとおりです。

　そもそも、取締役の善管注意義務違反は「不作為（懈怠）」につき問題となるケースが多いと指摘されるところです[1]。また、実際に私が上場会社の取締役の方々と接していて感じることですが、取締役の方々は、自身が違法行為等を行うことなどもちろん全くお考えになっていませんが、不幸にも他の取締役・従業員等（他人）が違法行為等を行ってしまった場合に、その看過（不作為）について自身が責任を負うおそれがあることについては、強いご関心がおありです。特に上場会社では、事業規模・領域が幅広く、自身と「他人」との業務領域が全く異なることも多くあって、軽々に他人の違法行為等の責任を負わされてはかなわないからです。

　もともとこのような状況にあった中、平成26年法律第90号による会社法の改正により、いわゆる内部統制システムの内容としての「企業集団」における業務の適正の確保に係る規定が、法務省令（上記改正に伴う改正前の会社法施行規則100条1項5号等）から法律（上記改正後の会社法362条4項6号等）に「格上げ」されたことなどを契機として、近時、親会社取締役の子会社管理責任に実務の注目が少なからず集まるようになっていました。しかるところ、この子会社管理責任の問題も、「不作為」責任のいわば応用問題であり、この意味でも「不作為」責任の検討は実務にとって有用だと考えられます[2]。

　もっとも、このような「不作為」責任の重要性と裏腹に、私自身は、「監視・監督義務」、「内部統制システム構築義務」、「信頼の原則」及び「経営判断の原則」の内容や関係につき、しっかりとした整理ができていないように感じたので、大変恐縮ながら、この機会に自身の勉強として整理を試みようと考えました。

　私自身は今回の貴重な経験を通じて大いに勉強することができましたが、その結果である報告論文には、私の理解不足・誤解による不十分な点や誤りが多々あると存じます。また、監査役の責任や上記の子会社管理責任については、紙幅の関係上触れることができませんでした。これらの点については、今後の

課題としつつ、皆様のさらなるご指摘をお待ちしたいと存じます。

3 研究会を終えて

取締役の「不作為」責任を考えるにあたっての視点として、伊藤教授には、自己の支配可能領域における行為に関する義務（会社との委任契約上合理的に期待されている義務）であるかどうかという視点についてご教示をいただいていました[3]。

研究会の議事録を読み返してみて、「不作為」責任に限らず、「会社との委任契約上合理的に期待されている義務」の有無・内容の判断の難しさに、今さらながらあらためて思い至りました。

取締役の義務違反の問題は、当然のことながら会社との間の委任契約（任用契約）の内容の問題であり、義務違反の有無を考えるにあたっては、当該任用契約の内容（取締役の義務の有無・内容）の確定が重要な意味を持ちます。

このこと自体は委任契約一般に共通のことと思われますが、とりわけ取締役と会社との任用契約では、主に次の3つの理由で当該任用契約の内容（取締役の義務の有無・内容）の確定が難しく、これらが取締役の義務違反の問題を複雑にしている要因の一部だろうと思います[4]。

(1) 契約に係る書面がないのが通常であること

まず、実務上、責任限定契約（会社法427条）のほかに、取締役と会社との間でその任用契約に係る書面が作成されることは極めて稀です。したがって、取締役の義務違反の問題では、契約書の文言から義務の有無・内容を確定するという作業はできないのがむしろ通常です。

(2) 当事者間の合意がそのまま認められるわけではないこと

また、仮に取締役と会社との間の合意内容が明確であったとしても、取締役の会社に対する義務がその合意内容どおりに認められるわけではありません。

---

1 ― 本書189頁脚注5参照。
2 ― 最近の実例をみると、親会社取締役にとって「他人」の違法行為等（不祥事）が起こるのは、当該親会社におけるよりもむしろ子会社におけるものの方が多いように思われます。
3 ― 本書195頁脚注26参照。
4 ― もっとも、これら3つの理由は、専ら取締役と会社との任用契約に限られるものではなく、例えば医者と患者との準委任契約（医療契約）などでもみられることだと思います。

旧商法266条に関し、最高裁[5]は、「契約当事者の合意の内容のみによって定められるものではなく、契約当事者の意思にかかわらず、法令によってその内容が規定されるという側面を有する」と判示していますが、これは会社法423条に関しても変わらないと思われます[6]。

このように、取締役の会社に対する義務の有無・内容の判断にあたっては、当該取締役の地位[7]のみならず、会社の種類・規模[8]、さらには企業の社会的責任[9]などを含むいわば「外的・社会的要因」も十分に考慮されるべきことになりえ、この点にもその判断の難しさの要因があると思われます。

(3) 結局は評価の問題であるところが大きいこと

しかも、そもそも、取締役の任務懈怠責任の要件である「任務懈怠」（さらに二元説では「過失」）は評価的要件であり、実際の裁判における当事者（原告・被告）にとっては、①どのような事実がその根拠・障害事実となるかという事実面の問題に加え、②一定の事実群の下で当該評価的要件が認められるのかという評価面の問題が重大な関心事となりますが、①はともかく②については、少なくとも一般論のレベルではまだ必ずしも明らかになっているとはいえないように思われます[10]。

もっとも、この点については、裁判所としても評価の過程を示すなどの工夫にご留意なさっているとのことであり[11]、事例の積み重ねを待ちつつ、弁護士である私としても、「外的・社会的要因」として日々変化・深化する社会経済情勢と社会意識に対し、日ごろから十分にアンテナを張りめぐらせておくことの重要性をあらためて痛感いたしました。

なお、上記②の評価面の問題をできるだけ明らかにする便宜のためという意味で、例えば「経営判断の原則」とか「監視・監督義務」という用語も、それらが共通理解の下で使われる限り、その有用性は否定されないと考えます[12]。

4 補足

最後に、この場をお借りして若干の補足をしておきます。

報告論文執筆時点（平成26年10月）の直前にされた西松建設事件判決（東京地判平成26・9・25）及びシャルレ事件判決（神戸地判平成26・10・16）は[13]、同執筆後、前者は資料版商事法務369号72頁に、後者は同368号68頁にそれ

ぞれ掲載されています。本書に掲載した報告論文には、これらの掲載についてあらためて補筆しました。

 これらのうち西松建設事件判決は、大和銀行事件判決やヤクルト事件控訴審判決と同じく、「取締役は、取締役会の構成員としてリスク管理体制の大綱を決定し、代表取締役又は業務担当取締役としてリスク管理体制を構築すべき義務を負い、さらには取締役として代表取締役又は業務担当取締役がリスク管理体制を構築すべき義務の履行状況を監視する義務を負う」と判示して、内部統制システム構築義務の履行のチェック（監視）について言及していますので、私の研究会での発言[14]に補足しておきます。

5―拓銀ミヤシタ事件判決（最判平成20・1・28民集62巻1号128頁）。
6―相澤哲＝石井裕介「新会社法の解説(9)」旬刊商事法務1745号（2005年）23頁は、会社法423条1項につき、「同項が民法415条とは別に特に会社法において規定されているのは、取締役の任務が、単に委任契約の内容によって定まるのではなく、当事者の意思にかかわらず、法律上当然に生ずる場合もあることを考慮して、その法律上の任務に違反する場合にも会社に対する損害賠償責任を生じさせるためである。」としています。研究会において私が「民法415条の他に、会社法423条があるのは、そこに意味があるのだといわれるわけです。」と発言したのは（本書54頁）、この趣旨です。
7―阿多先生の研究会でのご発言（本書53頁）参照。
8―小塚教授の研究会でのご発言（本書56頁）参照。
9―近藤裁判官の研究会でのご発言（本書55頁）参照。
10―私の研究会での発言（本書36頁）参照。
11―氏本裁判官の研究会での発言（本書39頁）参照。
12―私の研究会での発言（本書51頁）参照。
13―本書189頁脚注11参照。
14―私の研究会での発言（本書54頁）参照。

商事法要件事実研究会を傍聴して
法律上の評価推定

今出川幸寛

1 はじめに

以下は、単なる傍聴者である私がご好意によってこの商事法要件事実研究会の前の打ち合わせ会に出席させていただき、その場において発言をした事柄であるが、会社法423条3項の任務懈怠の推定規定の要件事実論的な理解に便宜であろうと、ここに掲載させていただいたものである。

2 法律上の推定の枠組み

『増補民事訴訟における要件事実第1巻』24頁以下は、法律上の推定には、「法律上の事実推定」と「法律上の権利推定」があるとし、前者は、法がある法律効果Aの発生の立証を容易にする目的で、甲事実があるときは法律効果Aの発生要件事実乙があると推定するもので、例として、民法186条2項、手形法20条2項などを挙げ、後者は、甲事実によって法律上推定される乙が事実ではなく権利又は法律効果である場合として、例として、民法188条、229条を挙げている。法律上の推定に関してそれ以外の概念の説明はない。

民事訴訟法の教科書においても、法律上の推定に関しては似たような説明があるものの、他の概念の説明はない。

3 主張立証の対象

要件事実論では、法律要件を大きく「事実」と「評価」とに分け、ある「事実」が法律効果の発生要件とされているものを事実的要件、ある「評価（例えば、過失あり、正当事由あり、信頼関係破壊あり、背信性なし、など）」が法律効果の発生要件とされているものを評価的要件（司法研修所の用語では規範的要件）

という。そして評価的要件の場合には、評価そのものを直接立証することができないことから、評価を基礎づける事実を評価根拠事実とし、逆に評価を妨げる事実を評価障害事実として、これらを要件事実（この場合には主要事実ということが多い。）として（主要事実説）、それぞれ主張立証された評価根拠事実及び評価障害事実のみを総合評価して、その評価がされる（例えば、過失あり）、又は評価がされない（例えば、過失なし）との判断をして、その評価的要件を充足するか否かを決する。

評価そのものを立証することができない以上、立証対象としてはどうしても事実に限られることになり、評価的要件を立証する場合には、一方当事者が評価根拠事実を、反対当事者が評価障害事実の主張立証をすることとならざるを得ないのである。

4　法律上の評価推定

特許法103条「他人の特許権又は専用実施権を侵害したものは、その侵害の行為について過失があったものと推定する。」は「過失あり」という評価（的要件）そのものを推定しているのであって、「過失あり」の評価を基礎づけるような何らかの具体的な事実（評価根拠事実）を推定しているわけではない。また「過失あり」という評価を推定しているが「権利」を推定しているわけではない。

とすると、こうした推定は、司法研修所の書物にも使用されていない用語ではあるが、「事実」でも「権利」でもない、「評価」を推定する概念として「評価推定」と名づけるべきであろう。しかも、条文に規定されているものであるから、「法律上の評価推定」と呼ぶべきであろう。

そうした新しい概念を立てれば、「任務懈怠」も明らかな評価的要件であるから、会社法423条3項は、任務懈怠という「評価」を推定する規定として、これも法律上の評価推定と呼んでよいことになる。

5　事実と評価

そもそも事実と評価は連続したものであるから、事実的要件と評価的要件の区分も明確にできないことも多い。

「占有」にしても、これを概括的抽象的事実（司法研修所編『改訂紛争類型別の要件事実』〔法曹会〕51頁）とみるか評価（伊藤滋夫「民事占有試論（下）——占有の要件についての一考察」ジュリスト1060号89頁）とみるかの争いがある。したがって「占有」自体の推定規定があるとした場合、その推定は、占有を事実と捉える説によれば事実推定とされ、占有を評価と捉える説によれば評価推定とされるのではなかろうか。

以上のように考えを進めていくと、事実推定という概念があるなら、それと同じように評価推定という概念があってもよい、また、現実に、先の特許法では過失の推定という条文があることから「法律上の評価推定」があってもよい、との考えに至るのである。

6　推定の対象——評価推定の要件事実論的な機能

立証の対象は事実に限られることから、評価的要件の立証は、評価根拠事実、評価障害事実の立証によってされることになるが、ある要件を「法律上推定」するということは、その要件の立証責任を転換することとして機能することから、推定の対象たる要件は「事実」や「権利」に限る必要はなく、「評価」であってもよいはずである。評価的要件についても立証責任の転換が可能だからである。

ある「A事実」が法律上推定されるなら、一方の当事者甲は、A事実の立証をする必要はなくなる。かえってその推定による効果を覆したい反対当事者乙は、その推定を破るため、抗弁としてA事実の不存在を主張立証することになる。

ある「A権利」が推定されるなら、甲は、A権利の存在を立証する必要はなくなる。かえってその推定による効果を覆したい乙は、その推定を破るため、抗弁としてA権利の不存在を主張立証することとなる。

それらとまったく同様に、例えばKg（請求原因）としての「A評価（例えば、過失あり）」が推定されるなら、甲は、A評価（根拠事実）の立証をする必要はなくなる。かえってその推定による効果を覆したい乙は、E（抗弁）としてA評価の不存在（過失ありの不存在として過失なし＝無過失の評価根拠事実）を主張立証することとなる。

そうすると、そのEに対して、甲は、R（再抗弁）として「無過失」の評価障害事実の主張立証をすることができることになる。

以上を前提とすると、会社法423条3項についても、Kgとして利益相反取引＋損害、Eとして、任務懈怠なしの評価根拠事実、Rとして、任務懈怠なしの評価障害事実、という系列を考えることができるのである。

もちろん、同じ事案において、法律上の評価推定の規定を使わずに、Kgとして評価根拠事実を主張立証してその評価を得ることも可能であるが、その場合には評価障害事実がEとなる。すなわち、Kg：任務懈怠ありの評価根拠事実＋損害、E：任務懈怠ありの評価障害事実、ということになる。

注意すべきは、評価的要件として、前者ではEで「任務懈怠なし」の評価根拠事実を、後者ではKgで「任務懈怠あり」の評価根拠事実を問題とすることから、前者ではR、後者ではEとして、それぞれの評価障害事実が後続の主張として可能となることである。

なお、ここで主張立証対象の事実としての「任務懈怠なし」の評価根拠事実は、「任務懈怠あり」の評価障害事実と同じ事実であり、「任務懈怠なし」の評価障害事実は、「任務懈怠あり」の評価根拠事実と同じ事実のはずである。

7　まとめ

推定の前提として、「前提事実」という用語がある（前掲・増補1巻24頁以下）が、これとパラレルな概念・用語として「前提評価」があってもよいだろう。

利益相反取引には直接取引（会社法356条1項2号）と間接取引（会社法356条1項3号）があり、特に後者が典型的な評価的要件であることに異論はないであろう。そのように考えると、会社法423条3項は、利益相反取引を「前提評価」として、「任務懈怠」という評価を推定する「法律上の評価推定」規定である、と言い表すことができる。

以上は法律上の推定についての概念であるが、条文に書かれていない推定規範があるとすれば、それらも「事実上の事実推定」（＝経験則）、「事実上の評価推定」、「事実上の権利推定」として表すことができる。

概念や用語の整理は、単に便利なだけではなく、思考の整理にも大いに役立つものなのである。

要件事実論・事実認定論
関連文献

山﨑　敏彦

要件事実論・事実認定論関連文献　2014年版

山﨑敏彦

　この文献表は、要件事実論・事実認定論を扱っている文献を、大きく、要件事実論に関するもの（Ⅰ）、事実認定論に関するもの（Ⅱ）（⑴民事、⑵刑事、⑶その他）に分けて、著者五十音順・発行順に整理したものである。収録対象は、ほぼ2013年末から2014年末までに公にされた文献である。関連文献の取捨・整理における誤り、重要文献の欠落など不都合がありはしないかをおそれるが、ご教示、ご叱正を賜りよりよきものにしてゆきたいと考える。

Ⅰ　要件事実論

伊藤滋夫ほか

「不動産法と要件事実・研究会　議事録」伊藤滋夫編『不動産法と要件事実［法科大学院要件事実教育研究所報第12号］』1頁以下（日本評論社、2014年3月）

伊藤滋夫

「賃貸借に関する問題についての要件事実論の有用性——賃貸借の継続的性質を踏まえて」伊藤滋夫編『不動産法と要件事実［法科大学院要件事実教育研究所報第12号］』78頁以下（日本評論社、2014年3月）

伊藤滋夫

「『不動産法と要件事実・研究会』を終えて1」伊藤滋夫編『不動産法と要件事実［法科大学院要件事実教育研究所報第12号］』208頁以下（日本評論社、2014年3月）

大江忠・辻健吾

　『要件事実判例演習　民法債権各論』(商事法務、2014年3月)

大江忠

　『要件事実民法(7)　親族』(第一法規、第4版、2014年6月)

大江忠

　『要件事実民法(8)　相続』(第一法規、第4版、2014年6月)

岡口基一

　『要件事実マニュアル　第2巻　民法2』(ぎょうせい、第4版、2014年1月)

岡口基一

　『要件事実マニュアル　第3巻　商事・保険・手形・執行・破産・知的財産』(ぎょうせい、第4版、2014年1月)

岡口基一著／マンガ・中村真

　『要件事実入門』(創耕舎、2014年8月)

加藤新太郎

　「〈特別寄稿〉売買契約をめぐる紛争と要件事実」市民と法86号2頁以下(2014年4月)

加藤新太郎・細野敦

　『要件事実の考え方と実務』(民事法研究会、第3版、2014年11月)

河野良介

　「移転価格税制における課税要件事実の認定プロセスに関する一考察」税法学570号63頁以下(2013年11月)

酒井克彦
　『クローズアップ課税要件事実論』（財経詳報社、第 3 版、2014 年 10 月）

佐藤健・Zohreh Shams・Marina De Vos
　「民法要件事実論のための議論枠組み」人工知能基本問題研究会資料 93 回 87 頁以下（2014 年 3 月）

壇俊光・森拓也・今村昭悟
　「発信者情報開示請求訴訟における『対抗言論の法理』と『権利侵害の明白性』の要件事実的な問題について」情報ネットワーク・ローレビュー 12 号 21 頁以下（2013 年 11 月）

永石一郎
　「土地の承諾転貸借において転借人が放置した産業廃棄物あるいは土壌汚染について転貸人は原状回復義務を負うか」伊藤滋夫編『不動産法と要件事実［法科大学院要件事実教育研究所報第 12 号］』136 頁以下（日本評論社、2014 年 3 月）

永石一郎
　「『不動産法と要件事実・研究会』を終えて 4」伊藤滋夫編『不動産法と要件事実［法科大学院要件事実教育研究所報第 12 号］』238 頁以下（日本評論社、2014 年 3 月）

橋本昇二
　「要件事実原論ノート第 6 章」白山法学（東洋大学法科大学院）10 号 1 頁以下（2014 年 3 月）

花房博文
　「マンション紛争における当事者適格及び評価的要件についての一考察」伊藤滋夫編『不動産法と要件事実［法科大学院要件事実教育研究所報第 12 号］』

180 頁以下（日本評論社、2014 年 3 月）

花房博文

「『不動産法と要件事実・研究会』を終えて 5」伊藤滋夫編『不動産法と要件事実［法科大学院要件事実教育研究所報第 12 号］』245 頁以下（日本評論社、2014 年 3 月）

藤井俊二

「『不動産法と要件事実・研究会』についてのコメント」伊藤滋夫編『不動産法と要件事実［法科大学院要件事実教育研究所報第 12 号］』202 頁以下（日本評論社、2014 年 3 月）

松尾弘

「賃貸不動産の譲渡に伴う賃貸人の地位の帰趨と要件事実論」伊藤滋夫編『不動産法と要件事実［法科大学院要件事実教育研究所報第 12 号］』112 頁以下（日本評論社、2014 年 3 月）

松尾弘

「『不動産法と要件事実・研究会』を終えて 3」伊藤滋夫編『不動産法と要件事実［法科大学院要件事実教育研究所報第 12 号］』232 頁以下（日本評論社、2014 年 3 月）

山川隆一

「不当労働行為事件における要件事実」中央労働時報 1179 号 12 頁以下（2014 年 7 月）

山野目章夫

「不動産登記の申請手続における事実の整理とその特色」伊藤滋夫編『不動産法と要件事実［法科大学院要件事実教育研究所報第 12 号］』100 頁以下（日本評論社、2014 年 3 月）

山野目章夫

「『不動産法と要件事実・研究会』を終えて2」伊藤滋夫編『不動産法と要件事実［法科大学院要件事実教育研究所報第12号］』226頁以下（日本評論社、2014年3月）

Ⅱ　事実認定論

(1)　民事

加藤新太郎

「民事訴訟の尋問と事実認定（第1回）民事訴訟の尋問の基礎」月報司法書士501号36頁以下（2013年11月）

加藤新太郎

「民事訴訟の尋問と事実認定（第2回）民事訴訟の尋問の準備」月報司法書士502号41頁以下（2013年12月）

加藤新太郎

「民事訴訟の尋問と事実認定（第3回）尋問の準備から主尋問へ」月報司法書士503号42頁以下（2014年1月）

加藤新太郎

「民事訴訟の尋問と事実認定（第4回）陳述書と尋問ルール」月報司法書士504号42頁以下（2014年2月）

加藤新太郎

「民事訴訟の尋問と事実認定（第5回）反対尋問」月報司法書士505号42頁以下（2014年3月）

加藤新太郎

「民事訴訟の尋問と事実認定（第6回・最終回）本人尋問の結果・証言の証

拠評価」月報司法書士 506 号 46 頁以下（2014 年 4 月）

加藤新太郎
「民事事実認定のプラクティス（第 1 回）民事事実認定のアウトライン」月報司法書士 507 号 41 頁以下（2014 年 5 月）

加藤新太郎
「民事事実認定のプラクティス（第 2 回）書証による事実認定（その 1）」月報司法書士 508 号 34 頁以下（2014 年 6 月）

加藤新太郎
「民事事実認定のプラクティス（第 3 回）書証による事実認定（その 2）」月報司法書士 509 号 52 頁以下（2014 年 7 月）

加藤新太郎
「民事事実認定のプラクティス（第 4 回）事実認定のルール」月報司法書士 510 号 77 頁以下（2014 年 8 月）

加藤新太郎
「民事事実認定のプラクティス（第 5 回）売買契約の事実認定」月報司法書士 511 号 56 頁以下（2014 年 9 月）

加藤新太郎
「民事事実認定のプラクティス（第 6 回）消費貸借契約の事実認定」月報司法書士 512 号 38 頁以下（2014 年 10 月）

加藤新太郎
「民事事実認定のプラクティス（第 7 回）保証契約の事実認定」月報司法書士 513 号 36 頁以下（2014 年 11 月）

加藤新太郎
「民事訴訟における事実認定の違法」名古屋大學法政論集（中舎寛樹教授退職記念論文集）254号1頁以下（2014年3月）

加藤新太郎
『民事事実認定論』（弘文堂、2014年6月）

田中豊
「〈講座〉紛争類型別事実認定の考え方と実務⑥　消費貸借①――消費貸借契約の成立」市民と法85号87頁以下（2014年2月）

田中豊
「〈講座〉紛争類型別事実認定の考え方と実務⑦　消費貸借②――消費貸借契約の成立」市民と法86号74頁以下（2014年4月）

田中豊
「〈講座〉紛争類型別事実認定の考え方と実務⑧　消費貸借③――消費貸借契約の成立」市民と法87号65頁以下（2014年6月）

田中豊
「〈講座〉紛争類型別事実認定の考え方と実務⑨　消費貸借④――消費貸借契約の成立」市民と法88号90頁以下（2014年8月）

田中豊
「〈講座〉紛争類型別事実認定の考え方と実務⑩　消費貸借⑤――消費貸借契約の成立」市民と法89号72頁以下（2014年10月）

田中豊
「〈講座〉紛争類型別事実認定の考え方と実務⑪　消費貸借⑥――消費貸借契約の当事者」市民と法90号83頁以下（2014年12月）

林昭一
「〔民事訴訟法入門〕民事訴訟と『真実発見』(特集　法学入門2014)」法学セミナー59巻4号28頁以下 (2014年4月)

廣谷章雄
「〔講演〕消費者紛争における事実認定及び訴訟運営並びに代理人の留意点 (特集　裁判所からみた消費者紛争　一般事件における留意点も交えながら)」Libra (東京弁護士会会報) 14巻4号5頁以下 (2014年4月)

(2)　刑事
安東章
「刑事事実認定重要事例研究ノート (第7回) 違法収集証拠について」警察学論集67巻7号143頁以下 (2014年7月)

植村立郎
「刑事事実認定重要事例研究ノート (第1回) 捜査における事実認定 (抄論)」警察学論集67巻1号90頁以下 (2014年1月)

植村立郎
「裁判員裁判における事実認定の充実を目指して——『事実上の推定』を中心に」刑事弁護79号113頁以下 (2014年7月)

大木孝
「情況証拠と間接事実による事実認定 (上)」刑事弁護80号171頁以下 (2014年10月)

川田宏一
「刑事事実認定重要事例研究ノート (第4回) 不能犯をめぐる問題とその事実認定について」警察学論集67巻4号146頁以下 (2014年4月)

河村俊哉

　「刑事事実認定重要事例研究ノート（第6回）盗品等に関する罪における盗品等の知情について」警察学論集67巻6号148頁以下（2014年6月）

佐々木一夫

　「刑事事実認定重要事例研究ノート（第10回）共謀関係の解消の認定について」警察学論集67巻11号109頁以下（2014年11月）

杉山愼治

　「刑事事実認定重要事例研究ノート（第3回）覚醒剤の使用の認定について」警察学論集67巻3号124頁以下（2014年3月）

染谷武宣

　「刑事事実認定重要事例研究ノート（第8回）薬物事犯における薬物の認識の認定について」警察学論集67巻8号115頁以下（2014年8月）

髙森高徳

　『Q&A　実例　捜査における事実認定の実際』（立花書房、第2版、2014年4月）

城祐一郎

　「間接証拠による事実認定上の諸問題（第12回）」捜査研究63巻1号（通巻754号）80頁以下（2014年1月）

城祐一郎

　「間接証拠による事実認定上の諸問題（第13回）山口組若頭高山清司に係る恐喝事件における間接事実及び間接証拠による事実認定（その1）」捜査研究63巻2号（通巻755号）84頁以下（2014年2月）

城祐一郎

「間接証拠による事実認定上の諸問題（第14回）山口組若頭高山清司に係る恐喝事件における間接事実及び間接証拠による事実認定（その2）」捜査研究63巻3号（通巻756号）25頁以下（2014年3月）

城祐一郎

「間接証拠による事実認定上の諸問題（第15回）暴力団等の反社会的勢力による口座開設詐欺事件」捜査研究63巻4号（通巻757号）43頁以下（2014年4月）

城祐一郎

「間接証拠による事実認定上の諸問題（第16回）前提犯罪及び犯罪収益等に関する認識について——山口組五菱会によるマネー・ローンダリング事件を題材として（前編）」捜査研究63巻5号（通巻758号）56頁以下（2014年5月）

城祐一郎

「間接証拠による事実認定上の諸問題（第17回）前提犯罪及び犯罪収益等に関する認識について——山口組五菱会によるマネー・ローンダリング事件を題材として（後編）」捜査研究63巻6号（通巻759号）45頁以下（2014年6月）

城祐一郎

「間接証拠による事実認定上の諸問題（第18回）暴力団関係者によるゴルフ場利用詐欺事件（前編）」捜査研究63巻7号（通巻760号）31頁以下（2014年7月）

城祐一郎

「間接証拠による事実認定上の諸問題（第19回）暴力団関係者によるゴルフ場利用詐欺事件（後編）」捜査研究63巻8号（通巻761号）49頁以下（2014年8月）

城祐一郎

「間接証拠による事実認定上の諸問題（第20回）真珠宮ビルをめぐる元司法書士殺人事件」捜査研究63巻9号（通巻763号）74頁以下（2014年9月）

城祐一郎

「間接証拠による事実認定上の諸問題（第21回）指定暴力団六代目山口組山健組兼國会幹部による組織的な殺人事件（前編）」捜査研究63巻10号（通巻764号）78頁以下（2014年10月）

城祐一郎

「間接証拠による事実認定上の諸問題（第22回）指定暴力団六代目山口組山健組兼國会幹部による組織的な殺人事件（後編）」捜査研究63巻11号（通巻765号）44頁以下（2014年11月）

城祐一郎

「間接証拠による事実認定上の諸問題（第23回）鹿児島市内の老夫婦強盗殺人事件」捜査研究63巻12号（通巻766号）2頁以下（2014年12月）

栃木力

「刑事事実認定重要事例研究ノート（第2回）正当防衛における急迫性について」警察学論集67巻2号138頁以下（2014年2月）

中川孝博

「事実認定をめぐる破棄理由——最三小決平25・4・16を契機として」国学院法学51巻4号（横山實教授退職記念号）177頁以下（2014年3月）

行方美和

「刑事事実認定重要事例研究ノート（第9回）暴行・傷害事犯における故意の有無について（上）」警察学論集67巻9号151頁以下（2014年9月）

法政大学法科大学院刑事事実認定研究会

「『第八回刑事事実認定研究会』結果報告──東電 OL 殺害事件 1 審、2 審を素材として」法政法科大学院紀要 10 巻 1 号 39 頁以下（2014 年 8 月）

松藤和博

「刑事事実認定重要事例研究ノート（第 5 回）統合失調症者の責任能力について」警察学論集 67 巻 5 号 113 頁以下（2014 年 5 月）

(3) その他

井上康一

「売買か交換かという法形式の選択につき税法独自の事実認定を否定した事例［東京高裁平成 11. 6. 21 判決］」租税訴訟 7 号 122 頁以下（2014 年 2 月）

遠藤克博

「移転価格税制と寄附金課税　法令解釈の理論と新聞報道事例の事実認定」租税研究 776 号 178 頁以下（2014 年 6 月）

髙野裕

「租税法務学会裁決事例研究（通算第 233 回）営業権の譲渡対価の認定の可否──事実認定のあり方［審判所平成 21. 2. 20 裁決］」税務弘報 62 巻 8 号 131 頁以下（2014 年 8 月）

中山代志子

「［判例評釈］行政判例研究(15)　歯科医師の保険医登録取消処分が前訴判決により取消された事案において、行政調査を通じた事実認定過程に注意義務違反があるとして国家賠償請求が認められた例［東京地裁平成 24. 1. 10 判決］」早稲田法学 89 巻 2 号 113 頁以下（2014 年 1 月）

浪本浩志

「WTO 紛争解決手続における判断過程の審査とその展開──通商救済措置

の事実認定・評価を中心に」産業経営研究 33 号 117 頁以下（2014 年 3 月）

山本守之
「山本守之が斬る　役員給与の税法規定と執行（第 4 回）退職とは何か――事実認定の問題点」税務弘報 62 巻 12 号 139 頁以下（2014 年 11 月）

　（この年度の文献検索・整理についても、これまでと同様に、青山学院大学大学院法学研究科博士後期課程に在籍し和解契約につき比較法的見地から研究を進めている、永井洋士君の協力をいただいた。末尾ながらこれを示して、氏に対する謝意を表すことをお許しいただきたい。）

伊藤滋夫（いとう・しげお）

1932年	名古屋市生まれ
1954年	名古屋大学法学部卒業
1961年	米国ハーバード・ロー・スクール（マスターコース）卒業（LL.M.）
1994年	博士（法学）名城大学
1954年	司法修習生、1956年　東京地・家裁判事補、1966年　東京地裁判事
1995年	東京高裁部総括判事を最後に裁判官を依願退官、弁護士登録（第一東京弁護士会）
2004年	創価大学法科大学院教授
2004年	法科大学院要件事実教育研究所長、2012年～現在　同研究所顧問
2007年	創価大学法科大学院客員教授、2012年　創価大学名誉教授

主要著作

『事実認定の基礎　裁判官による事実判断の構造』（有斐閣、1996年）
『要件事実の基礎　裁判官による法的判断の構造』（有斐閣、2000年）
『ケースブック要件事実・事実認定　第2版』（共編著、有斐閣、2005年）
『要件事実・事実認定入門　裁判官の判断の仕方を考える　補訂版第2刷（補訂）』（有斐閣、2008年）
『基礎法学と実定法学の協働』（法曹養成実務入門講座別巻）（編、信山社、2005年）
『要件事実講義』（編著、商事法務、2008年）
『民事要件事実講座　第1巻から第6巻』（総括編集、青林書院、2005～2010年）
『環境法の要件事実［法科大学院要件事実教育研究所報第7号］』（編、日本評論社、2009年）
『債権法改正と要件事実［法科大学院要件事実教育研究所報第8号］』（編、日本評論社、2010年）
『要件事実論と基礎法学』（編著、日本評論社、2010年）
『租税法の要件事実［法科大学院要件事実教育研究所報第9号］』（編、日本評論社、2011年）
『要件事実小辞典』（編著、青林書院、2011年）
『要件事実の機能と事案の解明［法科大学院要件事実教育研究所報第10号］』（編、日本評論社、2012年）
『家事事件の要件事実［法科大学院要件事実教育研究所報第11号］』（編、日本評論社、2013年）
『不動産法と要件事実［法科大学院要件事実教育研究所報第12号］』（編、日本評論社、2014年）

商事法の要件事実［法科大学院要件事実教育研究所報第13号］

2015年3月31日　第1版第1刷発行

編　者──伊藤滋夫（法科大学院要件事実教育研究所顧問）
発行者──串崎　浩
発行所──株式会社日本評論社
　　　　　〒170-8474　東京都豊島区南大塚3-12-4
　　　　　電話03-3987-8621（販売）　3987-8631（編集）
　　　　　FAX03-3987-8590（販売）　3987-8596（編集）
　　　　　振替　00100-3-16
印　刷──精文堂印刷
製　本──精光堂

Printed in Japan © ITO Shigeo 2015　装幀／図工ファイブ
ISBN 978-4-535-52114-8

JCOPY　〈（社）出版者著作権管理機構委託出版物〉
本書の無断複写は著作権法上での例外を除き禁じられています。複写される場合は、そのつど事前に、（社）出版者著作権管理機構（電話 03-3513-6969、FAX 03-3513-6979、e-mail: info@jcopy.or.jp）の許諾を得てください。
また、本書を代行業者等の第三者に依頼してスキャニング等の行為によりデジタル化することは、個人の家庭内の利用であっても、一切認められておりません。

■法科大学院要件事実教育研究所報 第12号
不動産法と要件事実
伊藤滋夫／編

賃貸借、不動産登記申請手続、マンション紛争などで要件事実論がどのような有用性を持ち得るかを、研究者・実務家が検討する。

問題提起論文
　賃貸借に関する問題についての要件事実論の有用性……伊藤滋夫
報告論文1
　不動産登記申請手続における事実の整理とその特色……山野目章夫
報告論文2
　賃貸不動産の譲渡における賃貸人の地位の帰趨と要件事実論……松尾　弘
報告論文3
　土地の承諾転貸借において転借人が放置した産業廃棄物あるいは土壌汚染について転貸人は現状回復義務を負うか……永石一郎
報告論文4
　マンション紛争における当事者適格及び評価的要件についての一考察……花房博文
コメント
　「不動産法と要件事実・研究会」についてのコメント……藤井俊二

◆本体3000円＋税／A5判／ISBN978-4-535-52024-0

■法科大学院要件事実教育研究所報 第11号
家事事件の要件事実
伊藤滋夫／編

2013年1月から施行の家事事件手続法。実務の中で要件事実をどう活用するかを立法に携わった研究者・実務家も加わり検討。

問題提起論文
　家事事件と要件事実論との関係についての問題提起……伊藤滋夫
報告論文1
　家事事件における裁量とその統制のあり方雑考
　　──裁量統制の手法としての「要件事実」論の意義……山本和彦
報告論文2
　家事事件における要件事実の機能──手続保障の観点から……垣内秀介
報告論文3
　当事者から見た家事事件における要件事実……杉井静子
報告論文4
　家事事件における裁判所の役割……近藤ルミ子

◆本体2800円＋税／A5判／ISBN978-4-535-51968-8

日本評論社　http://www.nippyo.co.jp/

■法科大学院要件事実教育研究所報 第10号
要件事実の機能と事案の解明
伊藤滋夫／編

民事訴訟における事案の解明に要件事実がどのように機能するかを考察する。研究者、裁判官、弁護士により、多面的に検討する。

問題提起論文
　「要件事実の機能と事案の解明」に関する要件事実論の視点からの問題提起…伊藤滋夫
報告論文1　「事案解明義務」について
　　　　　──事案解明のための諸制度のあり方について……畑　瑞穂
報告論文2　事案解明を効果的に行うための訴訟活動について
　　　　　──代理人の立場からの考察……山浦善樹
報告論文3　事案解明における裁判所の役割……髙橋　譲
報告論文4　第三者の保有する情報の提出と事案の解明
　　　　　──弁護士会報告請求、調査の嘱託を中心として……梅本吉彦
コメント
　「要件事実の機能と事案の解明」についてのコメント（要旨）……春日偉知郎

◆本体2800円＋税／A5判／ISBN978-4-535-51891-9

■法科大学院要件事実教育研究所報 第9号
租税法の要件事実
伊藤滋夫／編

納税者の人権と国の徴税権の確保という対立する利益を調整する租税法において、どのような主張立証がされるべきなのかを説く。

説明論文
　民事訴訟における要件事実論の租税訴訟における有用性
　　　　　──その例証としての推計課税と実額反証の検討……伊藤滋夫
報告論文1
　租税法における要件事実論の有用性──租税法律主義の視点から……増田英敏
報告論文2
　租税訴訟において法の趣旨目的を確定する意義と手法……田中　治
報告論文3
　租税訴訟の訴訟物と租税法の要件事実……山田二郎
報告論文4
　実額課税・推計課税の取消訴訟における立証責任……岩﨑政明
報告論文5
　租税回避問題の要件事実論からの検証──岩瀬事件を素材として……井上康一

◆本体2900円＋税／A5判／ISBN978-4-535-51787-5

日本評論社　http://www.nippyo.co.jp/

■法科大学院要件事実教育研究所報 第8号
債権法改正と要件事実
伊藤滋夫／編

民法改正問題を要件事実の観点から検討する。山野目章夫、潮見佳男、高須順一、難波孝一、伊藤滋夫によるシンポジウム。

問題提起
　「民法改正と要件事実」研究会において念頭に置いておくべき
　要件事実論の視点からする一般的問題点……伊藤滋夫
報告の要旨1
　債権法改正と要件事実論──その一般的な問題状況……山野目章夫
報告の要旨2
　債務不履行による損害賠償・解除の法理と要件事実論……潮見佳男
報告の要旨3
　債務不履行責任(損害賠償責任および解除権)のあり方と要件事実論……高須順一
報告の要旨4
　債務不履行と解除の関係について──主として要件事実的視点からの検討……難波孝一

◆本体2700円＋税／A5判／ISBN978-4-535-51760-8

■法科大学院要件事実教育研究所報 第7号
環境法の要件事実 [オンデマンド版]
伊藤滋夫／編

民事法と行政法の交錯する環境法において要件事実を考える。
北村喜宣、越智敏裕、交告尚史、大塚 直、河村 浩各氏がパネリスト。

　要件事実論の考え方……伊藤滋夫
　行政の環境配慮義務と要件事実……北村喜宣
　新たな環境行政訴訟の形式と要件事実……越智敏裕
　原発訴訟と要件事実……交告尚史
　予防的科学訴訟と要件事実……大塚 直
　環境訴訟と予測的因果関係の要件事実……河村 浩

◆本体2400円＋税／A5判／ISBN978-4-535-59101-1

日本評論社　http://www.nippyo.co.jp/